La creación de valor
para el accionista

A Sharon

La creación de valor para el accionista

Una guía para inversores y directivos

Alfred Rappaport

DEUSTO

Única traducción autorizada al castellano de la obra *Creating shareholder value: a guide for managers and investors*, 2.a edición (ISBN 0-684-84410-9), publicada en lengua inglesa por la editorial The Free Press, división de Simon & Schuster Inc., de Nueva York.
Reservados todos los derechos. Queda prohibido reproducir parte alguna de esta publicación, cualquiera que sea el medio empleado, sin el permiso previo del editor.

©1986, 1998 Alfred Rappaport
©2006 Ediciones Deusto
 Planeta DeAgostini Profesional y Formación, S.L.
 Av. Diagonal, 662 - 2.a planta
 Barcelona

Traducción: Luis Corrons
Diseño de las tapas: paco•pepe comunicació
Composición: Fotocomposición IPAR, S. Coop. Bilbao

ISBN colección: 84-234-2393-X
ISBN obra: 84-234-2389-1

Editorial Planeta Colombiana S. A.
Calle 73 N° 7-60, Bogotá, D.C.

ISBN O.C.: 958-42-1364-4
ISBN V.: 958-42-1375-X

Primera reimpresión (Colombia): enero de 2006
Impresión y encuadernación: Quebecor World Bogotá S. A.
Impreso en Colombia - Printed in Colombia

Índice

Prólogo 11

CAPÍTULO 1. *Valor para el accionista y finalidad de la empresa* 19

    Los objetivos de la dirección frente a los de los accionistas 22
    Accionistas y otras partes involucradas 25
    Clientes y empleados 28
    Los accionistas somos «nosotros» 33

CAPÍTULO 2. *Deficiencias de los números contables* 35

    Beneficios: una línea final sin fiabilidad 36
    El problema del rendimiento sobre la inversión (RSI) determinado contablemente 45
    Ejemplos comparativos del RSI frente al CFD 50
    Otros defectos adicionales del RSI 54
    Deficiencias del rendimiento sobre el patrimonio (RSP) 56

CAPÍTULO 3. *El enfoque del valor para el accionista* 59

    El cálculo del valor para el accionista 59
    Determinación del valor añadido para el accionista (VAA) 81
    El margen umbral 83
    La red de valor para el accionista 88
    Apéndice: Análisis clásico del umbral de rentabilidad frente al análisis del valor para el accionista. 90

CAPÍTULO 4. *La formulación de estrategias* 92

   Proceso de formulación de estrategias 92
   Ventaja competitiva y valor para el accionista 104
   Los libros más vendidos sobre temas de estrategia............. 109

CAPÍTULO 5. *La valoración de estrategias*....................... 114

   Proceso de valoración de las estrategias..................... 115
   La valoración de oportunidades alternativas de negocio.......... 118
   La valoración de las sinergias entre divisiones................ 121
   La elección del nivel óptimo de inversión para un nuevo negocio .. 128
   ¿Crean valor las recompras de acciones?..................... 135
   Diez preguntas sobre la creación de valor.................... 140

CAPÍTULO 6. *Señales del mercado de valores a la dirección de la empresa*.. 142

   Cómo hacer la lectura del mercado......................... 143
   La tasa de rendimiento de la empresa frente a la del accionista 146
   Consecuencias para la dirección........................... 150

CAPÍTULO 7. *Evaluación de la actuación y remuneración de los directivos* 156

   Directores ejecutivos generales y otros altos directivos 157
   Directores de actividades de explotación 161
   Alternativas para la evaluación de la actuación: el valor añadido
      para el accionista (VAA)............................. 165
   Alternativas para la evaluación de la actuación: beneficio residual . 168
   Alternativas para la evaluación de la actuación: el valor económico
      añadido (VEA) 173
   Alternativas para la evaluación de la actuación: cambio en el beneficio residual o cambio en el VEA........................ 174
   Indicadores líderes del valor.............................. 177
   Nivel de actuación marcado como objetivo 178
   La vinculación de las recompensas a una actuación superior 181

CAPÍTULO 8. *Fusiones y adquisiciones* 183

   El proceso de adquisición................................ 185
   Marco de creación de valor............................... 188
   ¿Crean las fusiones valor para la empresa adquirente?........... 195

La adquisición de Duracell International por parte de Gillette 202
Consejo sobre primas para empresas-objetivo 215

Capítulo 9. *La implantación del valor para el accionista* 219

Objetivos de la implantación 220
El logro de compromiso para implantarlo................... 222
La introducción del valor para el accionista 226
El reforzamiento del valor para el accionista 238

Capítulo 10. *Tabla de valoración para los accionistas* 240

Cuando sube la marea, no suben todas las acciones 241
La inversión como un juego de expectativas 246

Notas 251

Lista de figuras

Figura 3.1. La red de valor para el accionista 89
Figura 4.1. Formulación de la estrategia y proceso de valoración 93
Figura 6.1. Señalización y supervisión entre las empresas que cotizan y el mercado de valores 143
Figura 6.2. Expectativas del mercado frente a previsiones de la dirección. 154
Figura 8.1. Análisis de las señales del mercado de Sterling Drug 200
Figura 8.2. Umbral de rentabilidad para las ventas y los márgenes de beneficio de explotación en la adquisición de Duracell 214
Figura 9.1. Ciclo de gestión del valor para el accionista 221
Figura 9.2. Proceso de implantación del valor para el accionista 221
Figura 9.3. Micro y macroimpulsores de valor 230
Figura 9.4. Mapa de impulsores de valor para los costes de explotación del negocio al por menor 231
Figura 9.5. Sensibilidad del VAA a los cambios en los impulsores clave del valor 232
Figura 9.6. Influencia de la dirección e impacto sobre el valor 233
Figura 9.7. Plan de formación en el valor para el accionista 237

Prólogo

Es mucho lo que ha sucedido en el vasto campo del valor para el accionista desde la publicación en 1986 de *La creación de valor para el accionista*. La tarea de vigilar a los directivos de las empresas con actuaciones inferiores ha pasado de los tiburones empresariales de los años ochenta a los dinámicos inversores institucionales de los años noventa. Hace una docena de años se sabía bastante menos sobre el valor para el accionista y existía muchísimo más excepticismo sobre la importancia de su papel en el gobierno de una empresa. Ahora, en directo contraste, los consejos de administración y los directores ejecutivos generales (DEG) asumen de modo casi generalizado la idea de maximizar el valor para los accionistas. Es un concepto que ha llegado a ser políticamente correcto, aunque en la práctica no siempre se lleva a cabo totalmente.

Así como antes de los noventa las aplicaciones del valor para los accionistas consistían principalmente en la valoración de los gastos de capital y en establecer los precios de las adquisiciones de empresas basándose en modelos de cash-flow descontado, ahora, las empresas introducen medidas del valor para el accionista en la planificación y valoración de la actuación general de sus negocios y empresas. Lo que no ha cambiado es el propio modelo fundamental de valor para el accionista.

Después de todo, continúa reflejando la forma en la que los participantes racionales en una economía de mercado calibran el valor de un activo: la tesorería que es capaz de generar en el tiempo, ajustada por el grado de riesgo de ese flujo de tesorería.

Visión de conjunto del libro

Este libro presenta las principales aplicaciones del enfoque del valor para el accionista para la planificación de la dirección y la evaluación de su actuación. En este sentido, no sólo se presenta la lógica del enfoque del valor para el accionista, sino, además, los instrumentos necesarios para implantarlo como norma para la actuación de la empresa. El enfoque del valor para el accionista se puede utilizar tanto para analizar las empresas que cotizan en bolsa como aquellas que no lo hacen, y, asimismo, es aplicable al análisis de unidades de negocio, de estrategias, o de líneas de productos. Por otra parte, en toda la obra se ha hecho un esfuerzo para integrar el análisis financiero con el de explotación. En particular, la vinculación directa entre estrategia competitiva y el análisis del valor para el accionista se demuestra mediante la traducción de las estrategias de la empresa en el valor medido en dinero que generan. Lo que resulta más estimulante es que las aplicaciones del valor para el accionista que presentamos aquí se han introducido y puesto en práctica con éxito en un número cada vez mayor de empresas de los Estados Unidos y de otras de las principales economías del mundo.

El capítulo 1 evalúa la lógica fundamental del enfoque del valor para el accionista al dirigir las empresas. Examina los objetivos, a veces conflictivos, entre los directivos y los accionistas. Asimismo, se analizan con sentido crítico las peticiones para que la empresa subordine los rendimientos para los accionistas y asuma una mayor responsabilidad social. También en este capítulo se analiza cómo pueden resolverse adecuadamente los conflictos que surgen entre las diversas partes involucradas en la empresa, como, por ejemplo, los clientes, los empleados, y los accionistas.

El capítulo 2 muestra las deficiencias de los números contables, tales como los beneficios por acción (BPA), el rendimiento sobre la inversión (RSI) y el rendimiento sobre el patrimonio neto (RSP). Por ejemplo, no sólo no tiene fiabilidad la relación entre el crecimiento de los beneficios por acción con los cambios en el valor para el accionista, sino que tampoco tiene fiabilidad su relación con los cambios en el valor de mercado de las empresas que cotizan en bolsa. Los números contables fallan a la hora de medir los cambios en el valor económico de las empresas, porque se utilizan métodos contables distintos o alternativos, y/o las inversiones no se incorporan totalmente, o bien no se tienen en cuenta ni el valor del dinero con el tiempo ni el riesgo.

El capítulo 3 aporta una introducción al enfoque sobre el valor para el accionista. Concretamente, se muestra cómo hacer la estimación del valor para el accionista y la del valor añadido para el accionista (VAA). El margen umbral —el margen de beneficio de explotación mínimo que una empresa necesita para mantener el valor para el accionista— se desarrolla como un concepto particularmente útil en el análisis de la creación del valor.

El capítulo 4 presenta una visión de conjunto del proceso de formulación de estrategias y su relación con el enfoque de valor para el accionista al valorar las estrategias de la empresa. El proceso de formulación de estrategias evalúa el atractivo del sector en el que opera la empresa, su posición competitiva dentro de ese sector y las fuentes de ventaja competitiva de las que dispone la empresa. Estos factores sirven de base para estimar los cash-flows necesarios para valorar las estrategias alternativas. Después, el análisis continúa demostrando que la ganancia de ventaja competitiva y la creación de valor para el accionista son objetivos equivalentes.

El capítulo 5 aplica los conceptos desarrollados en el capítulo 4. El enfoque del valor para el accionista orientado a elegir entre diversas estrategias competitivas se ilustra mediante la exposición de tres casos. En el primero, se evalúa el atractivo relativo de dos estrategias alternativas de venta minorista. El segundo caso enseña cómo se puede crear valor explotando las sinergias existentes en el seno de la empresa. Finalmente, el tercer caso muestra cómo se puede utilizar el enfoque del valor para el accionista con el fin de determinar cuál es el nivel de inversión óptimo para iniciar un nuevo negocio. El capítulo concluye con un detallado análisis sobre la decisión de recompra de acciones de la empresa.

En los capítulos precedentes, el valor se ha estimado en función de las previsiones de la dirección de la empresa. En cambio, en el capítulo 6 se centra en lo que el precio de la acción nos dice sobre las expectativas del mercado relativas a la futura actuación de la empresa. El análisis desarrollado en este capítulo demuestra que, aun cuando una empresa cree valor para el accionista invirtiendo por encima de la tasa de coste del capital, esto no garantiza que obtenga necesariamente una tasa de rendimiento superior al coste del capital. Los rendimientos para los accionistas no sólo dependen de la actuación real de la empresa, sino también del nivel esperado de actuación asociado intrínsecamente al precio corriente de mercado de las acciones. Este capítulo explica e ilustra la importante distinción entre «rendimiento de la empresa», o la tasa de rendimiento que una empresa obtiene sobre sus inversiones reales, y «el rendimiento para el accionista», la tasa de rendimiento que los accionistas obtienen sobre sus inversiones en las acciones de la empresa.

El capítulo 7 examina algunas de las principales deficiencias del actual sistema de evaluación de la actuación y de los planes de remuneración a directivos. En este contexto, se plantean tres cuestiones dirigidas a los DEG y a otros directivos de alto nivel de las empresas, incluidos los directores de división:

— ¿Cuál es la *medida* más adecuada para la actuación?
— ¿Cuál es el *nivel* (de actuación) más adecuado para establecerlo como objetivo?
— ¿Cómo habría que vincular las *recompensas* a la actuación?

El capítulo 8 presenta un marco completo de creación de valor dirigido al análisis de fusiones y adquisiciones de empresas. Se ha tenido cuidado en diferenciar entre el valor generado por una adquisición y el generado para los accionistas de la empresa que realiza la adquisición. Asimismo, se examina con detalle la trayectoria persistente y decepcionante seguida por las empresas que realizan adquisiciones. También se presenta un análisis práctico para minimizar el riesgo de comprar una empresa económicamente poco atractiva o el de pagar demasiado por una que sí lo sea. El enfoque del valor para el accionista en lo relativo al análisis de fusiones y adquisiciones se ilustra a través de la reciente adquisición de Duracell International por Gillette.

El capítulo 9 analiza cómo el valor para el accionista puede introducirse y establecerse con éxito en todo el ámbito de una organización. El capítulo se centra en los requisitos esenciales para el éxito de su implantación: un amplio consenso en la necesidad de cambio, un entendimiento operativo de cómo establecer el cambio, y el desarrollo de una infraestructura de valor para el accionista que asegure el mantenimiento del cambio.

Continuando con la lógica de lograr valor para el accionista y de establecer los cauces prácticos para implantarlo que se ha presentado en los nueve capítulos precedentes, el capítulo 10 examina el modo más conveniente para que los accionistas controlen su marcha. Tanto los inversores como los directivos concluirán que el análisis de las expectativas de mercado, que se ofrece en este capítulo, es un instrumento de extraordinario valor. Después de todo, la inversión en acciones es, fundamentalmente, un juego de expectativas. Sólo aquellos inversores capaces de prever el cambio de las expectativas de una empresa antes de que éstas se incorporen al precio de sus acciones obtendrán rentabilidades superiores. Los inversores que tienen éxito no se limitan a buscar buenas empresas, sino que buscan buenas acciones.

¿Cuáles son las novedades de la segunda edición?

Los lectores familiarizados con la primera edición de *La creación de valor para el accionista* descubrirán que en el transcurso de una docena de años se ha incorporado una cantidad sustancial de nuevas materias y de cambios sustanciales en las expuestas en la anterior. El capítulo 1 se ha vuelto a escribir debido a que era necesario hacer una nueva evaluación de la lógica relacionada con el valor para el accionista después de una década de reestructuraciones y despidos del personal de los que a menudo se ha culpabilizado a la toma de decisiones relacionadas con el valor para el accionista. En este capítulo 1, los lectores encontrarán una evaluación nueva y detallada de las escuelas de pensamiento relativas a la «responsabilidad social de la empresa» y al «equilibrio entre los intereses de todas las partes involucradas».

No obstante, siguen existiendo las deficiencias y limitaciones de los números contables para servir de indicadores del cambio del valor económico de una empresa. Como se resalta en el capítulo 2, los cambios significativos en las normas de contabilidad, las multimillonarias recompras de acciones, y, quizás, lo más importante de todo, el movimiento de trasvase de las empresas industriales a las empresas-basadas-en-el-conocimiento, se han combinado para erosionar aún más la utilidad de la contabilidad en el análisis económico. La estimación del valor para el accionista y del valor añadido para el accionista (VAA) sigue sin cambiar. En respuesta a numerosas consultas relativas al cálculo del valor residual —el valor de una empresa al final del período de previsión— he introducido una comparación detallada entre los dos enfoques más comúnmente utilizados para estimar el valor residual: el método de la perpetuidad y el método de la perpetuidad con inflación. Se responde a tres preguntas: ¿Cuáles son las diferencias esenciales en los supuestos asociados a ambos métodos? ¿Qué grado de significación tienen las diferencias de valoración? ¿Cuál de los dos métodos es el más razonable?

Dos nuevas secciones se han incorporado al capítulo 4: «Ventaja competitiva y valor para el accionista» y «Los libros más vendidos sobre temas de estrategia». La primera sección demuestra por qué deberían los directivos considerar que la ventaja competitiva y el valor para el accionista son objetivos que están en armonía en lugar de en conflicto. En la segunda, repaso brevemente los recientes trabajos editados sobre estrategia y que han sido «récord de ventas» y demuestro que cada uno de ellos recomienda un enfoque para la estrategia del que se espera que genere unos resultados competitivos deseables. El cabo suelto es demostrar cómo, en la realidad, estos resultados deseables se traducen en resultados positivos en el valor para el accionista.

Igualmente, una nueva sección se ha añadido al capítulo 5: «¿Crean valor las recompras de acciones?» En numerosas empresas, la decisión de recomprar acciones se ha demostrado que constituye tanto un reto como un contencioso. Después de examinar los principales argumentos a favor de la recompra de acciones, analizo las condiciones en las que una recompra genera más valor que un dividendo y cuándo sería preferible a invertir en la empresa. Las ilustraciones del análisis de las señales del mercado de valores en el capítulo 6 se han revisado para facilitar una comprensión más clara de cómo llevar a cabo este análisis.

El capítulo 7, que trata sobre evaluación de la actuación y retribución de los directivos, es completamente nuevo. La proliferación reciente de opciones sobre acciones para los directivos y de modelos de evaluación de la actuación, que conllevan la medición de los resultados del valor para el accionista, se han evaluado y comparado con el marco del valor para el accionista desarrollado en esta obra. Como muchos lectores ya saben o descubrirán en este capítulo, la vinculación de la evaluación de la actuación a corto plazo y la retribución de los directivos con el valor a largo plazo de la empresa no es una tarea fácil. Y en algunas empresas ha resultado que éste es el talón de Aquiles de la puesta en práctica del concepto de valor para el accionista.

Una nueva sección, «¿Crean las fusiones valor para la empresa adquirente?», se ha incorporado al capítulo 8. El uso del análisis de las señales del mercado para establecer el máximo precio de compra aceptable se ilustra en esta sección. En este sentido, se presenta la adquisición recientemente efectuada de Duracell International por Gillette como caso práctico del enfoque del valor para el accionista en las fusiones y adquisiciones. Finalmente, la cuestión referente a si una empresa-objetivo debiera aceptar una oferta de adquisición con prima se trata en «Consejo sobre primas para empresas-objetivo.»

El capítulo 9, «La implantación del valor para el accionista», y el capítulo 10, «Tabla de valoración para los accionistas», son nuevos en esta edición actualizada y revisada.

¿Quiénes sacarán provecho de este libro?

Este libro va dirigido a una amplia audiencia. Tanto los directivos con responsabilidades de explotación, planificación o financieras, que buscan desarrollar estrategias de empresa creadoras de valor, como los analistas del mercado de valores, que buscan la forma de intuir mejor el atractivo económico de empresas y sectores, sacarán provecho de las aplicaciones demostradas y prácticas contenidas en la obra. Las materias tratadas también aportan unas bases útiles para los consultores de dirección, el personal bancario especializado en inversiones, el personal de los bancos comerciales, los censores jurados de cuentas y auditores, y otros que ofrecen sus servicios profesionales a las empresas que buscan más valor. También será de provecho esta obra a los graduados en las escuelas de negocios y a otros que necesiten un curso de repaso que integre los conceptos de planificación estratégica con técnicas de valoración contrastadas y ampliamente aplicadas.

Reconocimientos

Deseo expresar mi agradecimiento por sus valiosas sugerencias a las personas mencionadas en la primera edición. Hay un conjunto de personas que realizaron unas aportaciones especiales en esta edición. Michael Allman, Stuart Jackson, Marc Kozin, y Thomas Nodine, todos partícipes de The LEK/Alcar Consulting Group, proporcionaron unos comentarios y sugerencias extraordinariamente valiosos. Robert Agate, Charles E. Fiero (de MLR Publishers), el profesor Arthur Raviv (Northwestern University), Robert S. Roath, Colin Smith (LEK-Australia), y J. Randall Woolridge (Pennsylvania State University), todos aportaron comentarios de gran perspicacia. George S. Priniski Jr. y Myra B. Wagner, competentemente ayudados por Laura M. Zimmerman, revisaron todo el original y fueron de enorme ayuda en el desarrollo de casos actualizados para esta edición. Asimismo, deseo aprovechar esta oportunidad para agradecer a Christopher Kenney, de The LEK/Alcar Consulting Group, el desarrollo del capítulo 9 relativo a la puesta en práctica del valor para el accionista y a Christine Lawley por su valiosa ayuda editorial. Finalmente, vaya mi agradecimiento también a mis dos hijos, Nort y Mitch, que hicieron valiosas sugerencias en las primeras versiones del original.

Como miembro del claustro de profesores de la J. L. Kellogg Graduate School of Management, Northwestern University, he disfrutado de las ventajas de un entorno extraordinariamente estimulante para la investigación y la enseñanza. Mi asociación con The Alcar Group, Inc., del que fui cofundador junto con Carl M. Noble Jr., en 1979, fue inapreciable puesto que aprendimos a traducir el valor para el accionista de la teoría a la realidad empresarial. En 1993, las actividades de consultoría y de formación de The Alcar Group pasaron a formar parte de las de The LEK/Alcar Consulting Group, LLC. Desde entonces, mi asociación con The LEK/Alcar Consulting Group, LLC, me ha reportado muchas ventajas. Vaya mi agradecimiento a esta empresa por proporcionarme los recursos necesarios para desarrollar nuevos casos y otras materias. En este sentido, estoy especialmente agradecido a Marc Kozin, socio director, y a Leon Schor, que me han brindado un apoyo continuado y entusiasta durante todo el proceso.

Una vez más, mi profundo agradecimiento dirigido a Robert Wallace, mi editor de The Free Press, que inicialmente fue quien me persuadió para hacer «el libro», y a Julie Black y Celia Knight, cuya intervención ha sido necesaria para lograr que esta edición se publicara en la fecha debida.

Capítulo 1

Valor para el accionista y finalidad de la empresa

La idea de que la responsabilidad primaria de la dirección es aumentar el valor ha logrado una aceptación generalizada en los Estados Unidos desde la publicación de *La creación de valor para el accionista* en 1986. Con la mundialización de la competencia y de los mercados de capitales y el maremoto de las privatizaciones, el valor para el accionista está captando rápidamente la atención de los directivos en el Reino Unido, la Europa Continental, Australia, e incluso en Japón. En la próxima década, será muy probable que el valor para el accionista se convierta en el patrón mundial para medir la rentabilidad de la empresa.

En los primeros años de la década de los ochenta, eran pocas las empresas comprometidas seriamente en lograr valor para el accionista. Aunque algunas empresas utilizaban poco a poco algunas aplicaciones del enfoque del valor para el accionista, como, por ejemplo, el análisis del cash-flow descontado a la hora de tomar decisiones sobre el presupuesto de capital y para calcular el precio de las fusiones-y-adquisiciones, la filosofía de la dirección estaba muy inspirada en la orientación hacia los beneficios a corto plazo. El movimiento hacia las absorciones que tuvo lugar en la segunda mitad de la década de los ochenta fue un poderoso incentivo para que los directivos concentraran su atención en la creación de valor. Numerosas empresas, especialmente las que operaban en sectores maduros como el del petróleo, destinaban sus muy sustanciales excedentes de cash-flow a inversiones antieconómicas o a diversificaciones mal aconsejadas. Otras empresas no lograron dar con la fórmula para asignar a sus activos una aplicación que lograra el máximo valor para ellos. Por ejemplo, los establecimientos minoristas, concretamente los grandes almacenes ubicados en valiosos emplazamientos del centro de las ciudades, perdieron la oportunidad de vender esos bienes raíces y de destinar el dinero de esa venta a operaciones de crecimiento creadoras de valor o, en ausencia de oportunidades de inversión provechosas, de repartir ese dinero entre sus accionistas. En cualquiera de los dos casos y como cabía prever, el mercado de valores penalizó las acciones de esas empresas. Esto provocó el infame «diferencial de valor», es decir, la diferencia entre el valor de la empresa, si ésta fuera gestionada buscando maximizar el valor para el accionista, y el valor que le asignaba el mercado de valores. Así, un «diferencial de valor» positivo era una invitación para que los tiburones financieros con buena capacidad financiera pujaran por la empresa, tomaran el control y reemplazaran a la dirección titular. La única defensa convincente contra una absorción es eliminar el diferencial del valor generando mayor valor para el accionista. Se piense lo que se piense de los depredadores financieros y de sus tácticas, la amenaza de las absorciones indujo a los DEG a prestar la atención debida desde largo tiempo a la política de crear valor para los accionistas.

Los excesos del movimiento de absorciones que se cometieron en los últimos años de la década de los ochenta —pagos de primas de compra injustificadas financiadas con un apalancamiento* financiero excesivo—, llevaron al fracaso de las adquisiciones «financieras». Así, en los primeros tiempos de los años noventa, los DEG de muchas empresas que cotizaban en bolsa empezaron a respirar más tranquilos al observar cómo los tiburones que operaban en Wall Street —la Bolsa de Nueva York— abandonaban el escenario. Pero los negocios de las empresas no volverían a ser lo que fueron. En los últimos años, los inversores institucionales** habían aumentado sustancialmente sus esfuerzos por lograr mayores rendimientos para los beneficiarios de los fondos que administraban. Su enfoque principal ha sido poner en primer

---

* *N. del T.:* El apalancamiento financiero consiste en endeudarse teniendo como garantía el patrimonio neto de la empresa y sus expectativas de beneficios. Lógicamente, la prudencia impone unos límites razonables al ratio de endeudamiento basado en estas premisas.

** *N. del T.:* Grandes organizaciones que invierten: bancos, fondos de inversiones, mutuas, fundaciones, compañías de seguros y otros poderosos grupos financieros que compran y venden grandes paquetes de valores.

plano aquellas empresas que rinden por debajo de lo normal o que tienen riesgos excesivos y provocar cambios en la estrategia de la empresa o en el propio equipo de dirección de ella.

Por ejemplo, el California Public Employee's Retirement System (CalPERS)* identifica y selecciona anualmente los diez valores de su cartera con un comportamiento más acusadamente inferior a lo normal. El Council of Institutional Investors, una organización que opera con fondos de pensiones públicos, publica una lista de las «20 últimas» formada por aquellas empresas que figurando en el índice Standard & Poor's 500**, tuvieron un comportamiento ínfimo respecto a sus respectivos sectores en función de los rendimientos totales que obtienen sus accionistas, es decir, dividendos más cambios en la cotización de las acciones. En 1992, Robert Monks y Nell Minow fundaron LENS, un fondo dedicado exclusivamente a invertir en «empresas con un gran valor subyacente, pero cuyo comportamiento fuera deficiente debido a la falta de visión de su dirección o de su consejo de administración». Al cabo de cuatro años de involucrarse constructivamente en las empresas representadas en su cartera de valores, resultó que cada dólar invertido en 1992 les valía una media de 2,28 dólares, en comparación con los 1,69 dólares del índice Standard & Poor's 500[1]. Así pues, los inversores institucionales activos han contribuido a desalojar de sus puestos a los DEG de empresas tan importantes como American Express, Eastman Kodak, General Motors, IBM, K-Mart, Sears, y Westinghouse.

Actualmente, en los Estados Unidos, la maximización del valor para el accionista está considerada, tanto por los miembros de los consejos de administración como por los de la alta dirección, la «política correcta». Como ha ocurrido con otras buenas ideas, el valor para el accionista ha pasado de no ser tenido en cuenta a ser rechazado y ahora a ser manifiesto. Y, así, se le invoca invariablemente en los informes anuales de las empresas, en los comunicados de prensa, en las reuniones con los analistas financieros y en los discursos de las direcciones de las empresas. Sin embargo, el papel crítico del enfoque del valor para el accionista en la asignación de recursos en una economía de mercado dista mucho de gozar de una aceptación universal. Los años de reestructuraciones y despidos de personal, frecuentemente atribuidos a razones basadas en el valor para el accionista, unidos a políticos que

---

* *N. del T.*: El sistema de jubilación de los empleados públicos de California.

** *N. del T.*: Standard and Poor's Corporation es una organización para la investigación de valores, que emite índices, valoraciones y recomendaciones, y cuyo prestigio y referencia es de talla mundial.

han inculpado a la alta dirección de buscar su propio interés y de un enfoque miope en el precio corriente de las acciones en la bolsa, han provocado frustración e incertidumbre. En otras áreas del mundo, como, por ejemplo, en la Europa continental, existe una creciente tensión política entre las prácticas empresariales inspiradas en el valor para el accionista, que son necesarias en un mercado mundial competitivo, y la larga tradición establecida de mantenimiento del bienestar social. En vista de estas situaciones, procede plantearse una reevaluación de la lógica fundamental del enfoque del valor para el accionista.

Los objetivos de la dirección frente a los de los accionistas

Es importante admitir que en determinadas situaciones los objetivos de la dirección pueden ser distintos de los de los accionistas de la empresa. Los directivos, como el resto de los mortales, también tienen sus propios intereses. Después de todo, la teoría de la economía de mercado se basa en que los individuos buscan su propio interés a través de las transacciones de mercado para producir finalmente una asignación eficiente de los recursos. En un mundo en el que los mandantes (por ejemplo, los accionistas) ejercen un control imperfecto sobre sus agentes (por ejemplo, los directivos), cabe que estos agentes no siempre hagan operaciones solamente en pro de los mejores intereses de los mandantes. Los agentes tienen sus propios objetivos y puede que, a veces, les convenga sacrificar los intereses de sus mandantes*. No obstante, hay una serie de factores que inducen a la dirección a actuar en función de los mejores intereses de los accionistas. Estos factores se derivan de la premisa fundamental de que cuanto mayores sean las consecuencias desfavorables previstas para el directivo que reduzca la riqueza de los accionistas tanto menos probable es que éste actúe, de hecho, en contra de los intereses de los accionistas.

En consecuencia con la premisa expuesta, hay al menos cuatro factores principales que impulsarán a los directivos a adoptar una orientación en pro de los accionistas: (1) una posición relativamente sustancial en la propiedad de la empresa, (2) una remuneración vinculada al comportamiento del rendimiento para los accionistas, (3) la amenaza de absorción por parte de otra empresa, grupo u organización, y (4) mercados de trabajo competitivos para los directores de grandes empresas.

---

* *N. del T.:* Mandante en este contexto, representado, poderdante, comisionante...

La racionalidad económica dicta que la posesión de acciones por parte de la dirección de la empresa motiva a los directivos a identificarse más estrechamente con los intereses económicos de los accionistas. En realidad, cabría esperar que cuanto mayor sea la proporción de riqueza personal invertida en acciones de la empresa o vinculada a las opciones de adquisición de acciones, tanto mayor será la orientación de la dirección hacia los intereses de los accionistas. Aunque, en muchas empresas, los ejecutivos superiores tienen a menudo unos porcentajes relativamente altos de su patrimonio invertidos en acciones de sus empresas, esto es mucho menos frecuente en los casos de los directores de división o de unidades de negocio. Y, sin embargo, en las organizaciones descentralizadas, es en los niveles de división y en los de las unidades de negocio donde se toman la mayoría de las decisiones de asignación de recursos.

Pero incluso cuando los altos directivos poseen acciones de la empresa, su actitud ante la asunción de riesgos no tiene por qué coincidir con la de los accionistas. Es razonable esperar que sean muchos los directivos de las grandes empresas que tienen una tolerancia al riesgo más baja. Por ejemplo, si la empresa invierte en un proyecto arriesgado, los accionistas siempre pueden compensar este riesgo con el de otras inversiones que compongan su cartera convenientemente diversificada. Sin embargo, el directivo sólo puede compensar el fracaso de un proyecto con otras actividades de la división o de la empresa que dirige. Así pues, en general, los directivos resultan más perjudicados por un fracaso que los accionistas.

El segundo factor, que es probable que influya en que la dirección adopte el punto de vista del accionista, es el de la remuneración vinculada al nivel de rentabilidad para el accionista. El medio más directo para vincular los intereses de la alta dirección a los de los accionistas es basar la remuneración, y especialmente la parte de ella correspondiente a los incentivos, en las rentabilidades de mercado obtenidas por los accionistas. Sin embargo, apoyarse exclusivamente en las rentabilidades del accionista tiene sus propias limitaciones. En primer lugar, las variaciones en el precio de las acciones de una empresa pueden estar muy influidas por factores que quedan fuera del control de la dirección, como, por ejemplo, la situación general de la economía y del mercado de valores. En segundo lugar, las rentabilidades obtenidas por el accionista pueden quedar materialmente influidas por lo que la dirección cree que son expectativas de mercado indebidamente optimistas o pesimistas al comienzo o al final del período en el que se hace la medición de la actuación. Y, en tercer lugar, la actuación de una división y de una unidad de negocio no puede vincularse directamente al precio de mercado de las acciones.

El tercer factor que incide en el comportamiento de la dirección es la amenaza de una absorción por parte de otra empresa. Las ofertas públicas de adquisición de acciones (las OPAS) se han convertido en un medio habitualmente utilizado para hacerse con el control de las empresas. Además, el tamaño de las empresas «opadas» sigue siendo mayor cada vez. La amenaza de absorción es un medio fundamental para contener a aquellos directivos que pudieran caer en la tentación de seguir sus objetivos personales a costa de los accionistas. Y también ocurre que toda explotación significativa de los accionistas se reflejará en una reducción del precio de mercado de las acciones. Este precio más bajo, comparado relativamente con el que cabría esperar si la empresa estuviera regida por una dirección más eficiente, ofrece una oportunidad atractiva para que la empresa sea absorbida por otra, la cual, en muchas ocasiones, sustituye a la dirección titular. Así pues, la existencia de un mercado activo capaz de ejercer un control sobre las empresas pone límites a las divergencias entre la dirección de las empresas y sus accionistas.

El cuarto y último factor que influye en la orientación de la dirección hacia el accionista es el mercado de trabajo para directivos. Los mercados de trabajo para directivos constituyen un mecanismo esencial para motivar a los directivos a actuar en defensa de los intereses de los accionistas. Los directivos compiten por puestos de trabajo tanto dentro como fuera de las empresas. El creciente número de empresas de captación de directivos y la longitud de la columna «Who's News» (Quién es noticia) en el prestigioso *Wall Street Journal* son una prueba de que el mercado de trabajo para los directivos es muy activo. Lo que está menos claro es cómo se evalúa a los directivos en este mercado. En el marco interno de la empresa, la evaluación de la actuación y los planes de incentivos son los mecanismos básicos para controlar la actuación de la dirección. Pero la cuestión que surge aquí es si estas medidas están vinculadas fiablemente al precio de mercado de las acciones de la empresa.

Lo que resulta menos claro es cómo comunican los directivos lo que valen como tales al mercado de trabajo fuera de sus propias empresas. Aunque la actuación de los directivos de alto nivel de las empresas se puede seguir a través de los informes anuales y de otras comunicaciones de las empresas que están a disposición del público, éste no es habitualmente el caso para los directores de división. En el caso de los ejecutivos de más alto nivel, la cuestión es si su actuación de cara a los accionistas es el criterio dominante para determinar su valor en el mercado de trabajo de los directivos. En el caso de los directores de división, la cuestión es, en primer lugar, cómo puede hacer un seguimiento el mercado de trabajo para conocer de forma fiable su actuación y, en segundo lugar, cuál es la base para valorar sus servicios.

Accionistas y otras partes involucradas

Los defensores del medio ambiente, los activistas sociales, y los defensores del consumidor, como, por ejemplo, Ralph Nader, han sostenido desde los años sesenta que las empresas debieran ser «socialmente responsables» y servir tanto al interés público general como a los intereses de los accionistas. En los años noventa, los debates relacionados con el poder en la empresa están repletos de referencias relativas a «equilibrar los intereses de todas las partes involucradas». Aunque, a veces, los que abogan por la responsabilidad social de la empresa y los defensores de las otras partes involucradas defienden planteamientos diferentes, ambos reclaman que las empresas tengan otras finalidades además de la de maximizar los rendimientos para los accionistas.

En una economía basada en el mercado, que reconoce los derechos de la propiedad privada, la única responsabilidad social de la empresa es crear valor para el accionista, y hacerlo de modo legal y con integridad. Asuntos sociales críticos tales como la educación, la atención sanitaria, el consumo de drogas y el cuidado del entorno plantean enormes retos a la sociedad. Sin embargo, la dirección de las empresas no tiene ni legitimidad política ni preparación para decidir lo que es mejor para el interés social. Nuestra forma de gobierno requiere que los legisladores elegidos y el sistema judicial sean los mecanismos para las opciones de la colectividad. Pero, por otro lado, no deja de tener su ironía que los costes que los defensores de la responsabilidad social impondrían a las empresas son costes que a menudo los votantes que expresan sus deseos a través del proceso político no estarían dispuestos a asumir. Estos costes impuestos se pasarán invariablemente a los consumidores vía precios más altos; a los empleados, vía salarios más bajos; o a los accionistas, vía menores rentabilidades. Aún no hay duros a cuatro pesetas.

Afortunadamente, existen poderosos incentivos en el mercado que inducen a los directivos que desean maximizar el valor a tomar decisiones con resultados socialmente deseables. La seguridad en el centro de trabajo sirve de excelente ejemplo de todo esto. Al parecer, la aprobación en 1970 de La Ley de Seguridad e Higiene en el Trabajo (en EEUU) sirvió de poco para reducir los accidentes mortales relacionados con el puesto de trabajo, puesto que éstos se fueron reduciendo a una tasa aproximadamente igual que antes de aprobarse la Ley.

La mejora continuada en la seguridad de los puestos de trabajo a lo largo de los años se explica más razonablemente por los fuertes incentivos económicos recibidos por los trabajadores con el fin de evitar accidentes. En primer lugar, hay establecida una prima sustanciosa en salarios y beneficios exigida por los trabajadores como cobertura de los riesgos laborales más altos asociados con un entorno de trabajo peligroso. Cuando se produce un accidente, surgen costes adicionales originados por la pérdida del tiempo de trabajo y la mayor rotación de empleados causada por temores relacionados con la seguridad que experimentan los otros trabajadores. En segundo lugar, hay primas de seguro de accidentes del trabajo pagadas por la empresa empleadora que dependen de las tasas de accidentes sucedidos. En este sentido, se pueden lograr ahorros significativos aun reduciendo relativamente poco la tasa de accidentes. Por tanto, los directivos que gestionan en pro de los intereses de los accionistas tendrían que invertir en tecnología, en formación, o en la reingeniería de los centros y puestos de trabajo, buscando la reducción de los costes de seguridad[2].

Dada su ambigüedad y ausencia de obligatoriedad, el modelo de responsabilidad social de la empresa logra poco apoyo por parte de quienes establecen la política y de los activistas del poder en las empresas. Principalmente como reacción ante despidos sustanciales de personal, «el equilibrio de los intereses respectivos de las partes involucradas» ha despertado una atención creciente durante los años noventa. Ésta no es una idea nueva. Los directores generales de algunas de las empresas americanas más grandes han defendido que los intereses de los accionistas no debieran ser su obligación principal. Por ejemplo, Hicks B. Waldron, que fue presidente de Avon Products, afirma: «Tenemos 40.000 empleados y 1,3 millones de representantes repartidos por todo el mundo. Tratamos con una diversidad de proveedores, instituciones, clientes, y comunidades. Ninguno de ellos tiene la libertad democrática que tienen los accionistas para comprar o vender sus acciones. Y, sin embargo, tienen intereses mucho más profundos y mucho más importantes en nuestra empresa que nuestros accionistas»[3]. Los críticos alegan que eso de equilibrar los intereses de las partes interesadas no es más que mera retórica expuesta por directivos atrincherados a la defensiva, que desean desviar la atención para evitar que se evidencien sus mediocres actuaciones para los accionistas.

Es precisamente esta despreocupación respecto a los intereses de los accionistas la que desencadenó las absorciones de los años ochenta con todas sus consecuencias desagradables y en gran parte evitables para muchos empleados y comunidades. El movimiento de las absorciones demostró que había poca tolerancia para los directivos que no pusieran atención en el valor para el accionista. Las absorciones, así como las reestructuraciones, respuesta estas últimas de la dirección ante la amenaza de las primeras, liberaron miles de millones de dólares de valor para los accionistas. Sin embargo, sería un tremendo error considerar que los aumentos en el valor de una empresa es un asunto exclusivo de los accionistas. La mayoría de los directivos y de los responsables públicos de la política reconoce que los aumentos en los precios de las acciones son reflejo de mejoras en la productividad y en la competitividad, que benefician a todos los que tienen un interés en la empresa y también a la economía en su conjunto. Después de todo, es la productividad la que generará puestos de trabajo y el volumen de impuestos necesario para cumplir los objetivos sociales cuyo tratamiento lo hace mejor el gobierno que el sector privado.

El modelo de las partes involucradas*, que intenta equilibrar los intereses de todos los que tienen algún derecho directo o indirecto relacionado con la empresa, permite que, en su caso, a los directores de empresa les sea más fácil justificar la diversificación poco económica o el exceso de inversión en un determinado negocio, que en su día pudo ser fundamental, pero que ahora está en declive, puesto que es probable que estas iniciativas sean aprobadas por otras partes interesadas distintas de los accionistas. Por ejemplo, a corto plazo, esto significa más puestos de trabajo para los empleados. Los proveedores también se alegran ante la perspectiva de hacer más negocio, y la comunidad local obtiene una mayor contribución fiscal a causa del aumento en la dimensión de la empresa. Asimismo, a menudo, las decisiones empresariales inspiradas en criterios sociales generan elogios personales para el director ejecutivo general. Pero es este tipo de decisiones, que subordina los intereses del accionista, el que pone en marcha los mecanismos correctivos tan indeseables de las absorciones y las reestructuraciones.

Afortunadamente, hay un enfoque alternativo para las partes involucradas que es coherente con los intereses de los accionistas, la competitividad y, en última instancia, con el comportamiento socialmente responsable de la empresa. Este enfoque reconoce que las empresas tienen que ser competitivas, si quieren sobrevivir y continuar atendiendo a todas las partes involucradas. Yendo más allá, esta visión re-

---

* *N. del T.:* En inglés, en el original, *stakeholders,* partes interesadas en las actividades, operaciones y resultados de la empresa. En el texto castellano, en general, se ha traducido por partes involucradas para enfatizar su protagonismo.

conoce que el destino a largo plazo de una empresa depende de una relación financiera con cada parte involucrada que tenga intereses en la empresa. Los empleados buscan salarios competitivos y otras prestaciones. Los clientes demandan productos y servicios de alta calidad a precios competitivos. Los proveedores y los propietarios de bonos buscan que se les pague cuando sus derechos financieros alcanzan la fecha de vencimiento debida. Para satisfacer estas demandas, la dirección tiene que generar suficiente tesorería explotando los negocios de la empresa de modo eficiente. Este énfasis en el cash-flow a largo plazo es la esencia del enfoque del valor para el accionista.

En resumen, una empresa que crea valor no sólo beneficia a sus accionistas, sino también el valor de todos los derechos de las otras partes involucradas, mientras que, en cambio, todas las partes involucradas se resienten cuando la dirección fracasa en la creación de valor para el accionista. Así pues, la visión lúcida del propio interés impone que los accionistas y otras partes involucradas colaboren activamente en una tarea común de creación de valor.

Clientes y empleados

Dos partes involucradas, los clientes y los empleados, merecen un examen más detenido. En primer lugar, consideremos el caso de los clientes. Incluso el más persistente defensor del valor para el accionista comprende que sin valor para los clientes no puede haber valor para el accionista. La fuente del cash-flow a largo plazo de una empresa son sus clientes satisfechos. Por otro lado, el hecho de proporcionar valor para los clientes no implica que eso se traduzca automáticamente en valor para el accionista. Por ejemplo, proporcionar un producto comparable con los de la competencia, pero a menor coste, o proporcionar más valor al cliente gracias a una calidad superior, unas características especiales, o unos servicios posventa no constituye una auténtica ventaja, si el coste total a largo plazo, incluido el coste del capital, es mayor que el flujo de tesorería generado por la venta. En este sentido, una empresa que proporcione más valor del que los clientes estén dispuestos a pagar es difícilmente competitiva, e incluso puede que ni siquiera viable. A veces, la euforia asociada con las inversiones en programas de calidad total impide que esas importantes inversiones se sometan a un cuidadoso análisis que determine el valor para el accionista. Por ejemplo, veamos el caso de Wallace Company, una empresa distribuidora de tuberías y válvulas, domiciliada en Houston, Texas, que ganó el prestigioso premio Malcolm Baldrige National Quality Award en 1990*. El programa de calidad de Wallace aumentó de modo muy sustancial el ratio de puntualidad en las entregas de los pedidos a sus clientes, así como su participación en el mercado. Sin embargo, los clientes no estaban dispuestos a aceptar los aumentos de precios que se iniciaron con el fin de compensar los costes del programa de calidad. Como consecuencia, la empresa empezó a perder dinero, a despedir empleados, y, finalmente, se declaró en quiebra. Aunque los accionistas subvencionaron a los clientes durante algún tiempo, todas las partes involucradas —incluidos los accionistas— fueron, en última instancia, las perdedoras. La lección que se desprende de esto es clara: cuando surge una confrontación entre el valor para el cliente y el valor para el accionista, la dirección tendría que resolverla a favor de los accionistas y de la viabilidad a largo plazo de la empresa.

Aunque los conflictos entre el valor para los clientes y los intereses de los accionistas se pueden cuantificar y resolver convenientemente mediante un análisis justo del valor para el accionista, los conflictos entre los intereses de los empleados y de los accionistas plantean un reto sustancialmente más difícil. Una curiosa coalición de comentaristas conservadores y liberales ha culpado de la inseguridad de los empleados a los DEG de las empresas, que reducen** las dimensiones de éstas con el fin de aumentar el precio de las acciones. Estos mismos comentaristas, que tan sólo hace unos pocos años ponían verdes a esos directores por conseguir resultados inferiores a los de sus competidores extranjeros, ahora les critican por reducir determinadas dimensiones —hacer *downsizing*— de sus organizaciones con el fin de mejorar la competitividad. Lo que ocurre en la mayoría de los casos es que esos directores están reaccionando a los avances inducidos por una increíble tecnología innovadora, a la presión de unos competidores tanto nacionales como extranjeros más eficientes, a las oportunidades de producir productos mejores o a menor coste subcontratando con terceros (*outsourcing*), a la liberalización o, sencillamente, a un exceso de capacidad ante una demanda demasiado débil. En este sentido, es importante distinguir entre las causas de los despidos y los directores generales, quienes, como

---

* *N. del T.:* Premio que se concede anualmente en Estados Unidos a las empresas que más han destacado en el año por sus prácticas en la calidad total.
** *N. del T.:* El autor se refiere en el original a la práctica del *downsizing*, que consiste en una política de reducción a ultranza de la dimensión de la estructura interna de la empresa, con la idea de hacerla más flexible, y no correr el riesgo de exceso de capacidad en las épocas de menor mercado. Esta política llevada a sus extremos puede considerarse imprudente, y, de hecho, por esta razón, ha sido criticada en los últimos tiempos.

agentes del cambio, reaccionan para asegurar la competitividad y la supervivencia de las empresas. No matemos al mensajero.

Sin embargo, en demasiados casos, los despidos que ahora se producen son consecuencia de que la dirección actual o la anterior no aplicó estrategias de valor para el accionista en años precedentes. Si el valor para el accionista se hubiera establecido ya anteriormente, el nivel de *downsizing* de las empresas en la década de los noventa habría sido considerablemente menor. Después de todo, las reducciones de personal laboral han sido originadas en gran parte por cambios estructurales en la economía más que por ciclos económicos transitorios. Si la dirección pospone un 10 por ciento de reducción de la plantilla que es necesario para hacer que la empresa sea competitiva en costes, ¿cuánto tiempo pasará antes de que sus rivales del sector reduzcan sus precios agresivamente o inviertan para mejorar la satisfacción del cliente, amenazando así la propia supervivencia de la empresa? Las opciones que se han de sopesar son hacer el 10 por ciento de reducción ahora o una posible pérdida de muchos más puestos de trabajo, cuando no los de todos los empleados, en un próximo futuro. Dejando de lado de momento el interés de los accionistas, ¿merece ese 10 por ciento de empleados en peligro de despido que se les dé más prioridad que al resto de los empleados? Los despidos suponen un precio realmente desagradable que se ha de pagar a corto plazo, si se quiere seguir siendo competitivo. Sin embargo, el precio que se paga por eludir esta necesidad es, al final, mucho más penoso medido tanto en términos humanos como económicos. La experiencia enseña la amarga lección de que a menudo esta clase de bondad se transforma en crueldad no intencionada. Aunque el *downsizing* empresarial que comenzó en la década de los ochenta continúa, también hay un número impresionante de puestos de trabajo que se están creando en el conjunto de la economía. De hecho, algunos de ellos se están materializando en las mismas empresas que habían eliminado otros puestos en pasadas reestructuraciones.

Las normativas del gobierno, que presumiblemente «contribuyen a ayudar» a las empresas a que actúen en función del interés social, invariablemente generan una inseguridad aún mayor entre los empleados. Muchos gobiernos y sindicatos europeos intentan proteger los puestos de trabajo haciendo que el despido de los empleados sea muy caro. Esta interferencia en las fuerzas del mercado ha provocado la existencia de empresas menos competitivas, con elevados costes, y unas tasas de desempleo que son dos veces mayores que las de los Estados Unidos. En contraste con la reestructuración significativa emprendida en los Estados Unidos, las empresas recargadas de personal de Japón y Alemania están empezando a reconocer ahora que la competencia mundial les forzará a ellas a hacer lo mismo. Incluso con los tipos de interés tan extraordinariamente bajos que tiene Japón, no hay un crecimiento neto en la demanda de créditos por las empresas, porque hay muy pocas oportunidades de inversión rentable. Para volver a recobrar el empuje, Japón tendrá que cambiar para convertirse en un lugar atractivo donde invertir y, para ello, tendrá que bajar sus costes mediante una combinación de reestructuración empresarial y liberalización por parte del gobierno. Entre tanto, la puesta en práctica del valor para el accionista ha contribuido a transformar a la industria americana convirtiéndola en la más competitiva del mundo, después de un período en el que todos los comentarios se centraban en su deprimente actuación. No obstante, no habría que considerar la implantación del valor para el accionista como una ventaja exclusiva o mantenible, dado que los competidores mundiales lo están incorporando también rápidamente en sus procesos de planificación y toma de decisiones.

Desgraciadamente, también existe otra vertiente en la reestructuración y en los despidos de personal. No todos los procesos de *downsizing* están basados en consideraciones sobre el aumento del valor para el accionista a largo plazo. Algunas decisiones de reducción están fundadas en la declaración de mejores beneficios a corto plazo más que inspiradas en buscar una posición mejor para la empresa a más largo plazo. Por ejemplo, los despidos en empresas que dependen en gran medida de las relaciones personales con los clientes pueden afectar negativamente a la rentabilidad a largo plazo. Además, tal *downsizing* puede incidir negativamente en la moral y en la productividad de los empleados que sigan en la empresa. El origen del problema en esta cuestión no es la utilización del enfoque del valor para el accionista. En vez de eso, el problema es su no aplicación o su aplicación errónea, lo que ha provocado unos *downsizings* que han destruido valor para las empresas y para sus accionistas e inesperadas rupturas y amarguras para sus empleados.

La innovación y los productos y servicios «a medida del cliente», desarrollados por empleados con elevada preparación profesional, constituyen una fuente crítica de creación de valor que cada vez cobra más importancia. En muchos casos estos empleados han desarrollado unas técnicas altamente cualificadas y específicas de la empresa en que trabajan, que tienen un valor sustancial para ésta, aunque lo tengan menor para otras empresas. Y, en este sentido, estos empleados tienen pocas probabilidades de encontrar trabajo en otras empresas con niveles de retribución tan altos como los que han alcanzado en sus organizaciones actuales[4]. Sobre este particular, hay economistas que mantienen que estos empleados muy especializados profesionalmente en el marco de la empresa para la que trabajan soportan mano a mano con los accionistas el riesgo residual de la empresa y que, por consiguiente, debieran tener los mismos derechos que estos últimos[5]. Éste no es el lugar para examinar la legitimidad de ese argumento o de sus consecuencias para el gobierno de las empresas. No obstante, es importante examinar brevemente las sugerencias más habituales sobre cómo compaginar los intereses de los empleados con los de los accionistas.

¿Cómo se pueden compaginar los intereses de los empleados con los de los accionistas en vista de los anuncios de reestructuración y despidos que tan a menudo disparan las cotizaciones de las acciones hacia arriba? La sugerencia más habitual es la de que a los empleados se les concedan unas participaciones sustanciales en forma de acciones de la empresa[6]. El razonamiento que respalda esta propuesta es que, al ser accionistas los empleados también se beneficiarán de los cierres y despidos que mejorarán la eficiencia y apoyarán estas medidas orientadas a crear valor. Pero parece evidente que esos apoyos sólo vendrán de aquellos empleados a los que el aumento del valor de sus acciones les compense las pérdidas que les ocasione su despido. Y, en este sentido, la proporción de acciones necesaria en los «paquetes de compensación» para compaginar los intereses de los empleados con los de los accionistas es, en la mayoría de los casos, simplemente inviable. E, incluso si lo fuera, los empleados que concentraran su capital financiero y humano en una única empresa, estarían olvidando la conveniencia y sabiduría de la diversificación. Mi opinión personal es que la mejor solución estriba en ofrecer a los empleados incentivos lo bastante significativos por crear valor. Las medidas que recomendamos sobre este particular y su vinculación a los incentivos se detallan en el capítulo 7.

La interdependencia mutua entre los accionistas y otras partes involucradas en la empresa hace imperativo que todos se integren en un esfuerzo común creador de valor. Sin embargo, es necesario que las partes involucradas en la empresa perciban que el proceso de compartimiento de valor es justo antes de que se pueda confiar en que maximizarán su dedicación a la empresa. Dicho de otra manera: yo contribuiré a engordar el pastel siempre que tú me des la parte que en justicia me merezco. Por otro lado, aunque la mayoría de los análisis relativos a la finalidad de la empresa recogen las posiciones de diversas partes involucradas, se ha dedicado comparativamente poca atención al tema de quiénes son los accionistas de las grandes empresas en los Estados Unidos de hoy. Cuando nos demos cuenta de que los accionistas no son «ellos», sino «nosotros», el tema del valor para el accionista adquiere aún más relevancia.

Los accionistas somos «nosotros»

Cerca del 40 por ciento de los hogares estadounidenses posee acciones de empresas o fondos mutuos. Son millones los empleados que tienen una participación indirecta en los rendimientos de las acciones de las empresas a través de su participación en planes de pensiones con compensaciones definidas patrocinados por las empresas que les emplean. Las instituciones, fundamentalmente los fondos de pensiones y los fondos de inversión, controlan el 57 por ciento de las acciones de las mil mayores empresas de los Estados Unidos y el 47,5 por ciento del total del mercado de títulos de los Estados Unidos[7]. De acuerdo con algunas estimaciones, entre las acciones de las carteras de particulares y las de los planes de jubilación poseen cerca del 75 por ciento de las acciones de las empresas que figuran en el listado de 500 de la revista *Fortune**. Dado el fenomenal crecimiento de los planes de pensiones de contribución definida, especialmente el de los planes 401(k), las decisiones de inversión, junto con el riesgo a ellas asociado, pertenecen ahora a los empleados. Una importante mayoría de los empleados retirados y de los que aún están en activo depende de los dividendos y de la revalorización del precio de las acciones para la seguridad de su retiro.

Así pues, los poseedores de acciones no son ese colectivo frecuentemente demonizado, rico y egoísta que caricaturizamos en Wall Street, sino que más bien son personas que invierten su capital humano en el lugar donde trabajan y su capital financiero en toda una gama de valores representativos de una amplia porción de la economía. En realidad, la «Calle Mayor» de cada ciudad está reemplazando rápidamente a la «Calle del Muro» (Wall Street) neoyorquina. Así pues, las pérdidas, tanto si se incurre en ellas en nombre de la responsabilidad social como si se originan por una toma de decisiones errónea, salen de los bolsillos de los jubilados, de los trabajadores, y de otras personas que dependen de la dirección de las empresas para maximizar el valor para el accionista. Asimismo, la participación más amplia en estos mercados e inversiones de la denominada «América de clase media» también significa que probablemente los precios de los mercados de valores afectarán a la economía real más que en el pasado. Y ésta es la situación debido a que cuanto mayor es la inversión

---

* *N. del T.:* La prestigiosa revista americana de temas empresariales, *Fortune,* publica periódicamente la lista de las 500 mayores empresas.

en valores tanto mayor es, a su vez, la propensión a que los movimientos de los mercados afecten a las decisiones de gasto de los consumidores. Algunos economistas temen que un eventual correctivo sustancial del mercado de valores pueda inducir un efecto de «pérdida de riqueza», que reduzca el gasto de los consumidores y desencadene una recesión.

¿Qué se otea en el horizonte? Quizás no haya ninguna perspectiva más amenazadora que la de la privatización potencial de la Seguridad Social. Los que favorecen la privatización argumentan que el permitir que la gente invierta al menos una parte del dinero de su jubilación en una cuenta similar a la 401(k) o en una Cuenta de Jubilación Individual asegurará la validez a largo plazo del sistema de la Seguridad Social, sin recortes importantes en las prestaciones o sin que haya aumento de impuestos. Los defensores de la privatización argumentan que los déficit previstos de la Seguridad Social pueden compensarse con las mayores rentabilidades obtenidas de una cartera de acciones y bonos diversificada frente a las rentabilidades obtenidas de los bonos del Tesoro, en los que, por imperativo legal, la Seguridad Social tiene que invertir de modo obligado actualmente. La privatización de la Seguridad Social es un asunto complejo y políticamente delicado cuya solución llevará su tiempo. No obstante, si la privatización se materializa, la transición del «ellos» al «nosotros» será completa. En ese tipo de mundo, los directores de los fondos serán fiscalizados como nunca lo han sido hasta ahora y de ellos, a su vez, cabe esperar que presionen en busca de rendimiento a las empresas cuyas acciones tengan en su cartera como nunca lo hicieron hasta el momento. Los fondos con grandes paquetes de acciones en sus carteras tienen dificultad para vender las acciones de empresas con bajos rendimientos. Dada la limitada liquidez del mercado, de querer vender ese tipo de acciones habrá que hacerlo con un descuento sobre su precio de mercado más reciente. En contraste con esto, los inversores que no están satisfechos con el rendimiento de los fondos en los que han invertido tienen libertad para trasladar su dinero a otro fondo pagando solamente una tasa relativamente pequeña por hacerlo o incluso en otros casos sin pagarla. Así pues, los directores de los fondos que compiten por atraer el dinero de los inversores tendrán más motivos que nunca para apretar las tuercas a los directores de empresas por su mala gestión cuando obtengan unos resultados decepcionantes.

Capítulo 2

Deficiencias de los números contables

Tanto en los informes financieros de las empresas como en la prensa económica, hay una fijación obsesiva en los beneficios por acción, a los que se considera como tarjeta de puntuación de la actuación de las empresas. Los beneficios trimestrales y los anuales aparecen reflejados en el *Wall Street Journal* y en otros periódicos financieros destacados. Los análisis de estrategias empresariales de las revistas *Business Week*, *Fortune* y *Forbes* están repletos de referencias a las tasas de crecimiento del beneficio por acción (BPA) y a los ratios precio-beneficio. La amplia difusión de las cifras de los beneficios contables alimenta la creencia de la comunidad empresarial de que los precios de las acciones están fuertemente influidos, cuando no totalmente determinados, por los beneficios declarados. Se asume en general que si una empresa genera un crecimiento satisfactorio en sus BPA, entonces el valor de mercado de sus acciones crecerá también. Sin embargo, como actualmente lo reconoce un número creciente de directivos, el crecimiento de los BPA no induce necesariamente un aumento en el valor de mercado de las acciones. Como se demostrará más adelante, esta conclusión está fundamentada en una lógica económica sencilla y que también se puede demostrar convincentemente. Esta discusión irá seguida de una enumeración de las deficiencias del rendimiento contable sobre la inversión (RSI) y del rendimiento contable sobre el patrimonio neto (RSPN), como indicadores para medir la actuación de una empresa.

Beneficios: una línea final sin fiabilidad

En el capítulo 1, se estableció que la obtención del máximo rendimiento para los accionistas es el objetivo fundamental de las empresas mercantiles. También se estableció después que el rendimiento para los accionistas se genera mediante los dividendos y los aumentos en el precio de las acciones. El tema que se va abordar a continuación es si los beneficios contables, considerados como norma para evaluar las estrategias alternativas y medir la subsiguiente actuación, son coherentes con el objetivo de rendimiento para el accionista. Exponiéndolo más concretamente, la cuestión estriba en si los beneficios pueden constituir una medida fiable del cambio en el valor actual de la empresa.

Hay varias razones importantes que muestran por qué los beneficios fallan como indicadores para medir los cambios en el valor económico de las empresas:

—Se pueden utilizar métodos contables alternativos para estimarlos.
—Se excluyen las necesidades de inversión.
—No se contempla el factor tiempo en el valor del dinero.

MÉTODOS CONTABLES ALTERNATIVOS

Los beneficios se pueden calcular utilizando métodos contables alternativos, todos ellos igualmente aceptables. Entre los casos prominentes figuran las diferencias que surgen al poderse aplicar al cálculo del coste de las ventas los métodos LIFO *(last-in, first-out)* o FIFO *(first-in, first-out)**; asimismo, existen diversos métodos generalmente admitidos para calcular las amortizaciones; y el otro caso es el de contabilizar las operaciones de fusión y de adquisición en base al precio directo de compra o pago de la operación o en función de la sindicación o fusión de intereses de las partes**.

---

* *N. del T.*: El método LIFO establece que para imputar los costes (en este caso de ventas) se cargará el del coste de las últimas unidades que entraron en el almacén.
Por su parte, el FIFO sigue otra política: el coste a imputar es el asignable a las primeras unidades que entraron en el almacén.
** *N. del T.*: Las operaciones con sindicación de intereses se pueden acoger a determinados beneficios fiscales (en el contexto norteamericano) e incorporan una connotación liberal en la posterior aplicación de los fondos obtenidos.

Esto implica que un cambio en el método contable aplicable a los informes financieros, tanto si viene impuesto por la Financial Accounting Standards Board (FASB)* como por la elección de la dirección de una empresa, puede causar un impacto sustancial en los beneficios, pero no cambia los cash-flow de la empresa y, por tanto, no afecta a su valor económico. En este último comentario va implícita la idea de que el cambio en el método contable tiene una finalidad de información financiera y que no influye en los impuestos a pagar por beneficios. Evidentemente, también es posible que un cambio contable se contemple como una señal indicativa de algunos cambios más fundamentales que incidan en las perspectivas de la empresa. Por ejemplo, cabe que el mercado considere que el cambio a un método contable tendente a acrecentar los beneficios indica la iniciación de una tendencia a la baja en las perspectivas de beneficios de la empresa. En un caso de este tipo, el cambio en la contabilidad puede desencadenar una baja en el precio de las acciones de la empresa. Pero conviene observar que la presunta baja en el precio de las acciones no está causada intrínsecamente por el cambio en el método contable, sino más bien por la información que se infiere de la decisión de la dirección de introducir un cambio en el método contable.

Las cifras de beneficios contables se generan como resultado de comparar los ingresos con los costes. Este proceso comprende la asignación de costes de los activos, por ejemplo mediante amortizaciones, durante su vida útil estimada. A menudo las asignaciones contables difieren de unas a otras empresas, e incluso, en el caso de la misma empresa, también varían con el tiempo. Entre los métodos de amortización figuran el de amortización lineal y los de amortización acelerada, como, por ejemplo, el de la suma de los dígitos y el de la tasa de amortización acelerada. De todas formas, estas asignaciones no dejan de ser arbitrarias, porque no hay un fundamento técnico incontestable para elegir un método concreto con preferencia a los demás. Pero, entonces, según esto, es importante señalar que la determinación clásica del beneficio por el procedimiento de comparación no mide los cambios en el valor de la empresa, ni los especialistas contables lo pretenden.

Recientes evoluciones dentro del campo contable han cuestionado aún más la utilidad de los beneficios corrientes como indicador de las perspectivas futuras del cash-flow de una empresa. En años recientes,

---

* *N. del T.:* El organismo regulador de la contabilidad de las operaciones mercantiles en los Estados Unidos.

se han cargado miles de millones de dólares en las cuentas de explotación restándolos de los beneficios como consecuencia de las reestructuraciones de empresas. La adopción de nuevas normas contables en EEUU, tales como la relativa a las prestaciones sanitarias a los jubilados, ha causado un impacto significativo en los beneficios, así como en los balances de las empresas. Por ejemplo, en 1992, General Motors hizo un cargo antes de impuestos de 33 millardos de dólares deducibles de beneficios para prestaciones sanitarias a los jubilados.

Las oportunidades y motivaciones para gestionar los beneficios de las empresas siguen siendo tan sólidas como siempre[1]. Para evitar los grandes cargos por amortización del fondo de comercio que penalizan los beneficios futuros, las empresas que hacen adquisiciones cada vez saldan una parte más significativa del precio de compra en concepto de «investigación y desarrollo comprados». Por ejemplo, IBM imputó a este concepto más de la mitad de los 3.200 millones de dólares que pagó por la compra de Lotus. No obstante, a pesar de la extraordinaria cantidad de dinero involucrada, hay que situar estas cifras en la perspectiva adecuada. De nuevo conviene recordar que un cambio en el método contable no incide ni en los cash-flows de la empresa ni en su valor económico. Recuérdese: el dinero es un hecho; el beneficio, una opinión.

LAS NECESIDADES DE INVERSIÓN EXCLUIDAS

La relación entre el cambio en el valor económico y los beneficios se hace aún menos transparente por el hecho de que las inversiones en capital circulante y en capital fijo necesarias para mantener la marcha de la empresa quedan excluidas del cálculo de los beneficios. Veamos el caso del capital circulante. A medida que una empresa crece, lo normal es que asociado con ese crecimiento habrá otro en el nivel de las cuentas a pagar, las cuentas a cobrar y las existencias. Un aumento en las cuentas a cobrar que tenga lugar entre el comienzo y el final del año significa que el cash-flow procedente de las ventas es menor que la cifra de beneficios reflejada en la cuenta de pérdidas y ganancias. Para aclarar esto mejor, supongamos que las ventas anuales corrientes ascienden a 10 millones de dólares, que las cuentas a cobrar a principio del año son de 1 millón de dólares y que al final del año ascienden a 1,2 millones.

El cash-flow correspondiente a las ventas del año se calcula como sigue:

Cuentas a cobrar al principio del ejercicio	1.000.000 dólares
Ventas	10.000.000
Cash-flow potencial	11.000.000
Cuentas a cobrar al final del ejercicio	1.200.000
Cash-flow realizado	9.800.000 dólares

Lo que es importante reconocer es que la cifra de ventas de 10 millones de dólares no representa la tesorería generada en el período corriente. En su lugar, el cash-flow procedente de las ventas resulta de restar del total de la cifra de ventas los 200.000 dólares de aumento en las cuentas a cobrar. Los 200.000 dólares no están disponibles para hacer frente a los pagos en efectivo que se requieren en el presente. A efectos contables, los ingresos se dan por buenos a partir del momento en el que los bienes o servicios se suministran o prestan. A fines de valoración económica, el reconocimiento debe esperar hasta que se produzca el recibo del dinero. En resumen, el dinero se cobra después de que los ingresos se reconocen. Y así ocurre que en las empresas donde aumenta el saldo de cuentas a cobrar, la cifra de ventas de su cuenta de resultados sobreestima el cash-flow generado por las ventas en el período de turno.

La inversión en existencias es otro componente importante del capital circulante que contribuye a crear diferencias entre el enfoque de valoración de las ganancias y el del cash-flow. Un aumento en el nivel de existencias implica claramente salidas de tesorería para pagar materiales, mano de obra y gastos generales. A efectos de la contabilidad por devengos, las inversiones en existencias adicionales, aunque se reflejan, no obstante, como activo en el balance, no están incluidas en el coste de las ventas que aparece en la cuenta de pérdidas y ganancias. Por consiguiente, en aquellas empresas donde aumenta el nivel de sus existencias, la cifra correspondiente al coste de las ventas reflejará menores salidas de tesorería del período que las realmente generadas en concepto de gastos por pago de existencias. En resumen, en las empresas con actividades en expansión, los aumentos en cuentas a cobrar y existencias harán que la cifra de beneficios sea mayor que el cash-flow.

El tercer componente principal del capital circulante, las cuentas a pagar, actúa como fuerza compensadora. Las cuentas a pagar y los exigibles devengados representan facturas sin pagar por artículos ya incluidos como gastos en la cuenta de pérdidas y ganancias o por aumentos en las existencias reflejados en el balance. Así pues, el coste de las ventas y los gastos de ventas, generales y administrativos comprendidos en la cuenta de pérdidas y ganancias sobrevaloran la salida de caja en la cantidad del aumento conexo en las cuentas a pagar. En otras palabras, el dinero se desembolsa después de que el gasto se reconoce.

Una reconciliación de las ganancias y los cash-flows ante los desfases asumidos a causa de las cuentas a cobrar, las existencias, y las cuentas a pagar y los devengos se presenta en la tabla 2-1. En resumen, para calcular las cifras del cash-flow, las cifras de beneficios tienen que ajustarse por un valor de 440.000 dólares. Esta cantidad representa las necesidades netas de tesorería causadas por los aumentos en las tres categorías componentes principales del capital circulante: cuentas a cobrar, existencias y cuentas a pagar.

TABLA 2-1
Reconciliación de los beneficios y del cash-flow

	Beneficios	Ajustes	Cash-flow
Ventas	10.000.000 $		
– Aumento en cuentas a cobrar		200.000 $	9.800.000 $
Coste de las ventas	8.000.000		
+ Aumento en existencias		300.000	
– Aumento en cuentas a pagar y en devengos		50.000	8.250.000
Gastos de ventas generales y administrativos	1.000.000		
– Aumento en cuentas a pagar y en devengos		10.000	990.000
Aumento neto en capital circulante		440.000 $	
Gastos de amortización	100.000		
+ Gastos de amortización		100.000	
– Gastos de capital		150.000	150.000
Beneficios antes de impuestos	900.000		
Gastos por impuestos de sociedades	400.000		
– Aumento de los impuestos sobre sociedades diferidos		30.000	370.000
Cash-flow			40.000 $
Beneficio neto	500.000 $		

Ahora pasamos nuestra atención del capital circulante a la inversión en activo fijo. Los activos susceptibles de amortización tales como propiedades, naves, instalaciones y equipos se registran inicialmente a precios de coste dentro de la sección de activos fijos del balance. Luego, los contables asignan este coste teniendo en cuenta la vida útil estimada del activo y el método de amortización. En relación con este tema, conviene señalar que a menudo los contables hacen hincapié en que la amortización es un proceso de asignación de un coste ya existente y que no es un proceso de valoración. La amortización de los activos fijos comprados en el transcurso del año corriente, así como la de los comprados en años anteriores, es una deducción necesaria para calcular el beneficio neto. Pero, aunque la amortización es un gasto, no entraña desembolso de dinero. Por otro lado, la cifra que refleja los beneficios no incluye los gastos de capital habidos en el transcurso del año. Y a causa de esto, para pasar de los beneficios al cash-flow, se necesitan dos ajustes. El primero consiste en que hay que sumar de nuevo la amortización a los beneficios antes calculados, y el segundo, en que los gastos de capital tienen que restarse de los beneficios.

Así, incorporando los ajustes que se han analizado en esta sección, el cash-flow de la explotación se puede calcular del modo siguiente:

Cash-flow de la explotación = Ventas − Gastos de explotación incluyendo impuestos + amortización y otras partidas que no suponen salida de tesorería − Inversión incremental en capital circulante − Gastos de capital.

Volviendo a la tabla 2-1, que es una ilustración resumida de los conceptos desarrollados en esta sección, los beneficios generados al reconciliar el cash-flow involucrado en las inversiones de capital y los impuestos diferidos se reseñan bajo las cuentas de capital circulante. Aunque la empresa declaró un beneficio neto de 500.000 dólares, el cash-flow generado fue sólo de 40.000 dólares. Esta diferencia se debe a que es preciso deducir del beneficio las salidas de 440.000 dólares en concepto de aumento en capital circulante y 150.000 dólares en concepto de gastos de capital, y a que es preciso añadir a los beneficios una amortización de 100.000 dólares y un aumento de 30.000 dólares en impuestos diferidos, ambos conceptos que no generan desembolsos.

No se tiene en cuenta el factor tiempo en el valor del dinero

Otra importante razón por la que los beneficios fallan a la hora de medir cambios en el valor económico es que en el cálculo de los beneficios no se tiene en cuenta el factor tiempo en el valor del dinero. Recordemos que el valor económico de una inversión es la suma de los valores descontados de los cash-flows o previstos. Los cálculos del valor económico incorporan explícitamente la idea de que una peseta recibida hoy en caja vale más que una peseta recibida dentro de un año, dado que esa peseta es susceptible de invertirse y generar una rentabilidad durante el transcurso de ese año. La tasa de descuento utilizada para estimar el valor económico incorpora no sólo la compensación por asumir un riesgo, sino también la compensación por las tasas de inflación esperadas. El procedimiento para calcular la tasa de descuento se expondrá en el capítulo 3.

En vista de las diferencias fundamentales entre el cálculo de los beneficios contables y el valor económico, no debería sorprender la conclusión de que el crecimiento de los beneficios no lleva necesariamente a la creación de valor económico para los accionistas. El valor para los accionistas sólo aumentará, si la empresa obtiene de las nuevas inversiones una tasa de rendimiento mayor que la tasa que los inversores pudieran confiar en obtener en otros valores alternativos, con un riesgo similar. Sin embargo, el crecimiento de los beneficios no sólo se puede lograr cuando la dirección de la empresa decide invertir en operaciones que produzcan un tipo de rendimiento superior a la tasa de descuento del mercado o a la del coste del capital, sino también cuando se hace la inversión a un coste inferior al del capital y, por consiguiente, reduciendo el valor de las acciones ordinarias de la empresa. Para explicar esto, consideremos el caso de Gamma Inc. Por comodidad en la exposición, supongamos que Gamma no tiene deudas y que sólo necesita capital circulante adicional para aumentar su volumen de ventas:

	(en millones $)
Ventas	200 $
Gastos de explotación	170
Beneficios antes de impuestos de sociedades	30 $
Impuestos de sociedades (40%)	12
Beneficios (y cash-flow) después de impuestos	18 $

Supongamos que la empresa destina todos sus beneficios al pago de dividendos. Y también que espera mantener en el futuro previsible su nivel de ventas actual y los márgenes que obtiene. Admitiendo un coste del 12 por ciento para el capital social de la empresa, el valor del patrimonio de Gamma es 18 $/0,12, es decir, 150 millones de dólares[2]. Si Gamma invirtiera ahora 15 millones de dólares podría confiar en aumentar sus ventas en un 10 por ciento a la vez que mantendría el mismo margen antes de impuestos sobre ventas del 15 por ciento. De acuerdo con estos supuestos, la cuenta previsional de explotación de Gamma para el próximo año y los siguientes sería:

	(en millones $)
Ventas	200,00
Gastos de explotación	187,00 $
Beneficios antes de impuestos	33,00
Impuestos (40%)	13,20 $
Beneficios (y cash-flow) después de impuestos	19,80 $

Ahora el valor de Gamma es de 19,8 $/0,12 o sea 165 millones de dólares menos los 15 millones de dólares de inversión, 150 millones de dólares. Es decir, a pesar del crecimiento del 10 por ciento en los beneficios, el valor actual de Gamma no ha variado. Y esto sucede, porque, debido a sus 15 millones de dólares de inversión, Gamma aumenta su cash-flow anual después de impuestos en 1,8 millones de dólares que, cuando se capitalizan al 12 por ciento, también dan un valor de 15 millones de dólares. En resumen, cuando el valor actual de un cash-flow incremental es idéntico al valor actual de la inversión o al desembolso de efectivo, el valor no varía.

Puede darse un descenso en el valor para el accionista a pesar de que los beneficios aumenten, si la empresa opera por debajo del tipo de descuento del mercado. Supongamos que, con una inversión de 30 millones de dólares, las ventas de Gamma crecen el próximo año en un 20 por ciento, pero que el rendimiento que logra en las ventas adicionales sea de un 10 por ciento en vez de la tasa del 15 por ciento que se había previsto antes.

La nueva cuenta de resultados es la siguiente:

	(en millones $)
Ventas	240,00 $
Gastos de explotación	206,00 $
Beneficios antes de impuestos	34,00 $
Impuestos (40%)	13,60
Beneficios (y cash-flow) después de impuestos	20,40 $

Aunque los beneficios crecen desde 18 millones hasta 20,4 millones de dólares, o sea, un 13,33 por ciento, el valor de Gamma se ha reducido en 10 millones de dólares al pasar de 150 millones a 140 millones de dólares, es decir (20,4 $/0,12) – 30 $.

En resumen, un aumento o una disminución en los beneficios no tiene por qué generar un aumento o una disminución correspondiente en el valor para el accionista, dado que la cifra de los beneficios no refleja el nivel de negocio, ni los riesgos financieros de la empresa, ni tampoco tiene en cuenta el capital circulante, ni las inversiones en inmovilizado, necesarias para lograr el crecimiento esperado. Además, sobre la cifra de beneficios incide toda una amplia gama de convenciones contables, que influye en la asignación de costes en los períodos de tiempo presentes y futuros. Estas convenciones contables no afectan normalmente al cash-flow de la empresa y, por tanto, tampoco debieran influir en el valor de ella.

El crecimiento de los beneficios durante un determinado período de tiempo no sólo no tiene una correlación fiable con el aumento estimado del valor para el accionista, sino que tampoco tiene fiabilidad su correlación con el rendimiento total para el accionista (dividendos más cambio en el valor de las acciones). Puede que se dé este caso, puesto que el crecimiento en los beneficios se logra sin ningún aumento del valor para el accionista. Más esencialmente cabe afirmar que el cambio en el componente del precio de las acciones incluido en el rendimiento total para el accionista es consecuencia de cambios en las expectativas sobre la creación del valor futuro para el accionista. Así pues, el crecimiento declarado de los beneficios puede provocar, incluso con aumentos del valor para el accionista, un descenso en el precio de las acciones, si los resultados declarados están por debajo de las expectativas previas.

La insegura vinculación de los beneficios y los rendimientos para el accionista no solamente es un argumento teórico, sino que también puede demostrarse empíricamente. Las estadísticas del crecimiento de los beneficios por acción y las de rendimiento para el accionista se presentan en la tabla 2-2. Como ha ocurrido en períodos precedentes, no hay una relación evidente entre el crecimiento de los beneficios por acción y los rendimientos totales para el accionista, es decir, la suma de los dividendos y de los cambios en el precio de las acciones. De hecho, las tasas de inflación más bajas, que dieron lugar a menores tipos de interés y menores costes de capital para la empresa, desempeñaron un importante papel en los rendimientos relativamente altos durante este período.

TABLA 2-2

Crecimiento del beneficio por acción y del rendimiento total para el accionista entre 1986-1996 medido según el Standard & Poor's 500 Index

Año	Crecimiento del beneficio por acción (%)	Rendimiento total para el accionista (%)
1986	–0,9	18,5
1987	20,9	5,2
1988	35,8	16,8
1989	–3,6	31,5
1990	–6,8	–3,2
1991	–25,2	30,6
1992	19,5	7,7
1993	14,6	10
1994	39,9	1,3
1995	11,0	37,4
1996	14,0	23,1

Fuentes: Stocks, Bonds, Bills and Inflation-1997 Yearbook (Chicago: Ibbotson Associates, 1997) y Standard and Poor's.

El problema del rendimiento sobre la inversión (RSI) determinado contablemente

El reconocimiento de que los aumentos de beneficios en absoluto son garantía de aumentos en el valor para los accionistas, especialmente durante los períodos inflacionarios, provocó la popularidad del rendimiento sobre la inversión basado en la contabilidad (RSI) y del rendimiento sobre el patrimonio neto (RSPN), como normas de actuación financiera. El RSI se sigue aplicando a menudo como medida de la actuación de una división empresarial. Sin embargo, utilizando un numerador que no es fiable (es decir, los beneficios) y relacionándolo con un denominador de inversión, generado por el mismo proceso contable, no resuelve el problema.

A menudo, las tasas límite o umbral aceptables para el RSI se basan en una estimación del coste de capital para la unidad de negocio o para todo el conjunto de la empresa. El supuesto es que si el RSI es mayor que el coste de capital, entonces se crea valor para el accionista. El problema esencial con este enfoque es que el RSI es un rendimiento basado en una contabilidad de devengo y se la compara a una medida de coste del capital, que es un rendimiento económico demandado por los inversores. Comparar uno con el otro es muy parecido a comparar manzanas con naranjas.

El rendimiento económico o de cash-flow descontado (CFD) de una inversión para un año es simplemente el cash-flow de ese año más el cambio de valor durante ese año, dividido por el valor al comienzo del año:

$$\text{Rendimiento basado en el CFD} = \frac{\text{Cash-flow} + (\text{Valor actual al final del año} - \text{Valor actual al comienzo del año})}{\text{Valor actual al comienzo del año}}$$

$$= \frac{\text{Cash-flow} + \text{Cambio en el valor actual}}{\text{Valor actual al comienzo del año}}$$

El numerador del rendimiento del CFD (el cash-flow más el cambio en el valor actual) es beneficio económico. El cambio en el componente de valor actual del beneficio económico es el resultado neto de dos factores. Primero, el valor actual al cabo de un año a partir del momento presente excluye el cash-flow del año corriente que ya habrá sido recibido. Segundo, al cabo de un año contado a partir de ahora, los cash-flows de los años siguientes se recibirán cada uno con un año de antelación y de esta manera aumentarán su valor. En resumen, el beneficio económico del año se deriva de una comparación entre las previsiones de cash-flow al principio y al final del año.

Pero, en contraste, el *beneficio contable* o *beneficio según libros,* se calcula como sigue:

Beneficio contable = Cash-flow − Amortización y otros cargos sin desembolso de tesorería
+ Inversiones incrementales en capital circulante
+ Gastos de capital

Obsérvese que a diferencia del beneficio económico que depende estrictamente de los cash-flows, el beneficio contable se aparta del cash-flow, puesto que no incorpora los desembolsos para inversiones del año corriente en capital circulante o capital fijo. Además otras partidas que no generan desembolso de tesorería, tales como la amortización y los impuestos de sociedades diferidos se deducen para calcular el beneficio contable. Los contables no intentan, ni reivindican, la estimación de los cambios en el valor actual. Para ellos, la amortización representa la asignación de un coste a lo largo de la vida económica esperada de un activo. Pero si la amortización y el cambio en el valor actual difieren, entonces el beneficio contable no será una medida precisa del beneficio económico.

El rendimiento contable sobre la inversión o RSI se calcula mediante una amplia variedad de métodos. Por ejemplo, algunas empresas incluyen los inmuebles y equipamientos al valor contable bruto, mientras que otras utilizan el valor contable neto (es decir, el valor bruto − amortización acumulada). Algunas empresas incluyen el valor capitalizado de los bienes que tienen en régimen de arriendo como parte de los activos empleados, mientras que otras no lo hacen. Entre los cálculos que en la práctica son más frecuentemente utilizados están:

$$\text{RSI} = \frac{\text{Beneficio neto}}{\text{Valor contable de los activos}} \qquad (1)$$

$$\text{RSI} = \frac{\text{Beneficio neto} + \text{Intereses}\,(1 - \text{Tipo impositivo})}{\text{Valor contable de los activos}} \qquad (2)$$

La fórmula (1) reflejará un rendimiento mayor, si la financiación con recursos propios sustituye a la financiación con recursos ajenos. Esto sucede, porque cuanto menos intereses haya que pagar más crece el beneficio neto. Para evitar esta influencia, y, por consiguiente, separar las actividades de explotación de las financieras, se utiliza a menudo la fórmula (2) para medir el RSI.

Llegados a este punto, cabe hacer un par de observaciones. Primera, el RSI es una medida asociada a un solo período. El beneficio se calcula para un año concreto y después se divide por el valor medio contable de los activos de ese mismo año. Así pues, el RSI no tiene en cuenta los sucesos que rebasan el período corriente. Si se calculara el RSI medio de varios períodos disminuiría el efecto de este problema, aunque no lo eliminaría definitivamente. En cambio, el rendimiento basado en el CFD para un año dado contempla explícitamente las estimaciones de los cash-flows de todo el período que abarca la previsión. Segunda, tanto el numerador como el denominador del ratio del RSI están influidos por asignaciones contables arbitrarias. Por ejemplo, el gasto anual por amortización es una partida deducible para calcular el beneficio neto, mientras que la amortización adicional acumulada se deduce del valor de los activos.

Ezra Salomon analizó las divergencias entre el RSI y la tasa de rendimiento calculada a partir del CFD (tasa interna de rendimiento) tanto para proyectos aislados como para conjuntos de proyectos representativos de toda una empresa. Él, y posteriormente otros, concluyeron que el RSI no representa una estimación precisa, ni fiable del rendimiento según el CFD. Además, descubrieron que no se da una pauta sistemática en el error, que permita la posibilidad de introducir la oportuna corrección. Así, para un conjunto dado de cash-flows, y de ahí un rendimiento conocido según el CFD, el RSI infravalora a veces la tasa de CFD, aunque en más ocasiones la exagera. Y el potencial de error va de moderado en determinados casos a muy significativo y engañoso en otros.

Solomon demuestra que el grado en el que el RSI exagera el rendimiento económico, es decir, el basado en el CFD, es una función compleja de cuatro factores[3]:

—*Duración de la vida del proyecto.* Cuanto mayor es la duración, más la exagera.

—*Política de capitalización.* Cuanto menor sea la proporción de la inversión total capitalizada en la contabilidad, más la exagera. En el límite, en el caso de las inversiones anotadas como gasto al 100%, el RSI contable subirá hasta el infinito.

—*La tasa a la que se registra la amortización en la contabilidad.* Los sistemas de amortización que son más rápidos que el de amortización lineal darán lugar a mayores RSI. En el límite, el método de amortización más rápido es, por supuesto, el equivalente a tratar como gasto el 100 por cien de la inversión y de ahí se produce el mismo resultado.

—*El desfase entre los desembolsos de la inversión y la recuperación de estos desembolsos por las entradas netas de tesorería.* Cuanto mayor sea ese desfase, mayor será el grado de exageración.

Es importante resaltar que las políticas de capitalización y amortización son estrictamente decisiones contables, que no tienen ningún efecto (excepto, en algunas situaciones, en los impuestos) en el cashflow de la empresa y, por tanto, en su tasa de rendimiento económico. Los gastos en investigación y desarrollo (I+D), una forma de inversión en capital, se tratan habitualmente como gasto en el período corriente. Por tanto, las comparaciones de RSI entre, por ejemplo, las empresas farmacéuticas que son muy intensivas en I+D y otras empresas industriales, con una intensidad relativamente baja en I+D, pueden inducir a graves errores. La exclusión de las inversiones en I+D de la base de inversión del RSI aumenta el RSI. Así, aunque una empresa farmacéutica y una empresa industrial menos intensiva en I+D pueden obtener idénticas tasas de rendimiento económico, la primera declarará mayores RSI. El problema se complica por los cambios impuestos por la FASB*en las normas contables de EE UU, tales como la capitalización de los arrendamientos, las pérdidas y ganancias por los cambios de divisas, y la capitalización de los exigibles por pensiones, así como los cambios en los procedimientos contables iniciados por las empresas individualmente, tales como el cambio en la determinación de costes de las existencias pasando del FIFO (primeras entradas, primeras salidas) al LIFO (últimas entradas, primeras salidas).

Además de los factores arriba enumerados, la tasa de crecimiento de las nuevas inversiones en una variable clave que afecta a la magnitud del RSI. Las empresas o las divisiones que experimentan un crecimiento más rápido estarán más cargadas de proyectos de inversiones más recientes, lo que dará lugar a unos denominadores de mayor valor contable. Por tanto, sus RSI serán menores que los de las empresas que no crecen y que invierten con una tasa de rendimiento económico idéntica. Por su parte, la inflación sólo causa un impacto en la sensibilidad del RSI en lo que atañe a la edad media de los activos amortizables de la empresa.

---

* *N. del T.:* FASB, Federal Accountants Standards Bureau.

Ejemplos comparativos del RSI frente al CFD

La dirección de Noble Restaurant Inc. (NRI) está considerando la posibilidad de invertir un millón de dólares en un nuevo restaurante. La dirección hace la previsión de los resultados de explotación únicamente para un período de cinco años, porque cree que, al cabo de cinco años, la instalación necesitará una remodelación considerable y que habrá que reemplazar gran parte de los equipos. Por tanto, la dirección tendrá que afrontar otra decisión de inversión dentro de cinco años, la cual, en principio, será muy parecida a la de la decisión actual basada en si vale la pena o no abrir el restaurante. Los cash-flows previstos para los próximos cinco años son, respectivamente, de 176.230 $, 250.000 $, 350.000 $, 400.000 $ y 400.000 $.

Suponiendo que el coste del capital, que queda reflejado en el tipo de descuento, sea del 15%, el valor actual neto de la inversión (VAN) es nulo. Es decir, el valor actual de los cash-flows descontados a la tasa del 15% es igual al millón de dólares de la inversión considerada:

$$VAN = -1.000.000 + \frac{176.230}{1,15} + \frac{250.000}{(1,15)^2} + \frac{350.000}{(1,15)^3} + \frac{400.000}{(1,15)^4} + \frac{400.000}{(1,15)^5} = 0$$

Cuando el valor actual neto de una inversión es cero, la tasa de rendimiento del cash-flow descontado —CFD— es idéntica al coste del capital o tasa mínima de rendimiento aceptable.

Un análisis más detallado de la tasa de rendimiento del CFD de la inversión en el restaurante se presenta en la tabla 2-3. En la primera fila figuran los cash-flows previstos para cada uno de los cinco años. El valor actual al comienzo de cada año se calcula descontando los cash-flows netos al 15 por ciento. Por ejemplo, el valor actual al comienzo del primer año es:

$$\frac{176.230}{1,15} + \frac{250.000}{(1,15)^2} + \frac{350.000}{(1,15)^3} + \frac{400.000}{(1,15)^4} + \frac{400.000}{(1,15)^5} = 1.000.000 \text{ \$}$$

El valor actual al final del primer año se calcula a partir del valor de los cash-flows descontados desde el año 2 al año 5, es decir:

$$\frac{250.000}{1,15} + \frac{350.000}{(1,15)^2} + \frac{400.000}{(1,15)^3} + \frac{400.000}{(1,15)^4} = 973.755 \text{ \$}$$

DEFICIENCIAS DE LOS NÚMEROS CONTABLES 51

TABLA 2-3
Tasa de rendimiento del CFD de la inversión en restaurante

	Año				
	1	2	3	4	5
(1) Cash-flows	176.230 $	250.000 $	350.000 $	400.000 $	400.000 $
(2) Valor actual al comienzo del año	1.000.000	973.755	869.800	650.280	374.840
(3) Valor actual al final del año	973.755	869.800	650.280	347.840	0
(4) Cambio en el valor durante el año (3)–(2)	–26.245	–103.955	–219.520	–302.440	–347.840
(5) Beneficio económico (cash-flow más cambio en el valor) (1) + (4)	149.985	146.045	130.480	97.560	52.160
(6) Tasa de rendimiento del CFD (5): (2) (porcentaje)	15	15	15	15	15

La disminución en el valor actual al cabo del primer año es, pues, 26.245 $. El beneficio económico para el año 1 es la suma del cash-flow de 176.230 $ menos la disminución de 26.245 $ en el valor actual, es decir, 149.985 $. Esta cantidad representa un rendimiento del 15 por ciento de la inversión de 1 millón de dólares realizada a comienzos del año. Un análisis similar para los años comprendidos entre el 2 y el 5 da unos resultados del 15 por ciento en la tasa de rendimiento del CFD de cada año.

Aunque se espera que la inversión en el restaurante produzca un rendimiento económico del 15 por ciento, los resultados del RSI son sustancialmente diferentes. La tabla 2-4 presenta los RSI esperados para cada uno de los cinco años. El RSI se calcula como beneficio neto dividido por el valor contable medio. Así, el RSI crece desde una tasa negativa para el primer año al 200 por cien en el quinto año, cuando las instalaciones del restaurante están casi completamente amortizadas. Por tanto, el RSI infravalora las tasas de rendimiento económico en los dos primeros años y las sobrevalora significativamente en los últimos tres años. Para todo el período completo de cinco años, se puede calcular el RSI como la suma de las cinco cantidades de beneficio neto dividida por la suma de los cinco valores contables medios. Este cálculo arroja

Tabla 2-4
RSI para la inversión en un solo restaurante

	Año				
	1	2	3	4	5
Cash-flow	176.230 $	250.000 $	350.000 $	400.000 $	400.000 $
–Amortización	200.000	200.000	200.000	200.000	200.000
Beneficio neto	(23.770) $	50.000 $	150.000 $	200.000 $	200.000 $
Valor contable, al comienzo del año	1.000.000	800.000	600.000	400.000	200.000 $
–Amortización	200.000	200.000	200.000	200.000	200.000
Valor contable, al final del año	800.000	600.000	400.000	200.000	0
Valor contable medio	900.000	700.000	500.000	300.000	100.000 $
RSI (porcentaje)	–2,6	7,1	30	66,7	200

un RSI aproximado del 29 por ciento, es decir, casi dos veces el 15 por ciento de la tasa de rendimiento del CFD. Como queda reflejado en el ejemplo que se acaba de exponer, el RSI contable normalmente infravalora las tasas de rendimiento durante las primeras épocas de una inversión y sobrevalora esas tasas durante los últimos períodos a medida que el valor de los activos no amortizados continúa decreciendo. Hay quien pudiera objetar que estos errores se compensan entre sí en el tiempo a medida que la empresa llega a un conjunto equilibrado de inversiones nuevas y antiguas. Pero, desgraciadamente, los errores no se suelen compensar normalmente. La tabla 2-5 pone de relieve este problema.

Supongamos que se abre un restaurante por año durante los cinco primeros años. Los cash-flows descontados previstos para cada restaurante son idénticos a la inversión analizada en el caso anterior. Por consiguiente, se espera que cada uno obtenga una tasa de rendimiento económico del 15 por ciento.

Al cabo del quinto año, se abre un nuevo restaurante para reemplazar al restaurante que ha llegado al final de sus cinco años de vida económica. Así, pues, a partir del quinto año la empresa NRI se encontrará en un estado estacionario, sin crecimiento. Como se puede observar en la tabla 2-5, el RSI estacionario es del 23 por ciento, parámetro que

TABLA 2-5
RSI para las inversiones en todos los restaurantes

	\multicolumn{6}{c}{Año}					
	1	2	3	4	5	6

	\multicolumn{6}{c}{Beneficio neto por restaurante}					
A	(23.770)	50.000	150.000	200.000	200.000	—
B	—	(23.770)	50.000	150.000	200.000	200.000
C	—	—	(23.770)	50.000	150.000	200.000
D	—	—	—	(23.770)	50.000	150.000
E	—	—	—	—	(23.770)	50.000
F	—	—	—	—	—	(23.770)
Beneficio neto total	(23.770)	26.230	176.230	376.230	576.230	576.230

	\multicolumn{6}{c}{Valor contable medio por restaurante}					
A	900.000	700.000	500.000	300.000	100.000	—
B	—	900.000	700.000	500.000	300.000	100.000
C	—	—	900.000	700.000	500.000	300.000
D	—	—	—	900.000	700.000	500.000
E	—	—	—	—	900.000	700.000
F	—	—	—	—	—	900.000
Valor contable total	900.000	1.600.000	2.100.000	2.400.000	2.500.000	2.500.000

	\multicolumn{6}{c}{RSI para todos los restaurantes (porcentaje)}					
	–2,6	1,6	8,4	15,7	23	23

exagera marcadamente la tasa de rendimiento económico del 15 por ciento. Esta sobrevaloración bien puede inducir a la dirección a comprometer más capital en el negocio de los restaurantes del que económicamente estaría justificado.

La magnitud del error en el RSI también resulta afectada por la tasa de crecimiento de la inversión. Si una empresa invierte a una tasa creciente, en el conjunto de sus inversiones, tendrán cada vez más peso las nuevas inversiones cuyos respectivos RSI serán relativamente bajos. De esta manera, el RSI de una empresa en crecimiento será inferior al de otra empresa que no crezca, incluso en el caso en que ambas inviertan en proyectos idénticos que produzcan idénticas tasas de rendimiento del CFD[4].

Otros defectos adicionales del RSI

La utilización del RSI como norma para evaluar las estrategias y la actuación a escala de una unidad de negocio o de toda la empresa puede inducir a una mala y sustancial asignación de recursos. Hay tres razones fundamentales para esto, además de las de ya descritas. La primera es que si bien la tasa de rendimiento económico de un solo proyecto o de toda una estrategia depende únicamente del cash-flow, el RSI contable depende no sólo de la inversión proyectada y del cash-flow, sino también de las inversiones no amortizadas de los períodos anteriores. Así, si dos empresas o unidades de negocio tienen idénticas expectativas y estrategias, pero una tiene mayor base de inversión al comienzo, también tendrá los RSI más bajos durante el período de planificación. Tales diferencias en el RSI, dándose idénticos rendimientos del CFD son claramente antieconómicas y pueden inducir a los directivos a graves errores de juicio e interpretación.

Una segunda deficiencia importante en la utilización del RSI para evaluar estrategias y actuaciones es que no tiene en cuenta el valor residual de la unidad de negocio o de la empresa después del período de planificación, el cual normalmente suele representar más del 50 por ciento del valor de mercado de la empresa.

Una empresa que intente aumentar su participación en el mercado y su posición competitiva probablemente aumentará sus gastos en desarrollo de nuevos productos y márketing, será agresiva en su política de precios, e invertirá para ampliar su capacidad de producción y su capital circulante. Aunque cada una de estas actividades está dirigida a fortalecer la posición estratégica de la empresa a largo plazo, cabe que el RSI descienda en los primeros años aun cuando estas iniciativas e inversiones aumenten el valor. En marcado contraste, la estrategia de agostamiento sin inversiones permite que la participación en el mercado se erosione y de ahí que surjan aumentos en el cash-flow al hacer mínimas las inversiones en capital fijo y liberar capital circulante. El agostamiento sin inversiones es una estrategia apropiada para productos con una participación en el mercado relativamente baja en mercados maduros o en declive. Esta estrategia generará mejores RSI en los períodos de planificación que la estrategia orientada a ganar participación en el mercado, pero el valor residual asociado con la política de agostamiento es probable que sea muy reducido.

El rendimiento económico generado por una estrategia depende del cash-flow estimado durante el período de planificación y del valor estimado del posicionamiento estratégico de la unidad de negocio al final del período de planificación. El comportamiento del RSI durante el período de planificación no constituye por sí solo una base fiable para estimar el rendimiento económico. Por ejemplo, los aumentos en el RSI durante el período de planificación pueden atribuirse a la capacidad de una unidad de negocio para aventajar a los competidores mediante la implantación con éxito de estrategias de liderazgo en costes o de diferenciación. Alternativamente, el aumento del RSI puede provenir de una estrategia de agostamiento que culmine con un valor residual extraordinariamente bajo.

La tercera limitación en la utilización del RSI para la planificación y el control financieros viene impuesta por el efecto, a veces antieconómico, de los cambios en la política financiera sobre el RSI. Supongamos que una empresa está operando con la que ella piensa que es su óptima estructura de capital. En otras palabras, las proporciones que tiene como objetivo en cuanto al endeudamiento y al patrimonio propio para financiar la empresa se establecen de modo que se minimice el coste ponderado medio del capital. Todo desvío de esta financiación objetivo haría aumentar de modo natural el coste medio del capital y, si todo lo demás sigue igual, reduciría el valor de la empresa. El impacto en el RSI de la utilización de un endeudamiento superior o inferior al óptimo se resume como sigue.

	Valor para el accionista	RSI antes de interés	RSI después de interés
Deuda > la óptima	Disminuye	No cambia	Disminuye
Deuda < la óptima	Disminuye	No cambia	Aumenta

Si el RSI se calcula antes del interés, en ese caso no está influido por la política de financiación aunque el coste medio del capital y, de ahí el valor de la empresa, queda influido. Cuando el RSI se expresa después del interés, el RSI aumenta cuando la empresa va de la deuda óptima a una deuda inferior a la óptima. El aumento en el RSI tiene lugar al mismo tiempo que el valor de la empresa va disminuyendo.

Deficiencias del rendimiento sobre el patrimonio (RSP)

Hasta ahora, el análisis realizado en esta sección se ha centrado en el RSI. Otra medida ampliamente utilizada en la medida de la actuación de una empresa es el rendimiento contable sobre el patrimonio (RSP):

$$RSP = \frac{\text{Beneficio neto}}{\text{Valor contable del patrimonio de los accionistas}}$$

Así como el RSI relaciona el beneficio neto con los activos totales, el RSP utiliza el patrimonio de los accionistas como denominador. El RSI es una medida más frecuentemente utilizada a escala de las unidades de negocio y de las divisiones; el RSP está más extendido a escala de toda la empresa. Una de las razones principales de que la dirección se centre en el RSI más que en el RSP a escala de las unidades de negocio es la renuncia a asignar deuda a las unidades individuales. A menudo, la concentración en el RSP a escala de toda la empresa se explica en función de que es una medida de mucho interés para los inversores.

Dado que el RSP es tan parecido al RSI, es forzoso que comparta todas las deficiencias del RSI antes enumeradas. El RSP es especialmente sensible al apalancamiento. Suponiendo que los fondos procedentes de la financiación mediante deuda puedan invertirse a una tasa de rendimiento superior al tipo que se paga por tomar ese dinero a préstamo, el RSP aumentará con niveles superiores de apalancamiento. De hecho, el RSP aumentará a medida que se emita deuda superior al nivel óptimo y el valor de la empresa decrece debido al aumento de su riesgo financiero. Así, una vez más observamos que una medida de actuación basada en la contabilidad puede entrar en conflicto con el criterio del valor para el accionista.

Aunque el RSP se sigue citando como uno de los indicadores más importantes de la actuación empresarial, los resultados recientes del RSP se han visto influidos sustancialmente por las prácticas contables así como por los resultados de explotación. Antes de mediados de los años noventa eran poquísimas las empresas que alcanzaban una tasa del 20 por ciento en el RSP. El denominado «club del 20 por ciento» se ha hecho sustancialmente menos exclusivo en los tiempos que corren. Por ejemplo, consideremos que a partir de 1994 el índice Standard & Poor's 400 de valores industriales tuvo un RSP medio que superaba el 20 por ciento. Esta tasa era bastante más elevada que la media ligeramente superior al 10 por ciento de las tres décadas precedentes. ¿Cuál es la causa de estas tasas elevadas sin precedentes? Los aumentos del RSP proceden de tres fuentes: márgenes de beneficio mejorados, mayor rotación del activo, o mayor apalancamiento definido como el ratio resultante de dividir el activo por el patrimonio neto de los accionistas.

Las buenas noticias son que parte del aumento del RSP procedió de mejoras genuinas en las actividades de explotación debido a la mejora en los márgenes de beneficio y a un nivel de rotación más elevado. El resto del aumento del RSP se generó a partir del aumento del apalancamiento. Este aumento del apalancamiento se origina a partir de un ataque en tres frentes para reducir el patrimonio de los accionistas. En primer lugar, se produjo una oleada de cargos contables agresivos relacionados con las reestructuraciones empresariales. En segundo lugar, hubo cargos contables desencadenados por cambios en las normas contables vigentes en EE UU. Un ejemplo sobresaliente fue el cambio en la contabilización de las prestaciones sanitarias para los jubilados. La tercera fuente de las principales disminuciones del patrimonio lo constituyeron los miles de millones de dólares invertidos en programas de recompra de acciones. En resumen, una medida de la actuación empresarial históricamente nada fiable se ha hecho ahora menos fiable todavía.

Estos masivos cargos contables y recompras de acciones también redujeron la utilidad de otras tres medidas populares: rentabilidad por dividendos, precio del mercado a valor contable, y el ratio cotización-beneficios. Cada una de ellas trata de determinar si las acciones están a un precio de ganga o a un precio excesivo.

La reciente rentabilidad por dividendos medida a través del índice Standard & Poor's 500 ha sido de aproximadamente el 2 por ciento, lo que está bastante por debajo de los niveles históricos y ha inducido a que algunos analistas concluyan que el mercado está sobrevalorado. Pero lo que no tienen en cuenta al analizar la rentabilidad es que los dividendos ya no son los únicos medios para distribuir dinero a los accionistas. En la mayoría de los casos, la recompra de acciones es una alternativa más eficaz desde el punto de vista fiscal en EE UU para distribuir el dinero que no puede invertirse productivamente en la empresa. Asimismo, los ratios que relacionan valores de mercado con los contables también pueden inducir a error. Estos ratios han subido hasta cotas que han hecho historia, a causa no sólo del optimismo reinante en el mercado en relación con las perspectivas de la economía en general y de las empresas en particular, sino también debido a una reducción significativa en el valor contable de las empresas inducida por los cargos contables y las recompras de acciones. Finalmente, los ratios cotización-beneficios se han hecho menos significativos debido al cambio en las normas contables y al alto grado de discreción que la dirección ejerce a la hora de declarar los beneficios.

El creciente porcentaje de inversiones dirigido hacia intangibles tales como la información, la formación, y la investigación más que a los activos fijos tangibles también ha causado un gran efecto en la utilidad del RSI y del RSP como indicadores de valoración. Así, con sólo un pequeño porcentaje de sus inversiones capitalizado a efectos contables, los RSI y los RSP de las empresas basadas en el conocimiento, tales como Microsoft, no pueden compararse significativamente con aquellas empresas cuyas inversiones se materializan principalmente en activos fijos.

¿Cuáles son las consecuencias de la creciente importancia de las empresas basadas en el conocimiento cuyos principales activos son más intangibles que físicos? Existe un interés creciente en incluir como activos en el balance intangibles tales como investigación y desarrollo, satisfacción al cliente, y el nombre y la imagen de marca. Otros son contrarios a esta sugerencia basándose en que cualquiera de tales estimaciones no son lo bastante fiables para merecerse un lugar en el balance o en los informes económico-financieros de la empresa. Pero esta obra no es un foro para entrar en este debate. Sin embargo, hay una observación crucial que necesita enfatizarse. *Los números contables y los ratios financieros tradicionales se verán afectados por el paso de las empresas industriales a empresas del conocimiento. Los cálculos del valor para el accionista no.*

En un análisis del valor para el accionista basado en el cash-flow, 1 millón de dólares gastados en conocimiento y 1 millón de dólares gastados en activos tangibles reciben el mismo tratamiento. No importa si los contables optan por considerar esa partida como gasto corriente o como inversión. Lo que sí consta es que se ha desembolsado 1 millón de dólares y que la idoneidad de ese gasto quedará reflejada en los siguientes cash-flows que se obtengan. El análisis económico ortodoxo es especialmente crítico en las empresas especializadas en el conocimiento, tales como las de software y productos farmacéuticos, ya que los sustanciales costes previos al lanzamiento de un producto al mercado son desproporcionadamente más elevados que los costes subsiguientes de producción y de distribución.

Aunque los números basados en la contabilidad no sirven como indicadores fiables del valor para el accionista, no habría que ver esto como un fallo de la contabilidad. Visto bajo el prisma de un análisis total, el problema estriba en la utilización inadvertida e inadecuada de los datos de la contabilidad histórica por parte de directivos e inversores para hacer valoraciones basadas en las expectativas.

Capítulo 3

El enfoque del valor para el accionista

El «enfoque del valor para el accionista» calcula el valor económico de una inversión descontando los cash-flows previstos utilizando como factor de descuento el coste del capital. A su vez, estos cash-flows sirven de fundamento para calcular los rendimientos para los accionistas obtenidos por dividendos y apreciación del valor de las acciones. Este capítulo explica cómo los parámetros básicos de valoración o *impulsores* del valor —la tasa de crecimiento de las ventas, el margen de beneficio de explotación, el tipo impositivo sobre los beneficios, la inversión en capital circulante, la inversión en capital fijo, el coste del capital, y la duración del período que abarca la previsión— se calculan, desarrollan e incorporan en los cálculos de valor para el accionista. En este sentido, el enfoque cambia y en vez de calcular el valor de una empresa, calcula el valor añadido por su estrategia durante el período que abarca la previsión. En todo este contexto, el enfoque del valor para el accionista está vinculado a parámetros con los que los directores de explotación se sienten familiarizados y cómodos.

El cálculo del valor para el accionista

El valor económico total de una entidad tal como una empresa o una unidad de negocio es la suma de los valores de su deuda y de su

patrimonio neto. Este valor del negocio se denomina «valor societario» y el valor de la parte correspondiente al patrimonio neto se le denomina «valor para el accionista».
En resumen:

$$\text{Valor societario} = \text{Deuda} + \text{Valor para el accionista}$$

La parte correspondiente a deuda del valor societario comprende el valor de mercado de las deudas, las obligaciones de pago por pensiones no dotadas de financiamiento, y el valor de mercado de otras obligaciones tales como las acciones preferentes[1]. Reestructurando la fórmula antes expuesta a efectos de hallar el valor para el accionista, tenemos:

$$\text{Valor para el accionista} = \text{Valor societario} - \text{Deuda}$$

Con el fin de determinar el valor para el accionista, se puede empezar calculando el valor del conjunto de la empresa o de la unidad de negocio, es decir, el valor societario.

A su vez, el valor societario está constituido por dos componentes fundamentales:

1. El valor actual del cash-flow procedente de las actividades de la empresa durante el período que abarca la previsión.
2. «El valor residual», que representa el valor actual de la empresa atribuible al período siguiente al período de previsión.

Para hacer un cálculo más preciso del valor societario, se puede introducir también un tercer componente: el valor corriente de los títulos valores susceptibles de venta en el mercado junto con el de otras inversiones que igualmente puedan convertirse en dinero y que no sean esenciales para el funcionamiento normal de la empresa. Ninguna de estas inversiones ni los beneficios que de ellas se derivan están incluidos en los cash-flows de explotación. Sin embargo, es claro que estas inversiones tienen valor y, por tanto, es preciso incluirlas en los cálculos del valor societario.

Por consiguiente, el valor societario tiene tres componentes:

Valor societario = Valor actual del cash-flow de explotación durante
      el período de previsión + Valor residual + Valores
      negociables.

El cash-flow de explotación

El cash-flow de explotación resulta de la diferencia entre las entradas y salidas de tesorería de la explotación. Estos cash-flows son significativos para calcular el valor societario, porque representan la tesorería disponible para pagar a los titulares de deuda y los accionistas. Una vez que se calcula el cash-flow de explotación para cada año del período de la previsión, estos cash-flows se descuentan hasta la fecha presente. El tipo de descuento aplicable puede ser el coste del capital o la media ponderada de los costes de la deuda y de los recursos propios.

Con el fin de aclarar esto, consideremos el caso de una previsión que abarque los tres próximos años para una empresa cuyo coste del capital es un 10 por ciento.

Año	Cash-flow	Factor de descuento al 10%*	Valor actual del cash-flow	Valor actual acumulado de los cash-flows
1	100 $	0,9091	90,91 $	90,91 $
2	150	0,8264	123,96	214,87
3	200	0,7513	150,26	365,13

* Factor de descuento = $1/(1+0,10)^t$.

Los cash-flows descontados generados durante el período de previsión (o más concretamente «el valor actual acumulado de los cash-flows») suman 365,13 dólares.

El cash-flow correspondiente a cada año se calcula del siguiente modo:

Cash-flow = Entradas de caja – Salidas de caja =
 = [(Ventas del año anterior) (1+Tasa de crecimiento de las ventas) (Margen de beneficio de explotación) (1–Tipo impositivo pagado sobre beneficios)] – (Inversión incremental en capital fijo y en capital circulante).

Una vez que se calcula el cash-flow correspondiente a cada año, se descuenta al coste del capital, para calcular el valor actual.

La fórmula arriba expuesta se puede aplicar para calcular el cash-flow de 100 dólares previsto para el año 1.

Supongamos:

Ventas del año anterior	3.360 $
Tasa de crecimiento de las ventas (porcentaje)	19
Margen de beneficio de explotación (porcentaje)	10
Tipo impositivo pagado sobre beneficios (porcentaje)	35
Tasa de incremento de inversión en capital fijo (porcentaje)	15
Tasa de incremento de inversión en capital circulante (porcentaje)	10

Entradas de caja:

Ventas del año 1 = Ventas del año anterior (1+Tasa de crecimiento de las ventas) = 3.360 (1+0,19) $ = 3.998 $.

Beneficio de explotación = Ventas (Margen de beneficio de explotación) = 3.998 (0,10) =	400 $
Menos: Tipo impositivo pagado sobre beneficios (35%) =	140 $
Beneficio de explotación después de impuestos =	260 $

Salidas de caja:

Incremento de inversión en capital fijo = Aumento en ventas (Tasa de incremento de inversión en capital fijo) = = 638 (0,15) =	96 $.
Incremento de inversión en capital circulante = Aumento en ventas (Tasa de incremento de inversión en capital circulante) = 638 (0,10) =	64 $
Inversión total =	160 $
Cash-flow procedente de explotación =	100 $

Antes de seguir adelante, es conveniente hacer algunos breves comentarios sobre algunos de los impulsores del valor. El *margen de beneficio de explotación* es el ratio del beneficio de explotación antes de intereses e impuestos a las ventas. Para calcular el beneficio de explotación, no sólo hay que deducir el coste de los productos vendidos, los gastos de ventas y de administración, sino que también hay que deducir los gastos de amortización que no implican desembolso de dinero. El *incremento de inversión en capital fijo* se define como los gastos de capital que excedan al gasto de amortización, es decir:

Incremento de inversión en capital fijo =
= Gastos de capital − Gasto de amortización.

Así pues, si se volviera a añadir la amortización al beneficio de explotación (para convertirlo en una cifra de cash-flow) y el mismo importe de gasto de amortización se añadiera a la cifra de incremento de la inversión en capital fijo (para convertirla en gastos totales de capital), la cifra de cash-flow de explotación sería la misma.

Cuando la dirección emprende un análisis de su propia empresa, lo normal es que haya un plan a largo plazo que incorpore las estimaciones de los gastos de capital. En este caso, estas estimaciones de los gastos de capital se pueden incorporar directamente a los cálculos. No obstante, si el análisis afecta a otra empresa, digamos, a una competidora, entonces lo normal es que sólo se disponga de información histórica. En una situación así, normalmente es ventajoso hacer la previsión de la inversión como porcentaje del aumento de las ventas.

$$\text{Tasa de incremento de inversión en capital fijo (\%)} = \frac{\text{Gastos de capital} - \text{Gasto de amortización}}{\text{Incremento en las ventas}} (100)$$

$$= \frac{\text{Incremento de inversión en capital fijo}}{\text{Incremento en las ventas}} (100)$$

Para calcular la media de los valores recientes, se toma la suma de todos los gastos de capital nenos amortización, durante los cinco o diez años precedentes, y se divide la cantidad resultante por el aumento de ventas durante el período. Si una empresa continúa reemplazando las instalaciones existentes por otras similares, y si los precios de esas instalaciones permanecen constantes, entonces el numerador (es decir, los gastos de capital menos la amortización) representa aproximadamente el coste del crecimiento real en la capacidad productiva.

No obstante, los gastos de capital suelen crecer cada año debido a las fuerzas inflacionarias y a las exigencias legales tales como los controles del medio ambiente. Estos aumentos de los costes pueden equilibrarse parcialmente con los avances en la tecnología. Así, el numerador refleja no sólo el coste de crecimiento real sino los cambios en los precios de las instalaciones así como el impacto de los cambios en la combinación de productos, la normativa reguladora y las mejoras tecnológicas. La cuestión de si el valor histórico de esta variable es una base razonable para el período de previsión depende significativamente de con qué rapidez y en qué medida la empresa podrá compensar los costes superiores de capital fijo con precios más elevados de venta o con una utilización más eficiente de las instalaciones.

El *incremento de inversión en capital circulante* representa la inversión neta en cuentas a cobrar, existencias, cuentas a pagar y otras partidas necesarias para mantener el crecimiento de las ventas[2]. Dado que esta inversión es parte de las operaciones básicas de la empresa, se incluye en el cálculo del «cash-flow de explotación». Esta inversión se puede expresar como porcentaje del incremento de las ventas.

$$\text{Tasa de incremento del capital circulante (\%)} = \frac{\text{Incremento de inversión en capital circulante}}{\text{Incremento en las ventas}} (100)$$

El *tipo impositivo pagado sobre beneficios* representa los impuestos sobre el beneficio de explotación de un ejercicio fiscal que se pueden pagar en varios plazos durante el ejercicio o que son un exigible (impuestos a pagar sobre beneficios) a final de año. Normalmente, los impuestos pagados sobre beneficios son inferiores a los impuestos declarados sobre beneficios a efectos contables, los cuales suelen incorporar un componente de impuestos diferidos. Los impuestos diferidos sobre beneficios surgen de las diferencias de periodificación en el reconocimiento de ciertas partidas de beneficios y gastos a efectos contables y a efectos fiscales. Por ejemplo, se puede utilizar el método de amortización lineal a efectos contables y el de amortización acelerada para calcular el beneficio de explotación imponible fiscalmente.

Esta sección se ha centrado en los parámetros esenciales o impulsores del valor que subyacen en el cash-flow de explotación. Para calcular el valor actual de estos cash-flows, se necesita establecer una estimación del coste del capital.

Coste del capital

La tasa adecuada para descontar la corriente de cash-flows de la empresa es la media ponderada de los costes de la deuda y del capital propio de la empresa[3]. Por ejemplo, supongamos que el coste de la deuda después de impuestos es del 5,2 por ciento y el coste estimado de sus recursos propios es del 12 por ciento. Además, la empresa piensa captar capital según la siguiente proporción: el 30 por ciento, mediante endeudamiento y el 70 por ciento mediante recursos propios. En este sentido, para que el coste del capital le resulte al 10 por ciento, hace los siguientes cálculos:

	Ponderación (%)	Coste (%)	Coste ponderado (%)
Deuda (después de impuestos)	30	5,2	1,6
Recursos propios	70	12,0	8,4
Coste del capital			10,0

La estimación del coste del capital es esencial para establecer la tasa de rentabilidad mínima aceptable o la tasa de rentabilidad mínima que la dirección tendría que exigir para aceptar las nuevas propuestas de inversión. Las inversiones que produzcan unos rendimientos superiores al coste del capital generarán valor para el accionista, mientras que aquellas que rindan menos que el coste del capital disminuirán el valor para el accionista.

La tasa de coste del capital incorpora las rentabilidades exigidas tanto por los accionistas como por los acreedores, puesto que los cash-flows antes-de-intereses están descontados: es decir, cash-flows de los que tanto acreedores como accionistas tienen derecho a participar. El coste adecuado del capital es por consiguiente aquel que tiene en cuenta los derechos de cada grupo en proporción a su objetivo de contribución relativa al capital. Los cash-flows descontados a la tasa de coste del capital generan valor para la empresa, y después se deduce la deuda para calcular el valor para el accionista.

Es importante resaltar que las ponderaciones relativas asignadas respectivamente a la deuda y a los recursos propios ni se deducen del dinero que la empresa ha solicitado en el pasado, ni tampoco se basan en las proporciones relativas de dinero que la empresa planifica obtener en el período anual que comprende el cálculo. Por el contrario, las ponderaciones pertinentes se deben basar en las proporciones de deuda y recursos propios que la empresa tiene como objetivo para su estructura de capital en el período de planificación a largo plazo. ¿Qué valores habría que utilizar en el cálculo de las ponderaciones de la estructura de capital tomada como objetivo, los contables (del balance) o los de mercado? Existe un acuerdo generalizado en los libros de finanzas sobre la superioridad conceptual de los valores de mercado, a pesar de su volatilidad, basándose en que para la empresa, para justificar su valoración, tiene que obtener tasas de rendimiento competitivas para los tenedores de deuda y los accionistas sobre sus respectivos valores corrientes de mercado[4].

Supongamos que los accionistas invirtieron 5 millones de dólares en concepto de capital inicial de una empresa hace diez años. En el transcurso de esos diez años, el valor contable de la empresa aumentó de 5 a 7 millones de dólares. Sin embargo, el valor de mercado aumentó en el mismo período hasta los 20 millones de dólares. Asimismo, se considera que, dadas las condiciones actuales del mercado, una tasa de rendimiento razonable es el 12 por ciento. La cuestión es: ¿estarían los accionistas ordinarios satisfechos con el 12 por ciento de rentabilidad calculada sobre los 7 millones de dólares del valor contable, o esperarían obtener el 12 por ciento sobre el valor corriente de mercado, es decir, sobre 20 millones de dólares? Los inversores racionales basarán sus decisiones en el valor corriente de mercado. El valor contable refleja los costes históricos que generalmente tienen poca correspondencia con el valor económico y, por tanto, no es significativo a la hora de las decisiones de inversión corrientes.

La medición del coste de la deuda es una cuestión relativamente sencilla una vez que se ha establecido que el que es adecuado es el coste de la nueva deuda y no el coste de la deuda viva asumida anteriormente. Esto es así, porque la deseabilidad económica de la inversión en perspectiva depende de costes futuros y no de los costes pasados u «obligados»*. Puesto que el interés de las deudas es deducible a efectos fiscales, la tasa de rendimiento que tiene que obtenerse de los medios financiados mediante deuda es el coste de ésta después de impuestos.

La tasa pertinente para el coste de la deuda es la tasa a largo plazo o el rendimiento al vencimiento, que refleja la tasa actualmente demandada por los inversores en deuda. Las tasas a corto plazo no incorporan las expectativas sobre la inflación a largo plazo. El horizonte temporal para la determinación del coste del capital tendría que ser coherente con el horizonte a largo plazo del período de previsión del cash-flow. Aun cuando una empresa rutinariamente «renueve» su deu-

---

* N. de T.: El concepto de coste «obligado» es, en esencia, un coste que, aunque teóricamente existente, no se debe tener en cuenta como tal coste de cara a las decisiones que afectan al futuro. Un ejemplo de coste «obligado» es aquel que está vinculado a la amortización de un activo que actualmente se ha quedado obsoleto.

da a corto plazo como componente permanente de su financiación, la tasa a largo plazo sigue siendo aún una aproximación mejor a los costes de los intereses a lo largo del período de previsión, dado que los tipos de interés de la deuda a largo plazo incorporan los costes esperados de la deuda a corto plazo sistemáticamente renovada.

El segundo componente del coste del capital, el coste de los recursos propios, es más difícil de calcular. En contraste con el caso de la financiación mediante deuda en el que la empresa contrata el pago de una tasa concreta por la utilización de capital, no hay un pacto explícito de pagar a los accionistas ordinarios una tasa de rendimiento concreta. No obstante, hay cierta tasa de rendimiento implícita necesaria para atraer a los inversores a la compra de acciones de la empresa e inducir a los accionistas a que retengan sus acciones. Esta tasa representa el coste pertinente del capital propio. Los inversores racionales, no proclives al riesgo, confían en obtener una tasa de rendimiento que les compense por asumir un riesgo mayor para su inversión. Así pues, al valorar el coste del capital propio para la empresa, o la tasa mínima esperada que inducirá a los inversores a comprar las acciones de la empresa, es razonable asumir que exigirán una tasa libre de riesgo, como se refleja en los rendimientos corrientes obtenibles con los bonos del Tesoro añadiéndoles una rentabilidad complementaria o *prima por riesgo de las acciones* para invertir en las acciones con más riesgo de la empresa. Concretamente:

Coste del capital propio =
= Tasa exenta de riesgos + Prima por riesgo de las acciones

Y es que incluso los valores estatales no están completamente exentos de riesgo. Aunque están esencialmente exentos del riesgo de falta de pago, no están exentos de las subidas de los tipos de interés y de las pérdidas de capital resultantes. Para un inversor que tenga un horizonte de largo plazo, incluso los pagarés del Tesoro a corto plazo comportan un riesgo asociado a los tipos de interés, puesto que los rendimientos fluctúan a lo largo del tiempo. Así, en ausencia de unos títulos-valores absolutamente seguros —es decir, sin ningún riesgo— la tasa de las obligaciones del Tesoro a largo plazo se puede utilizar como la mejor aproximación a una tasa sin riesgo. Así, lo mismo que en el caso de la determinación anterior del coste de la deuda, el horizonte temporal para calcular el coste del capital propio tendría que ser coherente con el horizonte a largo plazo del período de previsión del cash-flow. El uso de las tasas de las obligaciones del Tesoro a largo plazo cumple esta finalidad y además incorpora la prima por la inflación esperada. Después de todo, la tasa de rendimiento exigida por los inversores no sólo incorpora el tipo de interés «real» (simplemente la compensación por hacer la inversión), sino también la compensación por la inflación esperada:

Tasa exenta de riesgo = Tipo de interés «real» + Tasa esperada de inflación

El segundo componente del coste del capital propio, es la prima por riesgo de las acciones. Una forma de calcular la prima por riesgo para una acción determinada consiste en calcular el producto de la prima por riesgo del mercado para las acciones (el exceso de la tasa de rendimiento esperada sobre un índice representativo del mercado —tal como, por ejemplo, el índice de valores bursátiles Standard & Poor's 500— por encima de la tasa libre de riesgo) y el riesgo sistemático de esa acción, medido a través de su coeficiente beta[5].

Prima por riesgo =
= Beta (Rendimiento esperado del mercado − Tasa exenta de riesgo)

La prima por riesgo del mercado representa la compensación adicional que los inversores esperan por invertir en acciones en lugar de obligaciones «exentas de riesgo» del Tesoro. La prima se tendría que basar en las tasas de rendimiento esperadas y no en la media de las tasas históricas. Este enfoque es crucial, porque con el aumento de la volatilidad de los tipos de interés en las dos últimas décadas el riesgo relativo de las obligaciones ha aumentado, reduciendo por consiguiente las primas de riesgo a una banda comprendida entre el 3 y el 5 por ciento. Los que calculan la prima por riesgo del mercado como el exceso medio a largo plazo de los rendimientos de las acciones sobre los rendimientos de las obligaciones del Tesoro obtendrán normalmente una cifra situada entre el 7 y el 9 por ciento. Este enfoque histórico no tiene en cuenta que las primas por riesgo del mercado varían con el tiempo y que en el momento presente pueden llevar a infravaloraciones significativas.

Para calcular la tasa de rendimiento esperada, las proyecciones de los analistas relativas a los ratios de beneficios y pago de dividendos se combinan para generar las previsiones de dividendos a corto, así como a largo plazo. La tasa de descuento que hace que se igualen el flujo previsto de dividendos con el precio corriente de las acciones es el rendimiento implícito o esperado. Merrill Lynch prevé la tasa de rendimiento esperada en su publicación mensual, *Quantitative Profiles − Monthly Insights for Equity Management*.

El factor final necesario para hacer un cálculo del coste del capital propio es el coeficiente beta. Cada acción en particular tiende a tener más o menos riesgo que el conjunto del mercado. El nivel de riesgo de una acción, medido con el coeficiente beta, es la volatilidad de su rentabilidad en relación con la de una cartera de mercado. Por definición, la tasa de rendimiento por dividendos y plusvalía en una cartera de mercado fluctuará exactamente igual que el mercado y, por consiguiente, su coeficiente beta es igual a 1,0. Las acciones que tienen betas superiores a 1,0 son más volátiles que el mercado y, por tanto, comportan una prima por riesgo mayor que la prima por riesgo correspondiente al conjunto del mercado. Por ejemplo, si una acción oscila hacia arriba o hacia abajo un 1,5 por ciento cuando el mercado se mueve hacia arriba o hacia abajo en un 1 por ciento, la acción tendría un beta del 1,5.

Los betas de las acciones se calculan mediante una regresión lineal entre los rendimientos pasados de una acción concreta y los rendimientos pasados de un índice del mercado, como, por ejemplo, el Standard & Poor's 500. El cálculo resultante genera un beta histórico y, por tanto, aporta una medida del nivel de riesgo que tuvo la acción en el pasado. Ciertas organizaciones, como Value Line, The Alcar Group, y Merrill Lynch calculan los betas.

En resumen:

Coste del capital propio = Tasa exenta de riesgo +
+ Beta (Rendimiento esperado del mercado − Tasa exenta de riesgo)

Como ejemplo, supongamos una tasa libre de riesgo del 6,6 por ciento, el beta de una determinada empresa igual a 1,2, y el rendimiento esperado del mercado del 11,1 por ciento.

Coste del capital propio = 6,6 + 1,2 (11,1 − 6,6) = 12%.

Valor residual

Las últimas dos secciones dedicadas al cash-flow de explotación y al coste del capital han establecido el fundamento para calcular el valor del cash-flow descontado atribuible al período de previsión. En esta sección, consideramos el valor atribuible al período siguiente al de previsión, es decir, el valor residual.

A menudo, el valor residual representa la mayor porción del valor de la empresa. Para la mayoría de las empresas, sólo una pequeña proporción del valor puede atribuirse razonablemente a su cash-flow estimado para los cinco o diez años siguientes.

Una empresa que trate de aumentar su participación en el mercado y su posición competitiva probablemente aumentará el gasto en desarrollo de nuevos productos y márketing, establecerá una política de precios agresiva, e invertirá para aumentar su capacidad de producción y su capital circulante. Aunque cada una de estas actividades va dirigida a reforzar la posición estratégica de la organización a largo plazo, el cash-flow puede ser, sin embargo, escaso o reducirse en el transcurso de los próximos años aun cuando las medidas antes mencionadas aumenten el valor de mercado de la empresa.

En marcado contraste con esto, una estrategia de agostamiento crea el marco para que la participación en el mercado de la empresa se erosione y, por tanto, aumenta el cash-flow al minimizar la inversión en capital fijo y liberar capital circulante. Habitualmente el agostamiento es apropiado para el caso de productos con participaciones en el mercado relativamente pequeñas en mercados maduros o en declive. Esta estrategia generará mayores cash-flows durante el período de previsión que una estrategia orientada a acrecentar la participación en el mercado, pero lo más probable es que el valor residual asociado con la política de agostamiento sea muy pequeño.

De lo expuesto más arriba, se deducen dos observaciones importantes. La primera es que aunque el valor residual es un componente significativo del valor de la empresa, su tamaño depende directamente de los supuestos establecidos durante el período de previsión. La segunda es que no hay una fórmula singular para calcular el valor residual. Su valor depende de una cuidadosa valoración de la posición competitiva de la empresa al final del período cubierto por la previsión. No obstante, hay varios métodos para calcular el valor residual que pueden aplicarse en diferentes circunstancias. Por ejemplo, en el caso de la estrategia de agostamiento, lo probable es que el valor de liquidación sea la mejor aproximación al valor residual. En contraste, para el caso del acrecentamiento de la participación en el mercado, una medida de empresa en marcha más que una de liquidación sería adecuada para calcular el valor residual. Una medida de este tipo, el método de la renta anual perpetua, es especialmente útil para una amplia gama de situaciones y se examinará ahora con más detalle.

Las estrategias creadoras de valor son las que producen más rendimiento que el que demandan los mercados de capitales y, por tanto, generan valores actuales netos positivos. Este objetivo de creación de valor lo logran las empresas capaces de captar en los mercados de capitales fondos a tipos de interés competitivos para luego invertirlos para aprovechar las imperfecciones de los mercados de productos. Por ejemplo, una empresa líder situada en un determinado sector puede aprovecharse de las elevadas barreras existentes para entrar en él debidas a factores tales como economías de escala, diferenciación de productos, costes elevados de cambio de proveedor, necesidades considerables de capital, y una política estatal favorable.

Evidentemente, es mucho más fácil hablar de invertir para lograr rendimientos superiores que lograr ese resultado. La mayoría de las empresas que operan en sectores muy competitivos y con productos corrientes no es probable que consigan rentabilidades superiores. A menudo, los sectores más nuevos, que inicialmente alcanzan rendimientos superiores, atraen a nuevas empresas participantes, lo que da lugar a un exceso de capacidad, competencia de precios, y, finalmente, rendimientos más bajos para todas las empresas partícipes del sector.

El método de la renta anual perpetua para calcular el valor residual se basa en esta dinámica competitiva. Fundamentalmente, se basa en el supuesto de que una empresa que sea capaz de generar rendimientos superiores al coste del capital (es decir, rendimientos que generan plusvalía), acabará por atraer más empresas competidoras, cuya entrada en el negocio hará bajar los rendimientos hasta el mínimo aceptable o hasta la tasa de coste del capital[6]. Concretamente, el método de la renta anual perpetua supone que después del período de crecimiento del valor o del período de previsión, la empresa obtendrá, como mínimo, el coste del capital invertido en nuevas inversiones. Otra forma de expresar esta idea es decir que, al cabo del período de previsión, la empresa invertirá, como media, en estrategias cuyo valor actual neto sea nulo.

Una vez que la tasa de rendimiento haya sido reducida a la tasa de coste del capital, las diferencias entre uno y otro período de los cash-flows futuros no cambiarán el valor de la empresa. Por tanto, los cash-flows futuros pueden tratarse como si constituyeran una renta anual perpetua, una corriente infinita de cash-flows idénticos.

El valor actual de toda renta anual perpetua es sencillamente el valor del cash-flow anual esperado, dividido por la tasa de rendimiento:

$$\text{Valor actual de una renta anual perpetua} = \frac{\text{Cash-flow anual}}{\text{Tasa de rendimiento}}$$

Por consiguiente, utilizando el método de la renta anual perpetua, el valor actual (al final del período de previsión) se calcula dividiendo el cash-flow de explotación antes de la nueva inversión por el coste del capital:

$$\text{Valor residual de la renta anual perpetua} = \frac{\text{Cash-flow}_{(t+1)}}{\text{Coste del capital}}$$

El cálculo del valor de la renta anual perpetua se basa en el cash-flow anterior a la nueva inversión debido a que no es necesario tener en cuenta las inversiones adicionales en capital fijo y circulante durante el período posterior al de previsión. Aunque las inversiones en proyectos de expansión en el período posterior al de previsión pueden contribuir a aumentar los futuros cash-flow de entrada, mientras la inversión genere solamente una tasa de rendimiento igual al coste del capital, todo aumento en los cash-flows de entrada quedará neutralizado por las salidas de tesorería necesarias para aumentar la capacidad.

Dado que la inversión posterior al período de previsión no influirá en el valor de la empresa, para calcular el valor residual, solamente se necesita tener en cuenta la inversión necesaria para mantener la capacidad existente. En el método de la renta anual perpetua, se supone que el coste de mantenimiento de la capacidad existente es aproximadamente igual al coste de amortización. Si el beneficio de explotación (antes de aplicar la amortización) en cualquier año es anormalmente bajo o alto, generará resultados poco apropiados para utilizarlos como base en el cálculo del valor según la renta anual perpetua. Este problema surge con más frecuencia en el caso de las empresas que operan en sectores cíclicos, en los que el valor residual calculado resultará anormalmente alto en los años «expansivos» y anormalmente bajo en los años de «profunda depresión». Para compensar todo esto puede que sea necesario realizar ajustes para «normalizar» el beneficio de explotación.

Hay que tener presente que el método de la renta anual perpetua para calcular el valor residual no está basado en el supuesto de que todos los futuros cash-flows serán realmente idénticos. Sencillamente refleja el hecho de que los cash-flows procedentes de las inversiones futuras no influirán en el valor de la empresa, porque la tasa general de rendimiento obtenida sobre esas inversiones es igual al coste del capital.

El siguiente ejemplo ilustra por qué la utilización del «cash-flow de la renta anual perpetua» es equivalente a descontar los cash-flows reales, cuando se calcula el valor de una empresa que está obteniendo un rendimiento exactamente igual al coste de capital.

Una empresa que opera en un sector maduro generó un cash-flow de 10 millones de dólares durante el último año. Si la empresa tuviera que continuar generando anualmente 10 millones de dólares —es decir, producir una «renta anual perpetua»— y su coste del capital es del 10 por ciento, el valor de la empresa será sencillamente igual a 100 millones de dólares:

$$\frac{\text{Cash-flow}}{\text{Coste del capital}} = \frac{10 \text{ millones \$}}{0{,}10} = 100 \text{ millones \$}$$

Sin embargo, como la mayoría de las empresas, esta empresa piensa crecer. Concretamente, la empresa ha decidido comercializar una ampliación de la línea de productos cuyo desarrollo costaría 700.000 dólares en el primer año y que se espera genere estos cash-flows en los tres años siguientes: 120.000 $, 370.000 $ y 379.500 $. Estos cash-flows constituyen un rendimiento del 10 por ciento, que es idéntico al coste del capital para la empresa. El cash-flow total de la empresa, incluyendo tanto los flujos anuales procedentes de los 10 millones de dólares como los flujos incrementales resultantes de la inversión es, por tanto:

Año	Cash-flows corrientes	Cash-flows adicionales	Cash-flow total
1	10.000.000 $	(700.000 $)	9.300.000 $
2	10.000.000	120.000	10.120.000
3	10.000.000	370.000	10.370.000
4	10.000.000	379.500	10.379.500
5 y siguientes	10.000.000		10.000.000

El valor actual de estos cash-flows descontados al 10 por ciento es como sigue:

Año	Cash-flows totales	Valor actual
1	9.300.000 $	8.454.545 $
2	10.120.000	8.363.636
3	10.370.000	7.791.135
4	10.379.500	7.089.338
5 y siguientes	10.000.000	68.301.346
		100.000.000 $

Por consiguiente, el valor de la empresa resulta ser de 100 millones de dólares. En otras palabras, el valor de la empresa después de una nueva inversión es idéntico al valor de la empresa suponiendo que no hay ningún crecimiento de los cash-flows. Esto es así porque «el valor actual neto» de los cash-flows asociados con la inversión en el nuevo producto es nulo (lo que es otra manera de decir que la empresa estaba ganando el equivalente exacto al coste de su capital).

Hay una clara analogía entre este ejemplo y el método de la renta anual perpetua para el cálculo del valor residual. Si, después del final del período de previsión, la empresa continúa creciendo pero obtiene unos resultados para cubrir sólo y exactamente el coste del capital, entonces podemos calcular el valor de la empresa en esa fecha —es decir, su valor residual— como si los cash-flows se fueran a mantener constantes. Esto simplifica sustancialmente el cálculo y da el mismo resultado que se obtendría si en vez de hacerlo cada cash-flow se descontara individualmente[7].

Una variante del método de la renta anual perpetua se utiliza por una serie de empresas y merece asimismo ser considerada. Este método, renta anual perpetua con inflación, a diferencia del método de la renta anual perpetua estándar, supone que el cash-flow de explotación antes de una nueva inversión crecerá a la tasa de inflación. La siguiente fórmula del valor actual (al final del período de previsión) es una simplificación algebraica de una renta anual perpetua creciente[8].

$$\text{Renta anual perpetua con inflación} = \frac{(\text{Cash-flow}_t)(1 + \text{Tasa de inflación})}{(\text{Coste del capital} - \text{Tasa de inflación})}$$

$$= \frac{\text{Cash-flow}_{(t+1)}}{(\text{Coste del capital} - \text{Tasa de inflación})}$$

A continuación, abordaremos las tres cuestiones siguientes:

1. ¿Cuáles son las diferencias esenciales en los supuestos del modelo de la renta anual perpetua estándar y los del modelo de renta anual perpetua con inflación?
2. ¿Hasta qué punto son significativas las diferencias de valoración cuando el valor residual se calcula con el modelo de renta anual perpetua en vez de hacerlo con el modelo de renta anual perpetua con inflación?
3. ¿Cuál de los dos modelos es más razonable?

En el modelo estándar de renta anual perpetua el denominador que representa el coste del capital incorpora un componente relacionado con la inflación esperada. El nivel de los cash-flows involucrados en el numerador no contempla ninguna provisión relacionada con los aumentos en los cash-flows generados por la inflación. En otras palabras, los cash-flows están nivelados en términos nominales, pero disminuyen cada año en términos reales, es decir, al valor nominal se le resta el efecto de la inflación esperada. El modelo de renta anual perpetua con inflación supone que los cash-flows crecerán cada año a la tasa de inflación respectiva. Por tanto, en términos reales, estos cash-flows están nivelados. Como cabría esperar, en presencia de inflación, el modelo de renta anual perpetua con inflación generará consecuentemente mayores valores que el modelo estándar de renta anual perpetua. Pero si, no obstante, la tasa de descuento en el modelo estándar de renta anual perpetua se revisara de términos nominales a términos reales, la valoración resultaría idéntica a la generada por el modelo de renta anual perpetua con inflación. Para aclarar esto, pongamos el siguiente ejemplo. Supongamos que el cash-flow normalizado del último año del período de previsión es de 1 dólar, y que el coste real del capital, Kreal, sea del 7 por ciento, y que la tasa esperada de inflación, i, sea del 3 por ciento.

El coste nominal del capital, Knominal, se calcula como sigue:

$$\begin{aligned} \text{Knominal} &= (1 + \text{Kreal})(1 + i) - 1 \\ &= (1{,}07)(1{,}03) - 1 \\ &= 0{,}1021 \end{aligned}$$

Ahora ya estamos preparados para calcular los tres valores residuales: el de renta anual perpetua en términos nominales, el de renta anual perpetua en términos reales, y el de renta anual perpetua con inflación.

$$\text{Valor residual de renta anual perpetua (nominal)} = \frac{1}{0{,}1021}$$

$$= 9{,}79\$$$

$$\text{Valor residual de renta anual perpetua (real)} = \frac{1}{0{,}07}$$

$$= 14{,}29\$$$

$$\text{Renta anual con inflación} = \frac{1\,(1{,}03)}{0{,}1021 - 0{,}03}$$

$$= 14{,}29\$$$

Como cabría esperar, el modelo de renta anual perpetua con inflación refleja mayor valor que el modelo estándar (nominal) de renta anual perpetua, y que el modelo de renta anual perpetua calculado en términos reales y el modelo de renta anual perpetua con inflación dan como resultado valores idénticos.

Ahora, pasemos a la segunda pregunta planteada:

¿Hasta qué punto son significativas las diferencias de valoración cuando el valor residual se calcula con el modelo de renta anual perpetua en vez de hacerlo con el modelo de renta anual perpetua con inflación? La forma más significativa de calibrar las diferencias es valorar cómo estos dos modelos inciden en el valor para el accionista hoy en día. Continuando con el ejemplo anterior, supongamos que el período de previsión abarca diez años y que el valor actual de los cash-flows correspondientes al período de previsión representa el 50 por ciento del valor total para el accionista en el modelo de renta anual perpetua con inflación.

Valor para el accionista utilizando el modelo de renta anual perpetua con inflación:

Valor actual al 10,21% del valor residual al año diez de 14,29 $	5,40 $
Valor actual de los cash-flows para el período previsto	5,40 $
Valor para el accionista	10,80 $

Valor para el accionista utilizando el modelo estándar de renta anual perpetua:

Valor actual al 10,21% del valor residual al año diez de 9,79 $	3,70 $
Valor actual de los cash-flows para el período previsto	5,40 $
Valor para el accionista	9,10 $

En este caso, el modelo estándar de renta anual perpetua genera un valor cerca del 16 por ciento menor que el del modelo de renta anual perpetua con inflación. A medida que aumenta la proporción del valor para el accionista procedente de los cash-flows del período de previsión, las diferencias de valoración entre ambos modelos disminuyen. En cambio, cuanto mayores sean las tasas de inflación, tanto más se marcarán las diferencias[9]. Ciertamente, las diferencias potenciales son lo bastante grandes para justificar un examen cuidadoso antes de elegir un modelo en lugar del otro.

Esto lleva a la tercera y última pregunta: ¿cuál de los dos modelos es más razonable? La respuesta correcta es «Depende». Como se estableció anteriormente, la respuesta correcta depende de una cuidadosa valoración de la posición competitiva de la empresa al final del período de previsión. La elección entre estos dos o entre cualesquiera otros modelos se fundamenta en la relativa razonabilidad de sus respectivos supuestos de base. En el caso concreto del modelo de renta anual perpetua en comparación con el modelo de renta anual perpetua con inflación, la cuestión esencial es si la empresa será capaz de mantenerse a la altura de la inflación. Entre los factores que habría que considerar están los siguientes: la estructura del sector; la posición de la empresa en el sector; el período de vigencia restante de las patentes, marcas registradas comerciales y otras barreras de entrada; y la capacidad de la dirección para reinventar la empresa competitivamente.

Para aquellos que desean pecar de conservadores, el modelo de renta anual perpetua estándar es la elección razonable. Para las empresas que estén bien situadas en sectores con unas excelentes perspectivas de crecimiento a largo plazo, el modelo de renta anual perpetua con inflación puede ser más apropiado. Aunque la elección de un modelo adecuado del valor residual obliga a menudo a realizar unos juicios difíciles, la misma clase de juicios es necesaria para prever los impulsores del valor del período de previsión. De hecho, pequeños cambios en las previsiones de los impulsores del valor de las ventas o del margen de beneficio de explotación pueden influir en la valoración de una empresa más que la elección entre estos dos métodos del valor residual. Así, tanto la previsión de los generadores de valor como la elección del método adecuado para el valor residual conllevan la realización de una previsión en situación de incertidumbre: una pericia crítica para la creación de valor.

Antes de acabar este análisis del valor residual, es necesario evaluar dos métodos adicionales: el método del ratio precio/beneficios (P/B) y el método del ratio mercado/contabilidad (M/C). Aunque estos métodos se utilizan a menudo en las valoraciones, ambos tienen serias limitaciones. En el caso del método del ratio P/B, el valor residual es simplemente los beneficios al final del período de previsión multiplicados por el ratio P/B previsto al final del período de previsión. Una ventaja aparente de este enfoque es que el ratio P/B es un estadístico ampliamente utilizado y fácilmente disponible. Además, son muchos los directivos que lo consideran un «concepto cómodo».

Hay una diversidad de problemas asociados con el método del ratio P/B. En primer lugar, está basado en la premisa de que el precio está impulsado por los beneficios. Los inconvenientes de usar los beneficios en las valoraciones económicas se perfilaron en el capítulo 2. En segundo lugar, existe una incoherencia inherente en combinar los cash-flows durante el período de previsión con los números (beneficios) de la contabilidad para el período posterior al de la previsión. Asimismo, en tercer lugar el enfoque P/B no tiene en cuenta explícitamente si se puede esperar que la empresa invierta al coste del capital, o a coste superior o inferior en el período posterior al de previsión. Y, finalmente, además de los tres problemas conceptuales previamente citados, aún queda un difícil problema práctico. Expuesto de modo sencillo, no existe ningún modelo fiable para prever los ratios futuros P/B. Durante las dos últimas décadas el ratio P/B para los valores que componen el Dow Jones Industrials se ha movido desde una cota inferior a seis, a cotas próximas al nivel veinticinco.

Según el método del ratio mercado-contabilidad (M/C), el valor residual es el producto del valor contable de los recursos propios multiplicado por el ratio M/C previsto para el final del período de previsión. Lo mismo que ocurría en el caso del ratio P/B, el ratio M/C es un estadístico de fácil cálculo y son muchos los directivos que pueden sentirse cómodos con el concepto.

Excepto por el hecho de que el M/C está vinculado al valor contable de los recursos propios, que está influido por el cálculo de los beneficios, los tres problemas conceptuales del método del ratio M/C son idénticos a los asociados con el método P/B. Además, sigue existiendo el problema práctico del cálculo de los futuros ratios M/C.

EJEMPLO RESUMIDO

Ahora que los procedimientos para la determinación de los componentes para el cálculo del valor para el accionista —cash-flow de explotación, coste del capital, y valor residual— se han explicado, examinaremos un ejemplo que incorpora todos los componentes. Supongamos una empresa que tenga la siguiente previsión para un horizonte de cinco años:

Ventas (último período histórico)	100 millones $
Crecimiento de las ventas (porcentaje)	10,5
Margen de beneficio de explotación (porcentaje)	8,0
Incremento en inversión en capital fijo (porcentaje)	24,0
Incremento en inversión en capital circulante (porcentaje)	18,9
Tipo impositivo pagado sobre beneficios (porcentaje)	35,0
Tipo impositivo sobre el valor residual (porcentaje)	35,0*
Coste del capital (porcentaje)	10,0
Inversiones y valores negociables	3 millones $
Valor de mercado de la deuda y de otras obligaciones	10 millones $

* El tipo impositivo sobre el valor residual es el tipo impositivo que hay que aplicar durante los años que siguen al período de previsión. En muchas situaciones, será razonable aplicar el *tipo impositivo normal establecido.* Si se espera que la tasa de inversión disminuya, entonces la empresa tendrá menos oportunidades de proteger los beneficios vía desgravaciones fiscales a la inversión, amortización acelerada, etc. Así, cabe esperar que los impuestos a pagar por beneficios suban y en su caso se aproximen hasta el tipo impositivo normal establecido.

A efectos de simplificación, los impulsores del valor previstos se mantienen constantes durante todo el período de previsión de cinco años. El cálculo del valor para el accionista basado en los datos expuestos arriba se presenta en la tabla 3-1. El cash-flow de 1,24 millones de dólares en el año 1 se calcula como sigue:

[(Ventas en el año precedente) × (1 + Tasa de crecimiento de las ventas) × (Margen de beneficios de explotación) × (1 − Tipo impositivo pagado)] − [(Ventas del año precedente) × (Tasa de crecimiento de las ventas) × (Tasa incremental de inversión en capital fijo más circulante)]
= [(100) × (1 + 0,105) × (0,08) × (1 − 0,35)] − [(100) × (0,105) × (0,24 + 0,189)]
= 1,24 millones de dólares.

El valor residual se calcula al final de cada año utilizando el método de la renta anual perpetua. Por ejemplo, el valor residual al final del año 1 se calcula como sigue:

$$\frac{\text{Cash-flow antes de la nueva inversión}}{\text{Coste del capital}} = \frac{5,746}{0,10} = 57,46 \text{ millones \$}$$

Para actualizar el valor, 57,46 se divide por (1+Coste del capital) ó 1,10 obteniéndose el valor residual de 52,24 millones de dólares, que aparece en la tabla 3-1. El valor residual según renta anual perpetua al cabo del año 1 implica el supuesto de que todas las inversiones subsiguientes devengan exactamente una tasa igual al coste del capital. El mismo supuesto se aplica a los cálculos del valor residual al final de los años 2, 3, 4 y 5.

TABLA 3-1
Caso básico. Valor para el accionista

Año	Cash-flow	Valor actual	Valor actual acumulado	Valor actual del valor residual	Valor actual acumulado + Valor actual del valor residual
1	1,24	1,13	1,13	52,24	53,37
2	1,37	1,13	2,26	52,47	54,74
3	1,52	1,14	3,40	52,71	56,11
4	1,68	1,14	4,55	52,95	57,50
5	1,85	1,15	5,69	53,19	58,89
Inversiones y títulos valores negociables					3,00
Valor de la empresa					61,89
–Valor de mercado de la deuda					10,00
Valor para el accionista					51,89

El valor actual acumulado de los cash-flows para todo el período completo de previsión de cinco años es de 5,69 millones de dólares. Cuando se añade el valor residual de 53,19 millones de dólares al final del período de previsión, se obtiene el valor total de 58,89 millones de dólares. A esta suma, se le añade el valor de 3 millones de dólares correspondiente a los títulos valores negociables para obtener el valor del conjunto de la empresa por un monto de 61,89 millones de dólares. Finalmente, el endeudamiento de 10 millones de dólares se deduce con el fin de obtener los 51,89 millones de dólares que representa el valor para el accionista.

Determinación del valor añadido para el accionista (VAA)

Esta última sección se centró en la estimación del valor para el accionista: el valor económico del patrimonio neto de la empresa basado en los datos previstos. Ahora, trasladamos el campo desde la determinación del valor total para el accionista a la estimación del valor añadido para el accionista (VAA), es decir, la cantidad de valor generada en todo el ámbito de la previsión. Aunque el valor para el accionista caracteriza el valor económico absoluto resultante del ámbito de la previsión, el VAA considera el cambio experimentado por el valor durante todo el período de la previsión. Recuérdese que la creación de valor resulta de la inversión de la empresa a tasas que superen la tasa de coste del capital demandada por el mercado de capitales.

La creación de valor se demuestra mejor volviendo al ejemplo detallado en la tabla 3-1. La tabla 3-2 es igual que la tabla 3-1, excepto en que en ésta se ha añadido la columna del «VAA». El valor añadido por esta estrategia de cinco años es de 6,89 millones de dólares. El incremento del valor año-por-año se calcula por el cambio anual en los totales del «valor actual acumulado más valor actual del valor residual».

TABLA 3-2

Caso básico. Valor para el accionista y VAA

Año	Cash-flow	Valor actual	Valor actual acumulado	Valor actual del valor residual	Valor actual acumulado + Valor actual del valor residual	VAA
1	1,24	1,13	1,13	52,24	53,37	1,37
2	1,37	1,13	2,26	52,47	54,74	1,37
3	1,52	1,14	3,40	52,71	56,11	1,38
4	1,68	1,14	4,55	52,95	57,50	1,38
5	1,85	1,15	5,69	53,19	58,89	1,39
Inversiones y títulos valores negociables					3,00	

Valor de la empresa	61,89
−Valor de mercado de la deuda	10,00
Valor para el accionista	51,89

Por ejemplo, el aumento en el año 2 de 1,37 millones de dólares es igual a 54,74 millones menos 53,37 millones de dólares. Una forma alternativa de calcular el VAA se presenta en la tabla 3-3. El aumento en el beneficio neto de explotación después de impuestos (BENEDI) se capitaliza cada año y se descuenta actualizándolo al presente. El VAA se obtiene restando el valor actual de la inversión incremental del valor actual del aumento en el BENEDI. Obsérvese que los resultados del VAA para cada año son idénticos a los reflejados en la tabla 3-2.

TABLA 3-3

Caso básico. Cálculo alternativo del VAA

	Histórica	Previsión				
		1	2	3	4	5
BENEDI	5,20	5,75	6,35	7,02	7,76	8,57
Cambio en el BENEDI		0,55	0,60	0,67	0,74	0,81
Cambio en el BENEDI/K $(1+K)^{t-1}$		5,46	5,48	5,51	5,53	5,56
Inversión incremental		4,50	4,98	5,50	6,08	6,72
Valor actual de la inversión incremental		4,10	4,11	4,13	4,15	4,17
VAA		1,37	1,37	1,38	1,38	1,39

TABLA 3-3a

Resumen del VAA

	Años 1-5
Cambio en BENEDI/K $(1+K)^{t-1}$	27,55
Valor actual de la inversión incremental	20,66
VAA	6,89

Si el valor de liquidación o valor de «realización inmediata» de una empresa es mayor que el valor de su cash-flow descontado, entonces habría que utilizar en el análisis el valor de liquidación. En estas circunstancias, el valor añadido por una estrategia se determinaría así:

VAA = Valor actual acumulado de los cash-flows + Valor actual de liquidación al final del período de previsión − Valor corriente de liquidación.

TABLA 3-4

Sin valor añadido. Valor para el accionista y VAA

Año	Cash-flow	Valor actual	Valor actual acumulado	Valor actual del valor residual	Valor actual acumulado + Valor actual del valor residual	VAA
1	(0,20)	(0,18)	(0,18)	39,18	39,00	0,00
2	(0,22)	(0,18)	(0,36)	39,36	39,00	0,00
3	(0,24)	(0,18)	(0,53)	39,53	39,00	0,00
4	(0,26)	(0,18)	(0,71)	39,71	39,00	0,00
5	(0,29)	(0,18)	(0,89)	39,89	39,00	0,00
Títulos valores negociables e inversiones					3,00	

Valor de la empresa	42,00
−Valor de mercado de la deuda	10,00
Valor para el accionista	32,00

El margen umbral

El caso desarrollado en la tabla 3-5 es idéntico al caso básico, excepto en que el margen de beneficio de explotación se supone que es del 6 por ciento durante el período de previsión en lugar del 8 por ciento supuesto en el caso básico. Como cabría esperar, la disminución del margen de beneficio de explotación provoca tanto un descenso en los cash-flows anuales como en el valor para el accionista. Obsérvese que el VAA de cada año es igual a cero. Así pues, podemos estar seguros de que durante el período de previsión la inversión se proyecta para obtener exactamente la tasa de coste del capital del 10 por ciento.

El margen de beneficios de explotación del 6 por ciento es el *margen umbral* de la empresa. El margen umbral representa el margen de beneficio de explotación mínimo que una empresa necesita obtener en un período para mantener el valor para el accionista en ese período. El margen umbral es un análisis económico del umbral de rentabilidad *orientado al valor*. Puesto todavía en otra forma, el margen umbral representa el nivel de margen de beneficio de explotación en el que la

TABLA 3-5

Crecimiento rápido, sin creación de valor. Valor para el accionista y VAA

Año	Cash-flow	Valor actual	Valor actual acumulado	Valor actual del valor residual	Valor actual acumulado + Valor actual del valor residual	VAA
1	(1,95)	(1,77)	(1,77)	40,77	39,00	0,00
2	(2,24)	(1,85)	(3,63)	42,63	39,00	0,00
3	(2,58)	(1,94)	(5,56)	44,56	39,00	0,00
4	(2,97)	(2,03)	(7,59)	46,59	39,00	0,00
5	(3,41)	(2,12)	(9,71)	48,71	39,00	0,00
Títulos valores negociables e inversiones					3,00	
Valor de la empresa					42,00	
− Valor de mercado de la deuda					10,00	
Valor para el accionista					32,00	

empresa obtendrá exactamente su tasa de rentabilidad mínima aceptable, es decir, su coste del capital.

Pero no basta con dar instrucciones a los directores de explotación para que inviertan en estrategias que den un rendimiento superior al coste del capital. Lo que se necesita para tender el puente entre los conceptos del valor de la moderna teoría financiera y las necesidades de quienes toman decisiones en la empresa es un concepto que se comprenda fácilmente, que tenga significado operativo, y que capacite a los directivos para determinar el potencial de creación de valor de estrategias alternativas. El concepto de margen umbral está muy bien pensado para facilitar este vínculo, dado que el margen de beneficios de explotación goza de una aceptación generalizada tanto por parte de los analistas financieros de valores como de la dirección de las empresas, que lo consideran un ratio esencial para evaluar la rentabilidad y la eficiencia de la explotación de una empresa. El margen umbral se puede aplicar para evaluar la rentabilidad pasada de una empresa así como para establecer los objetivos de rentabilidad para el futuro[10].

El concepto del margen umbral se puede expresar de dos formas: bien como el margen necesario para las ventas incrementales (es decir, el margen umbral incremental) o como el margen necesario a obtener de las ventas totales (es decir, el margen umbral). En el caso del ejemplo, las ventas correspondientes al último período histórico fueron de 100 millones de dólares, mientras que las ventas en el año 1 fueron de 110,5 millones de dólares. En el año 1, las ventas totales ascendieron a 110,5 millones de dólares y las ventas incrementales fueron de 10,5 millones de dólares.

Debido a su importancia, analizaremos brevemente la lógica subyacente en el margen umbral incremental y en el margen umbral. El cambio en el valor para el accionista o VAA que generan las ventas incrementales y, por tanto, los cash-flows incrementales como resultado de las inversiones en capital fijo y en capital circulante, se puede representar como sigue:

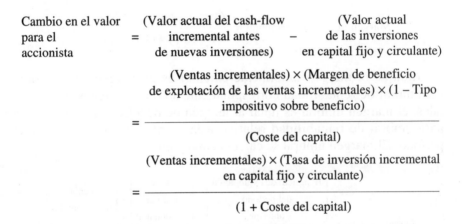

El primer término en el lado derecho de la fórmula representa el valor actual de los cash-flows incrementales de entrada de la empresa, que se supone que empiezan al final del primer período y continúen a perpetuidad[11]. El segundo término representa el valor actual de la inversión (que también se supone que tiene lugar al final del período) necesaria para generar los cash-flows incrementales. El margen umbral incremental es el margen de beneficios de explotación de las ventas incrementales que iguala el valor actual de los cash-flows entrantes al valor actual de los cash-flows salientes. Así, el margen umbral incremental se puede calcular determinando los valores actuales de los cash-flows entrantes y salientes que son iguales entre sí, y después deduciendo el margen umbral incremental.

El resultado se presenta a continuación:

$$\text{Margen umbral incremental} = \frac{(\text{Tasa de inversión en capital fijo y circulante incrementales}) \times (\text{Coste del capital})}{(1 + \text{Coste del capital}) \times (1 - \text{Tipo impositivo sobre beneficios})}$$

Recuérdese que en el caso del ejemplo se daban por supuestos los siguientes valores:

Tasa de inversión en capital fijo incremental = 24 por ciento, tasa de inversión en capital circulante incremental = 18,9 por ciento, coste del capital = 10 por ciento, y tipo impositivo sobre beneficios = 35 por ciento. Aplicando estos números en la fórmula de arriba, se calcula el margen umbral incremental del modo siguiente:

$$\text{Margen umbral incremental} = \frac{(24\% + 18,9\%) \times (10\%)}{(1 + 10\%) \times (1 - 35\%)} = 6\%$$

Aunque el margen umbral incremental es el margen de beneficio del umbral de rentabilidad correspondiente sólo a las ventas incrementales, el margen umbral es igual al margen de beneficio de explotación para umbral de rentabilidad relativo a las ventas totales de cualquier período. El margen umbral se calcula como sigue:

$$\text{Margen umbral} = \frac{\left(\begin{array}{c}\text{Beneficio de explotación}\\ \text{del período}\\ \text{anterior}\end{array}\right) + \left(\begin{array}{c}\text{Margen}\\ \text{umbral}\\ \text{incremental}\end{array}\right) + \left(\begin{array}{c}\text{Ventas}\\ \text{incrementales}\end{array}\right)}{\text{Ventas del período anterior} + \text{Ventas incrementales}}$$

En el caso del ejemplo, se supuso que las previsiones año-a-año eran constantes. En esta situación simplificada, el margen umbral es idéntico al margen umbral incremental. El margen umbral se calcula utilizando la fórmula arriba expuesta:

$$\text{Margen umbral} = \frac{[6 + (6\%) \times (10,5)]}{(100 + 10,5))} = 6\%$$

Continuando con la aplicación del caso del ejemplo, se presentan seguidamente los márgenes umbrales incrementales correspondientes a una serie de requisitos de inversión por dólar de ventas y coste del capital:

Coste del capital (%)	Capitales fijos y circulantes incrementales/Ventas en dólares (%)				
	25	35	42,9	50	60
8	2,8	4,0	4,9	5,7	6,8
18	3,5	4,9	6,0	7,0	8,4
12	4,1	5,8	7,1	8,2	9,9

Como cabría esperar, los márgenes umbrales aumentan a medida que aumentan los costes del capital y los de las inversiones incrementales. Después de todo, las empresas con más riesgo y más intensivas en capital necesitarán mayores márgenes de beneficio de explotación antes de que puedan confiar en crear valor.

Una reflexión esencial es que *cuando una empresa está operando al margen umbral, el crecimiento en las ventas no crea valor.* Esto queda ilustrado claramente en la tabla 3-5, que mantiene todos los supuestos del caso de «ningún valor añadido» (tabla 3-4), excepto el de que la tasa de crecimiento de las ventas aumenta del 10,5 al 15 por ciento. Obsérvese que, a pesar de que este crecimiento es sustancialmente más rápido, aún sigue sin haber ningún valor añadido. A diferencia del caso del crecimiento al 10,5 por ciento el caso más rápido del crecimiento al 15 por ciento genera cash-flows negativos durante todo el período de previsión, pero que los valores reducidos de los cash-flows quedan compensados por el aumento de los valores residuales.

Una vez que se han establecido los requisitos de inversión y las características del riesgo de la estrategia, el VAA se determina mediante el producto de tres factores: 1) crecimiento de las ventas; 2) diferencial del umbral incremental, es decir, margen de beneficio sobre las ventas incrementales menos margen umbral incremental, y 3) tiempo durante el que se espera que el diferencial del umbral sea positivo, es decir, la duración del crecimiento del valor. Más concretamente, el VAA, o valor creado por una estrategia en un período dado t, resulta de la siguiente fórmula:

$$VAA = \frac{(\text{Ventas incrementales en el período t})(\text{Margen umbral incremental en el período t})(1 - \text{Tipo impositivo})}{(\text{Coste del capital}) + (1 - \text{Coste del capital})^{t-1}}$$

Para ilustrar esto, volvemos al caso básico (ver tabla 3-2) para calcular el VAA de 6,89 millones de dólares por medio de la fórmula precedente.

	Históricas	Años					Total
		1	2	3	4	5	
Ventas	100,00	110,5	122,1	134,92	149,09	164,74	
Ventas incrementales		10,5	11,6	12,82	14,17	15,65	
Tipo impositivo sobre beneficios (porcentaje)		35	35	35	35	35	
Margen umbral incremental (8% – 6%)		2	2	2	2	2	
VAA		1,37	1,37	1,38	1,38	1,39	6,89

La red de valor para el accionista

El enfoque desarrollado en este capítulo se resume de modo óptimo a través de la red de valor para el accionista (ver figura 3.1). La red muestra el vínculo esencial entre el objetivo empresarial de creación de valor para el accionista y los parámetros de valoración básicos o *impulsores del valor:* la tasa de crecimiento de las ventas, el margen de beneficios de explotación, el tipo impositivo sobre beneficios, la inversión en capital circulante, la inversión en capital fijo, el coste del capital, y la duración del crecimiento del valor.

Las decisiones de explotación tales como la composición de las líneas de productos —el mix de productos—, los precios, la promoción de ventas, la publicidad, la distribución, y el servicio al cliente están incorporadas esencialmente en tres impulsores del valor: la tasa de crecimiento de las ventas, el margen de beneficios de explotación, y el tipo impositivo sobre beneficios. Las decisiones de *inversión* tales como, por ejemplo, el aumento en los niveles de existencias y la ampliación de capacidad se reflejan en los dos impulsores del valor de la inversión: las inversiones en capital fijo y circulante. El impulsor del valor representado por el coste del capital está controlado no sólo por el riesgo de la empresa, sino también por las decisiones de financiación de la dirección de las empresas, esto es, la cuestión de las proporciones idóneas de recursos ajenos y propios que se han de usar para financiar la em-

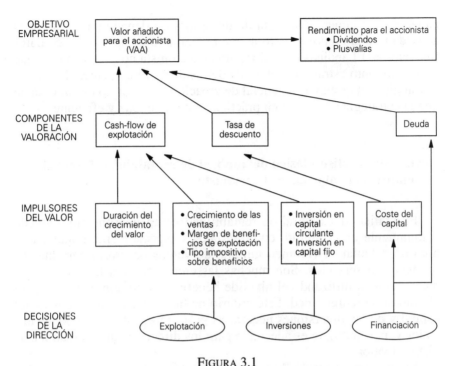

FIGURA 3.1

La red de valor para el accionista

presa, así como también por otros instrumentos financieros convenientes. El último impulsor del valor, la duración del crecimiento del valor, es la mejor estimación de la dirección sobre el número de años que cabe esperar que las inversiones rindan tasas de rendimiento superiores al coste del capital.

Como se muestra en la figura 3.1, el primer componente de la valoración, el cash-flow de explotación, se determina mediante los impulsores del valor de la explotación y de la inversión, junto con el de la duración del crecimiento del valor. El segundo componente, la tasa de descuento, está basado en una estimación del coste del capital. Recuérdese que al descontar el cash-flow de explotación se obtiene el valor de la empresa. Para obtener el valor para el accionista, el componente del valor final, la deuda, se deduce del valor de la empresa. A su vez, el valor añadido para el accionista sirve de base para calcular el rendimiento para el accionista por dividendos y plusvalías.

Antes de finalizar este capítulo relativo al enfoque del valor para el accionista es prudente resaltar que este enfoque está lejos de ser una panacea. Ciertamente, se trata de un proceso ordenado para valorar la actividad de la empresa, pero no es un ejercicio de aplicación de datos financieros. El análisis del valor para el accionista no es más bueno que el pensamiento estratégico que está detrás de él. Finalmente, el elegir la estrategia con el mayor potencial de creación de valor no es garantía de que la estrategia se pondrá en práctica de modo eficaz y eficiente.

Apéndice: Análisis clásico del umbral de rentabilidad frente al análisis del valor para el accionista

El análisis del umbral de rentabilidad es un instrumento aplicado comúnmente en el ámbito empresarial. Es especialmente popular a la hora de calcular el volumen mínimo de ventas necesario para nuevos productos o servicios. Son muchas las empresas que, incluso actualmente, siguen utilizando el nivel de beneficios cero como criterio para el umbral de rentabilidad. Este criterio no tiene en cuenta los costes del capital y de las inversiones necesarias posteriores a las inversiones iniciales y, por tanto, no es adecuado para los directivos que desean maximizar el valor.

El siguiente ejemplo ilustra las diferentes conclusiones que pueden derivarse del análisis clásico comparadas con el análisis orientado al valor para el accionista. Supongamos que un nuevo producto necesita en el momento presente una inversión de 50 millones de dólares para unas instalaciones de fabricación con una vida útil estimada de cinco años. Las ventas previstas para el primer año son de 100 millones de dólares y se espera una tasa de crecimiento de las ventas del 10 por ciento durante los cuatro años siguientes. Se estima que los costes variables representarán el 60 por ciento de las ventas, los costes fijos serán de 30 millones de dólares anuales, y se aplicará sobre la inversión inicial una amortización lineal de 10 millones de dólares por año. Se supone que el tipo impositivo es del 35 por ciento. Asimismo, el crecimiento de las ventas obliga a una inversión anual en capital circulante incremental. El coste del capital para esta empresa concreta se cifra en el 12 por ciento (ver la tabla).

El análisis clásico sugiere que la empresa alcanza su umbral de rentabilidad en el primer año, cuando los beneficios son cero. En cambio, un análisis orientado al valor, que tiene en cuenta tanto el desembolso para inversiones como el factor tiempo en el valor del dinero, refleja un panorama diferente. Este análisis sugiere que, a una tasa de rendimiento mínima aceptable del 12 por ciento, el nuevo producto se aproxima al umbral de rentabilidad al final del quinto año, en cuya época serán necesarias de nuevo las inversiones principales en instalaciones de producción. En este sentido, es posible que el análisis clásico haga que la dirección centre su atención y el dinero en un proyecto que tenga unas perspectivas de creación de valor limitadas.

	Año				
	1	2	3	4	5
Ventas	100,00 $	110,00 $	121,00 $	133,10 $	146,41 $
Gastos variables	60,00	66,00	72,60	79,86	87,85
Margen de contribución a los beneficios	40,00	44,00	48,40	53,24	58,56
Gastos fijos	30,00	30,00	30,00	30,00	30,00
Gastos de amortización	10,00	10,00	10,00	10,00	10,00
Beneficios antes de impuestos	0,00	4,00	8,40	13,24	18,56
Impuestos	0,00	1,40	2,94	4,63	6,50
Beneficios después de impuestos	0,00	2,60	5,46	8,61	12,07
+Amortización	10,00	10,00	10,00	10,00	10,00
−Capital circulante	1,00	1,60	1,90	0,60	1,00
Cash-flow	9,00	11,00	13,56	18,01	21,07
Valor actual del cash-flow	8,04	8,77	9,65	11,44	11,95
Valor actual acumulado del cash-flow	8,04	16,80	28,46	37,90	49,85
−Inversión					50,00
VAA					(0,15)

Capítulo 4

La formulación de estrategias

En el análisis estratégico de toda empresa, es fundamental distinguir entre dos actividades: la *formulación* de las estrategias de la empresa y la *valoración* de las estrategias de la empresa. Normalmente, la formulación de estrategias incluye el análisis del atractivo del sector y la posición de la empresa respecto a sus competidores. Por contra, la valoración de la estrategia comprende una determinación del valor añadido para el accionista (VAA) mediante estrategias alternativas. Para que una planificación tenga éxito es necesario que se realice un análisis cabal tanto para la formulación de las estrategias de la empresa como para valorar esas estrategias.

Este capítulo presenta una breve panorámica del proceso de formulación de estrategias y su relación con el enfoque del valor para el accionista al valorar las estrategias de la empresa. La formulación de estrategias y el proceso de valoración se presentan en la figura 4.1. Después, el análisis prosigue para demostrar que adquirir ventaja competitiva y crear valor para el accionista son objetivos equivalentes.

Proceso de formulación de estrategias

No hay escasez de «marcos sistemáticos» para la formulación de estrategias. Al final de este capítulo se analizan algunos de los que han despertado mayor atención en los años recientes. Quizás no haya habido un marco de formulación que haya tenido más influencia en el

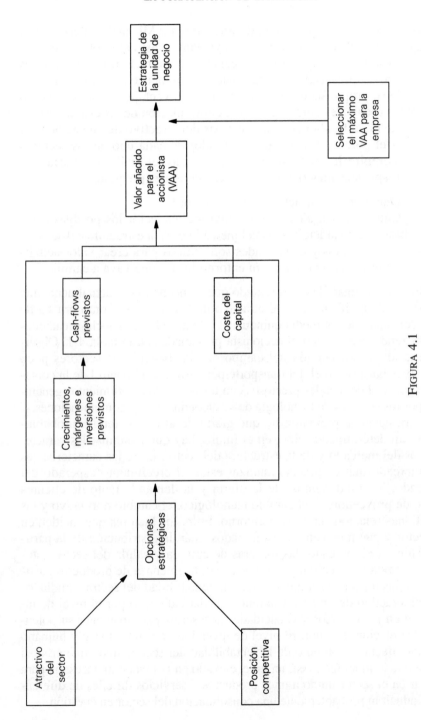

FIGURA 4.1
Formulación de la estrategia y proceso de valoración

pensamiento de dirección que el desarrollado por Michael E. Porter en su trabajo magistral, *Competitive Strategy*[1]. Porter, así como otros especialistas en estrategia empresarial, se centra en el atractivo de los sectores económico-empresariales, en la posición competitiva de una empresa dentro de su propio sector, y en las fuentes de ventaja competitiva como elementos esenciales para el proceso de formulación de las estrategias.

La finalidad fundamental del análisis del atractivo de un sector es la de pulsar el potencial de creación de valor de cada uno de los sectores en que compite la empresa. En este sentido, el análisis tendría que aportar respuestas más fiables a las tres siguientes preguntas:

— ¿Qué grado de atractivo tiene el sector?
— ¿Cómo pueden alterar el atractivo de un sector los posibles cambios en las características del mercado o en la estructura del sector?
— ¿Qué recursos y capacidades son críticos para crear valor actualmente en un sector y en un entorno futuro que vaya a cambiar?

En primer lugar, dejemos sentado que de hecho existe actualmente una variabilidad significativa en el atractivo de los sectores. Como prueba de ello, consideremos la media quinquenal (1992-1996) de las clasificaciones de los rendimientos para el accionista presentadas en la tabla 4-1. Obsérvese la amplia dispersión del campo de clasificación de sectores poco atractivos tales como el del transporte por carretera, el control de la contaminación y el de metales preciosos con los atractivos rendimientos generados por los sectores de tecnología de semiconductores y comunicaciones.

Para hacer la previsión de qué grado de atractivo tendrá probablemente un determinado sector en el futuro, hay que examinar las características del mercado y de la estructura del sector. Entre las características del mercado que es preciso analizar están el crecimiento esperado del mercado, los fundamentos de la oferta y la demanda tanto de clientes como de proveedores[2], el cambio tecnológico, el cambio normativo y las cuestiones relacionadas con el entorno. Entre los factores que inciden en el sector y que merecen ser examinados están la distribución de la participación en el mercado, las barreras de entrada y salida del sector estudiado, el potencial de integración vertical, la amenaza de productos sustitutivos, las formas de competencia, y la rentabilidad del sector estudiado.

El atractivo de un sector también quedará afectado por el nivel de inversión en los recursos y capacidades necesarios para mantener su potencial de creación de valor. El nivel de inversión en capital físico y humano no sólo afecta al conjunto de la rentabilidad del sector, sino también a su estructura competitiva. Así, un nivel elevado en la inversión necesaria para operar en el sector unido a unos productos y servicios difíciles de diferenciar inducirán probablemente una consolidación del sector en cuestión.

TABLA 4-1
Qué sectores se comportaron mejor, clasificados en función de la rentabilidad media quinquenal

Rentabilidad media quinquenal

Sector	Valor	Sector	Valor
Semiconductores y productos conexos	+52,5	Petróleo, integradas las principales industrias	+14,9
Tecnología de comunicaciones	+46,4	Productos químicos, especialidades	+14,8
Vivienda	+31,1	Tecnología industrial	+14,4
Maquinaria pesada	+28,6	Otros servicios y equipos del sector del petróleo	+14,3
Banca, zona oeste	+28,1	Otros equipos y componentes, sector del automóvil	+14,2
Perforación, prospección de petróleo	+27,5	Construcción de casas	+14,1
Software	+27,2	Espectáculos	+13,9
Banca, centro monetario	+26,9	Servicios telefónicos	+13,8
Banca, zona Este	+25,9	Producción y suministros de gas	+13,6
Sectores defensa y aeroespacial	+25,7	Mayoristas y detallistas de alimentación	+13,5
Conglomerados	+24,8	Equipos de transporte	+12,8
Oleoductos	+23,3	Productos de silvicultura	+12,8
Banca, zona sur	+23,2	Mobiliario y aparatos domésticos	+12,7
Servicios financieros diversificados	+23,2	Medios de comunicación	+12,7
Fabricantes de automóviles	+22,7	Sistemas telefónicos	+12,5
Bienes raíces	+21,5	Aluminio	+12,4
Servicios de atención sanitaria	+21,1	Petróleo, productos secundarios	+12,4
Equipos de oficina	+20,6	Instalaciones y servicios relacionados con el agua	+12,3
Seguros de vida	+20,2	Productos farmacéuticos	+11,8
Servicios al consumidor	+20,1	Tecnología médica avanzada	+11,5
Agentes bursátiles	+19,9	Otros detallistas de productos especializados	+11,3
Productos para el hogar no duraderos	+19,7	Medios de comunicación. Radio	+11,0
Bancos, zona central	+19,3	Biotecnología	+10,1
Casinos	+19,3	Minería, actividades diversificadas	+10,0
Cosméticos/Atención personal	+19,2	Transporte marítimo	+9,8
Ordenadores	+19,2	Alimentación	+9,3
Tecnología diversificada	+19,1	Tabaco	+9,0
Productos químicos básicos	+18,9	Líneas aéreas	+8,9
Mensajerías por porte aéreo	+18,9	Contenedores, recipientes y embalajes	+8,7
Otros servicios industriales y comerciales	+18,4	Suministros médicos	+8,1
Bebidas	+18,3	Acero	+7,7
Otros productos y servicios recreativos	+18,0	Ropa. Vestidos y tejidos	+7,4
Equipos y componentes eléctricos	+18,0	Productos de papel	+7,3
Restaurantes	+17,8	Productos para el hogar, duraderos	+6,7
Ropa, calzado	+17,6	Construcción, grandes obras	+6,6
Productos industriales diversificados	+17,6	Servicios de electricidad	+6,5
Publicidad	+17,5	Carbón	+5,6
Seguros, de cosas y de responsabilidad civil	+17,0	Detallistas, ropa	+4,9
Seguros, línea completa	+16,8	Maquinaria y equipamiento para fábricas	+4,8
Fabricantes de juguetes	+16,6	Detallistas, gama de oferta amplia	+3,4
Otros metales no férreos	+16,3	Metales preciosos	+2,6
Asociaciones de crédito y ahorro	+15,8	Control de la contaminación/Control de basuras y desperdicios	+2,3
Detallistas, bebidas y medicamentos como base	+15,5	Transportes por carretera	−1,8
Ferrocarriles	+15,3		
Materiales de construcción	+15,3		

Fuentes: The LEK/Alcar Consulting Group, LLC, IDD/Tradeline, Media General Financial Services.

Para nuestros fines, es importante establecer que las fuerzas económicas que controlan el atractivo de un determinado sector en última instancia ejercen su impacto en los rendimientos que éste ofrece a los accionistas, puesto que influyen en sus precios, cantidades vendidas, costes, inversiones y en el nivel de riesgo de las empresas del sector. A su vez, estas variables constituyen auténticas bases para los factores determinantes de los impulsores del valor para el accionista. Concretamente, los precios y cantidades determinan el crecimiento de las ventas. Por su parte, los márgenes de beneficios de explotación están influidos por la relación entre costes, precios y cantidades vendidas. Habitualmente, la inversión comprende dos impulsores del valor esenciales: las inversiones en capital fijo y en capital circulante. Sin embargo, «el gasto en inversiones relacionadas con el conocimiento» se ha convertido en la partida de más importancia y más crítica en numerosos sectores. Finalmente, el riesgo está condicionado por los riesgos empresarial y financiero específicos de cada sector, que están determinados por las estructuras de capital adoptadas por las empresas pertenecientes al sector.

Con independencia del atractivo relativo de un sector, las empresas pertenecientes a un determinado sector tendrán frecuentemente unas actuaciones muy diferentes. Una unidad de negocios puede que esté operando en un sector muy atractivo, pero, sin embargo, una posición competitiva débil limitará seriamente su potencial de creación de valor. Lo contrario también es verdad. Una posición sólida en un sector sin vitalidad puede generar unas perspectivas excelentes para la creación de valor. El amplio campo de actuación dentro de un mismo sector subraya la necesidad de comprender la posición de una empresa en un determinado sector. El amplio campo de actuación puede observarse en la tabla 4-2, que presenta la media quinquenal (1992-1996) de los rendimientos para el accionista de las empresas con las mejores y peores actuaciones dentro de un amplio espectro de sectores cuya fuente ha sido el *The Wall Street Journal Shareholder Scoreboard*.

El grado de atractivo de un sector refleja factores sobre los que una empresa concreta normalmente tiene una influencia mínima. En contraste, las diferencias en la actuación y en la posición competitiva pueden generarse por las diferencias entre las estrategias elegidas por cada empresa en particular. Al competir, las empresas pueden ejercer opciones estratégicas distintas en campos tales como la calidad de los productos, la tecnología, la integración vertical, la posición en costes, los servicios, los precios, la identificación de marcas y la selección de canales. Mediante su elección de estrategia, una empresa puede cambiar su posición relativa dentro de su sector y, por consiguiente, hacer que el sector sea más o menos atractivo para la empresa.

TABLA 4-2

Rendimientos quinquenales para el accionista (1992-1996) generados por las actuaciones mejores y peores, y medias entre iguales

Sector	Actuación mejor (%)	Actuación peor (%)	Media entre iguales (%)	Número de empresas (%)
Aeroespacial y defensa	42,2	19,7	28,2	8
Fabricantes de automóviles	45,5	17,0	28,4	3
Componentes y equipamiento de automóviles	28,9	–4,1	16,8	10
Biotecnología	45,3	–7,7	11,4	8
Productos químicos	42,5	4,4	19,5	9
Tecnología de la comunicación	92,0	24,1	55,7	14
Ordenadores	85,0	–17,3	31,0	21
Instalaciones eléctricas	28,5	–7,0	8,3	59
Espectáculos	20,3	0,4	10,3	4
Alimentación	28,2	–0,1	11,8	21
Instalaciones de gas	30,1	5,5	14,8	12
Servicios de atención sanitaria	85,2	5,6	23,0	14
Seguros de vida	58,3	8,4	26,4	15
Suministros médicos	46,0	–18,4	7,4	11
Petróleo, integradas las principales industrias	18,3	1,0	12,7	10
Productos de papel	14,4	2,6	9,1	8
Productos farmacéuticos	17,6	–23,2	6,5	13
Detallistas, ropa	26,2	–7,0	12,3	8
Detallistas, gama de oferta amplia	39,3	–12,2	10,9	9
Software	84,2	–20,6	33,8	18
Acero	21,8	–8,7	5,2	7
Tabaco	12,0	–6,7	3,8	5

Fuentes: The LEK/Alcar Consulting Group, LLC, IDD/Tradeline, Media General Financial Services.

A la hora de evaluar su posición competitiva dentro de un sector, una empresa tiene que reconocer que un sector no tiene por qué ser necesariamente homogéneo. Segmentos pertenecientes a un mismo sector pueden tener estructuras y economías distintas. La posición competitiva tiene que analizarse en el contexto del segmento del sector en el que la empresa opta por competir. Así, la segmentación de un sector se convierte en un factor sustancial para valorar la posición competitiva. Éste es un requisito previo para determinar en qué parte de un sector tendría que operar una empresa así como para decidir cómo competir dentro del segmento elegido. Así, hay partes de un sector que pueden pertenecer a segmentos diferentes si hay diferencias en los tipos de clientes a los que se dirigen, en los criterios de compra, en los productos que pueden distribuirse, en los canales de distribución, en la intensidad de capitalización, en el ritmo de innovación, y si existen barreras geográficas para la entrada en un determinado sector.

Una vez que una unidad de negocio haya identificado adecuadamente cuál es el segmento del sector en el que le conviene operar y las empresas que compiten en él, puede continuar recabando información y hacer el análisis de su posición competitiva con una seguridad sustancialmente mayor.

El análisis tendría que generar una visión profunda en las cuestiones planteadas a continuación:

— ¿Cuáles parecen ser los puntos fuertes y débiles relativos de los competidores en los segmentos relevantes del sector?
— ¿Cómo podría reaccionar una empresa ante la estrategia de una competidora, y en qué forma podría afectar a la empresa una estrategia de represalias?
— ¿En qué grado podría proseguir un competidor su estrategia aparente dadas su posición competitiva, estructuras de costes y financiación disponible?
— ¿Cómo podría quedar afectado cada competidor en particular y el sector en su conjunto por cambios en la estructura del sector, en el entorno competitivo y económico general, y por otras presiones?

El análisis del grado de atractivo de un sector y la valoración de la posición de una unidad de negocio dentro de su sector son los cimientos para identificar la ventaja competitiva y sus fuentes. La determinación del potencial de valor añadido para el accionista (VAA) de las estrategias indicará la ausencia o la presencia de ventajas competitivas. Más exactamente, la creación de un valor sostenible, es decir, el desarrollo de oportunidades a largo plazo para invertir con rendimientos superiores al coste del capital es la prueba definitiva de una ventaja competitiva. Como se demostrará en el capítulo 5 la valoración de las estrategias permite a la dirección no sólo determinar su atractivo, sino asimismo identificar las fuentes empresariales críticas de creación de valor.

En los mercados muy competitivos es muy difícil mantener las ventajas competitivas. Por tanto, no sólo es muy importante identificar ventajas, sino también proyectar su mantenimiento. Así, si una empresa no tiene en cuenta la estabilidad de las fuerzas que generan las ventajas, puede invertir inadvertidamente en una estrategia cuyas perspectivas de creación de valor sólo sean de corto plazo, en lugar de largo plazo.

Williams[3], en una importante aportación a los textos sobre estrategia, aborda este tema del mantenimiento de las ventajas competitivas. En este sentido, clasifica los productos y servicios en tres categorías en función del mantenimiento de la ventaja competitiva: ciclo lento, ciclo estándar y ciclo rápido.

Los productos y servicios de ciclo lento están sólidamente blindados contra las presiones competitivas. La imitación de los competidores queda bloqueada por una serie de ventajas exclusivas tales como la geografía, los derechos de autor, patentes, nombres de marca duraderos, relaciones «especiales» con clientes y consumidores, o la propiedad de una red de información. El sistema operativo de Microsoft, Windows, las medicinas protegidas por patente en el sector farmacéutico, el dominio geográfico de las líneas aéreas, como, por ejemplo, el de U.S. Air en Pittsburgh gracias al control de su centro de enlace en ese aeropuerto, y ventajas en el área de las relaciones, tales como, por ejemplo, las que mantienen la banca de inversiones Goldman, Sachs y empresas consultoras como McKinsey son ejemplos conocidos de productos y servicios de ciclo lento. Como Williams enfatiza, incluso los productos y servicios más protegidos por redes de intereses, con el tiempo acaban por ser vulnerables. Nada es eterno. En consecuencia, las direcciones de las empresas más capaces de crear valor tienen establecidos programas continuos para renovar los productos, los procesos y las capacidades de sus empresas.

Los productos y servicios comprendidos en la segunda categoría, el ciclo estándar, tienen que afrontar una erosión de las ventajas competitivas más rápida que los de la categoría del ciclo lento. Los productos correspondientes al ciclo estándar en empresas como Ford o McDonald's representan un gran volumen, están normalizados, y se basan en unas compras repetitivas. Dado que estos productos están menos especializados, los competidores tienen más incentivo para imitarlos o para desarrollar productos superiores. Las presiones ejercidas por la competencia fuerzan continuamente a la dirección a buscar procesos renovadores que revitalicen las características creadoras de valor de sus inversiones.

Una vez comercializados, los productos y servicios de ciclo rápido no necesitan el apoyo de organizaciones complejas para mantenerse.

Incluso empresas bien dirigidas como Motorola, Sony y Toshiba disfrutan de las ventajas exclusivas de aquellas que toman la iniciativa de los productos fácilmente duplicables, tales como los teléfonos móviles y los microprocesadores DRAM* para ordenadores. La intensa rivalidad en el campo de los ordenadores personales que hace que ningún competidor mantenga una ventaja competitiva duradera no es sorprendente. Después de todo, los ordenadores personales se han convertido en un producto corriente que puede hacerse montando unos cuantos cientos de componentes fáciles de adquirir en el mercado. Williams cita algunas innovaciones del mercado bursátil de Wall Street, tales como las obligaciones de cupón cero y los títulos con garantía hipotecaria, como ejemplos adicionales de ideas fáciles de imitar por los competidores.

La dinámica competitiva desarrollada en el proceso de formulación de la estrategia tiene que trasladarse a impulsores del valor financiero antes de que la estrategia pueda probarse en relación con su potencial de creación de valor. Las tablas 4-3 y 4-4 ofrecen una serie de tácticas, clasificadas según su impacto en los impulsores de valor, para las estrategias de liderazgo en costes y de diferenciación dirigidas a lograr ventajas competitivas.

El liderazgo en costes (tabla 4-3) se logra controlando los costes (controlando la escala, el aprendizaje y la utilización de la capacidad) y desarrollando modos más eficientes de diseñar, producir, distribuir o

TABLA 4-3

Estrategia de liderazgo en costes y tácticas de apoyo clasificadas por impulsores del valor

Impulsores del valor	Tácticas de apoyo a la estrategia de liderazgo en costes
Tasa de crecimiento de las ventas	— Mantenimiento de precios competitivos. — Aprovechar las oportunidades de participación en el mercado para lograr economías de escala en la producción, distribución, etc.

---

* *N. del T.:* DRAM, *dynamic random access memory,* memoria de acceso aleatorio dinámica. Es la memoria del ordenador.

TABLA 4-3

(Continuación)

Impulsores del valor	Tácticas de apoyo a la estrategia de liderazgo en costes
Margen de beneficio de explotación	— Lograr las economías de escala oportunas para cada una de las actividades relacionadas con el valor. — Introducir mecanismos para mejorar el ratio de aprendizaje, por ejemplo, la estandarización, cambios en el diseño de productos, mejoras en la programación, etc. — Búsqueda de conexiones con los proveedores para la reducción de costes en función del diseño de productos por parte del proveedor, la calidad, los envases, el tratamiento de pedidos, etc. — Búsqueda de conexiones con los canales para la reducción de costes. — Eliminar los gastos generales que no incorporan valor añadido al producto.
Inversión en capital circulante	— Minimizar el saldo de caja. — Gestionar las cuentas a cobrar de clientes para reducir su plazo medio de cobro. — Minimizar el volumen de existencias sin perjudicar el nivel del servicio al cliente.
Inversión en capital fijo	— Promover políticas para aumentar la utilización de los activos fijos. — Obtener activos que aumenten la productividad. — Vender los activos fijos no utilizados. — Obtener activos a mínimo coste, por ejemplo, recurriendo a fórmulas de arrendamiento en lugar de comprarlos.
Coste del capital	— Marcar como meta una estructura de capital óptima. — Seleccionar instrumentos de recursos propios y ajenos que impliquen los mínimos costes. — Reducir los factores de riesgo de la empresa de un modo coherente con la estrategia establecida.

TABLA 4-4

**Estrategia de diferenciación y tácticas de apoyo
clasificadas por impulsores del valor**

Impulsores del valor	Tácticas de apoyo a la estrategia de diferenciación
Tasa de crecimiento de las ventas	— Conseguir un sobreprecio. — Proponerse el crecimiento en segmentos de mercado en los que el comprador esté dispuesto a pagar un sobreprecio por la diferenciación.
Margen de beneficio de explotación	— Elegir una combinación de actividades generadoras de valor que creen los medios de diferenciación más eficientes en costes, por ejemplo, reduciendo los costes y riesgos para el comprador y mejorando los rendimientos.
Inversión en capital circulante	— Minimizar el saldo de caja. — Vincular la política de cuentas a cobrar a la política de diferenciación. — Mantener el nivel de existencias coherente con el nivel diferenciador de servicio al cliente. — Lograr de los proveedores las mejores condiciones para las cuentas a pagar.
Inversión en capital fijo	— Invertir en activos especializados que generen diferenciación. — Comprar activos para una utilización óptima. — Vender activos fijos no utilizados. — Conseguir activos a mínimo coste, por ejemplo, recurriendo a fórmulas de arrendamiento en lugar de comprarlos.
Coste del capital	— Marcar como meta una estructura óptima de capital. — Seleccionar instrumentos de recursos propios y ajenos que impliquen un coste mínimo. — Aumentar la diferenciación y por consiguiente hacer la demanda menos dependiente de la economía general.

comercializar el producto. La diferenciación (tabla 4-4), que pretende proporcionar algo que sea a la vez diferente de lo que ofrecen los competidores y valioso para el comprador, exige un conjunto de tácticas de apoyo que sean claramente distintas de las adecuadas para una estrategia de liderazgo en costes. Estas diferencias en las tácticas de apoyo quedarán reflejadas en la previsión de cada uno de los impulsores del valor. Por ejemplo, la creación de valor es normalmente muy sensible incluso a cambios muy pequeños en el margen de beneficio de explotación. En el caso del liderazgo en costes, la clave para lograr los márgenes de beneficio establecidos como objetivo es probable que sea el control efectivo de los costes, aunque para la estrategia de diferenciación el enfoque crítico es más probable que esté en la capacidad de la empresa para conseguir un sobreprecio.

Independientemente de cómo planifique la empresa el logro de una ventaja competitiva, es esencial que la dirección se familiarice con los pros y los contras de varios impulsores del valor. A continuación, se plantean algunas cuestiones relativas a estrategias de liderazgo en costes y luego de diferenciación.

LIDERAZGO EN COSTES

— ¿Justifican las economías en personal empleado los gastos de capital motivados por la productividad?
— ¿Se contrarrestan los estrictos controles en los niveles de existencias por la reducción del servicio al cliente y la consiguiente pérdida de ingresos?
— ¿Cabe que una política menos restrictiva de cuentas a cobrar favorezca una mayor penetración en el mercado y mayores economías de escala?
— ¿Un aumento en la tasa de crecimiento de las ventas induciría también un aumento en el riesgo financiero que se derivaría de la financiación mediante deuda de ese aumento?
— Si el aumento en el crecimiento se debe principalmente a la reducción de los precios de venta, ¿mejorarán lo suficiente los ahorros generados por los costes el margen de beneficio de explotación para justificar la estrategia de crecimiento?

DIFERENCIACIÓN

— ¿Justifica el sobreprecio los costes de las características del producto y otros costes necesarios para diferenciar el producto o el servicio?

— ¿Es necesario el coste de mantener unos niveles de existencias que aseguren un nivel máximo de servicio a la clientela destinado a atraer y mantener compradores dispuestos a pagar un sobreprecio?

— ¿Es necesario el coste de garantizar unas condiciones de crédito liberales con que atraer y mantener compradores dispuestos a pagar un sobreprecio?

— ¿Cuál sería el impacto en el crecimiento de las ventas y en el margen de beneficio de explotación de una reducción en el precio de venta orientada a ganar una mayor participación en el mercado?

Ventaja competitiva y valor para el accionista[4]

Durante la última década, los directores generales han hablado constantemente de dos objetivos empresariales hegemónicos: el establecimiento de una ventaja competitiva y la creación de valor para el accionista. Lamentablemente, incluso hoy día, algunos directores generales piensan que estos objetivos en lugar de ser armónicos, como derivados de una única estructura económica, están en conflicto. Analicemos, en primer lugar, cómo están vinculados estos dos conceptos, para después examinar los mitos que inducen a los directivos a creer que hay un conflicto entre la ventaja competitiva y el valor para el accionista.

La productividad, el valor de la producción generada medida por unidad de trabajo o de capital, es el fundamento para la creación de ventaja competitiva en el mercado. Una empresa crea ventaja competitiva cuando el valor a largo plazo de su producción o de sus ventas es mayor que sus costes totales, incluyendo en éstos los costes del capital. Esta ventaja puede lograrse proporcionando un valor superior u ofertando precios inferiores.

También el mercado de valores reacciona ante la productividad cuando pone precio a las acciones de la empresa. Incorporada en todas las acciones hay implícita una previsión a largo plazo de la productividad de la empresa: es decir, sobre su capacidad para crear un valor superior al coste de generarlo. Cuando el mercado de valores pone precio a las acciones de una empresa de acuerdo con la creencia de que la empresa será capaz de generar valor a largo plazo, está atribuyendo a la productividad a largo plazo de la empresa, o a otro factor equivalente, una ventaja competitiva sostenible. En este sentido, la productividad es la percha de la que cuelgan tanto la ventaja competitiva como el valor para el accionista.

Pero, entonces, ¿por qué tantos directivos piensan que ambos factores están en conflicto? Esto sucede a menudo porque aquellas empresas que tienen ventajas competitivas no siempre producen los mejores resultados para sus accionistas. Pero hay una causa perfectamente lógica para que pase esto. Si la ventaja competitiva de la que goza una empresa se incorpora completamente al precio de sus acciones no hay ninguna razón para esperar que un inversor vaya a ganar una rentabilidad superior a una tasa de rendimiento normal exigida por el mercado. En este sentido, sólo los inversores capaces de prever correctamente los cambios en la posición competitiva de la empresa que aún no estén incorporados o reflejados en el precio presente de las acciones pueden confiar en ganar una rentabilidad superior a la normal.

Cuando los directivos ven que están aumentando continuamente el valor para el accionista al invertir por encima de los costes del capital y al mismo tiempo produciendo unos rendimientos para los accionistas que solamente son los medios del mercado, a veces llegan a dos conclusiones erróneas y peligrosas:

1. El mercado no valora realmente la productividad a largo plazo de la empresa, sino que la juzga en función de su actuación a corto plazo.
2. La dirección debe apartarse del modelo del valor para el accionista para mejorar la posición competitiva de su empresa.

Las encuestas demuestran invariablemente que los directores generales no creen que el mercado valora consecuentemente las acciones de sus empresas. Un mes antes del crack del mercado de valores de octubre de 1987, Louis Harris and Associates llevó a cabo una encuesta entre mil directores generales. Los encuestadores preguntaron: «¿Es el precio actual de mercado de las acciones de su empresa un indicador acertado de su valor?». De entre el 58 por ciento que respondió «no», prácticamente todos creían que el mercado estaba infravalorando sus acciones. Encuestas más recientes también confirman resultados similares. ¿Por qué persisten los directivos en su creencia de que las acciones de sus empresas no están correctamente valoradas? Una explicación posible es que los directivos saben más sobre sus empresas que lo que sabe el mercado y, en consecuencia, llegan a asignar un valor diferente, a menudo superior, a las acciones de sus empresas. Pero incluso cuando una empresa revela liberalmente información, el mercado aún seguiría asignando un valor diferente del supuesto por los directivos.

Otra posibilidad es que sencillamente los directores generales tienden a reaccionar de modo más optimista a las encuestas.

Aunque las causas de la disparidad de valoración entre el mercado y la dirección de las empresas pueden ser ambiguas, sus consecuencias no. La disparidad ha hecho que muchos directivos persistan en la errónea creencia de que el mercado se basa en los beneficios a corto plazo más que una valoración a largo plazo de los cash-flows. A su vez, esta preocupación por el corto plazo ha hecho que demasiados directivos sacrifiquen inversiones cruciales con rendimientos sustanciales a largo plazo a cambio de poder presentar mejores resultados en beneficios a corto plazo. Esta visión de corto plazo no sólo debilita la competitividad sino que también se basa en un enfoque inexacto del mecanismo del mercado para determinar los precios.

Hay tres factores que determinan los precios de las acciones: los cash-flows, una previsión a largo plazo de estos cash-flows, y el coste del capital o tasa de descuento que refleja el nivel de riesgo relativo de los futuros cash-flows de la empresa. El valor actual de los cash-flows futuros de una empresa, no el de sus beneficios trimestrales, es el que determina el precio de las acciones. Afortunadamente, hay gran cantidad de pruebas de que el mercado de valores adopta esta perspectiva de largo plazo.

La prueba más directa procede de hacer una valoración de lo que el precio de las acciones nos dice respecto a las expectativas del mercado relativas a la futura actuación de la empresa. En otras palabras, ¿qué nivel y qué duración de los cash-flows justifican el precio actual de las acciones? Los estudios realizados en este sentido confirman continuamente que los precios presentes de las acciones se basan en las previsiones a largo plazo de los cash-flows. Por ejemplo, The LEK/Alcar Consulting Group, LLC analizó los precios de las acciones de las treinta empresas componentes del índice Dow Jones Industrial y encontró que normalmente entre el 80 y el 90 por ciento de sus precios eran atribuibles a los cash-flows o a los dividendos esperados a partir de los cinco años de la fecha del estudio. El análisis de las expectativas del mercado también se puede usar para calcular la duración del crecimiento del valor de una empresa. A la hora de establecer el precio de las acciones, el mercado asigna implícitamente un período de tiempo determinado a la capacidad de la empresa para generar valor o, lo que es lo mismo, de encontrar oportunidades para invertir por encima del coste del capital. Este período, que aquí denominamos la duración del crecimiento del valor, va de los quince a los veinticinco años para empresas que tienen ventajas competitivas comprobadas, tales como Home Depot, Microsoft, Intel, y Coca Cola, a una duración próxima a cero para empresas competidoras mal posicionadas o para aquellas que operan en sectores muy competitivos. Al final del período de duración del crecimiento del valor, se supone que la empresa obtendrá una rentabilidad igual a la tasa de coste del capital.

Una forma menos directa de entender la orientación a largo plazo del mercado de acciones es comparar una inversión en acciones con una inversión en renta fija. El rendimiento medio por dividendos en el mercado de acciones actual es del orden del 2 por ciento. Del otro lado, una inversión en bonos del Tesoro de EE UU a treinta años rinde del orden del 6,5 por ciento. ¿Por qué unos inversores actuando racionalmente iban a comprar acciones si realmente pueden obtener rendimientos corrientes superiores con los bonos, que además conllevan menos riesgo? Aunque el principal interés del inversor está en las ganancias de capital más que en los dividendos, las ganancias son inciertas mientras que los dividendos muestran un crecimiento sistemático a lo largo del tiempo. La tasa de crecimiento a largo plazo de los dividendos de las acciones comprendidas en el índice Standard & Poor's 500 es aproximadamente del 6 por ciento. A esa tasa, tendrían que transcurrir cerca de veinte años antes de que el rendimiento corriente del 2 por ciento procedente de los dividendos alcanzara el nivel del 6,5 por ciento, el rendimiento actual de los bonos. Este período de tiempo es un reflejo del horizonte a largo plazo de los inversores cuando invierten en la capacidad de generar beneficios de las empresas. Es interesante destacar que, según Bernstein[5], esta medida de la paciencia del inversor ha sido más amplia en las décadas de 1980 y 1990 que en las dos décadas precedentes.

Entonces, ¿cómo es posible que sean tantos los directivos que siguen creyendo que los precios de las acciones dependen de los resultados contables a corto plazo, a pesar de las pruebas impresionantes de que ocurre lo contrario? Una razón importante es que, a veces, las reacciones del mercado ante los anuncios de los beneficios habidos no se interpretan bien. Cuando los inversores creen que los informes sobre los beneficios trimestrales proporcionan nueva información sobre las perspectivas de los cash-flows de la empresa a largo plazo, los beneficios por acción declarados influyen en el valor de mercado de la acción. Pero el mercado no reacciona con miopía ante los informes sobre los beneficios por acción. En vez de eso, cuando es conveniente, el mercado utiliza los cambios imprevistos en los beneficios como una útil referencia para reconsiderar el valor de los cash-flows futuros de la empresa. Así, un anuncio de beneficios trimestrales decepcionantes, que se vea como un presagio del futuro, hará que el precio descienda. Por contra, estudios de investigación han demostrado que los cambios anunciados en los métodos contables que inciden en los beneficios declarados, pero no en los cash-flows esperados, no influyen en los precios de las acciones.

Los avisos de reestructuración desvelando la intención de la dirección de eliminar sus pérdidas y abandonar las líneas de negocio que reducen el valor van acompañadas casi invariablemente de reducciones significativas de los beneficios actuales y aumentos de los precios de las acciones. En estas situaciones, el mercado no está reaccionando al descenso inesperado de los beneficios sino ante las consecuencias a largo plazo de la reasignación de los recursos de la empresa a aplicaciones de más valor.

Como se estableció antes, la creencia de los directivos en que el mercado es proclive al corto plazo y que, por tanto, subvalora las iniciativas a largo plazo de la dirección lleva a otro segundo mito aún más perjudicial: para ganar ventaja competitiva, la dirección tiene que abandonar el modelo del valor para el accionista. Enraizada en esta creencia errónea está la suposición incorrecta de que el mercado reaccionará negativamente ante las inversiones a largo plazo que disminuyen los beneficios a corto plazo y el cash-flow. Sin embargo, la realidad demuestra que no existe ningún conflicto entre invertir pensando en el futuro y poder presentar aceptables resultados de mercado a corto plazo. En un estudio de 634 anuncios de estrategias empresariales, que incluían inversiones en grandes programas de capital, en investigación y desarrollo, en nuevos productos y en agrupaciones temporales de empresas, Woolridge[6] encontró que la respuesta media del mercado fue positiva.

¿Y qué pasa con los directores generales que siguen siendo escépticos a pesar de la evidencia? Aun cuando el mercado reaccione desfavorablemente ante el anuncio inicial de la inversión, los accionistas se beneficiarán a medida que se produzcan acontecimientos favorables. La convicción para emprender proyectos creadores de valor a pesar del escepticismo inicial del mercado de valores está en la mejor tradición de la gestión del valor para el accionista. La insuficiencia de inversión en proyectos que crean valor pero tardan más en amortizarse es un problema. Igualmente problemático es el exceso de inversión en proyectos que destruyen valor con proyecciones de cash-flow basadas en supuestos irrealmente optimistas sobre el comportamiento de los clientes o de los competidores. Demasiado a menudo, las previsiones se diseñan para respaldar una decisión favorecida por la alta dirección en lugar de comprobar el potencial de creación de valor de la inversión estratégica.

Otros directivos insisten en que a veces es necesario apartarse del modelo del valor para el accionista para competir en el mercado mundial o en el interior con competidores agresivos. Estos directivos creen que aunque la inversión sea absolutamente esencial para seguir siendo competitiva, el precio de las acciones de la empresa disminuirá cuando la dirección anuncie una inversión de la que se espera obtener una tasa de rendimiento inferior a la del coste del capital. Pero este análisis es incompleto puesto que extrae conclusiones erróneas sobre cuál será la reacción del mercado.

Una aplicación más adecuada del análisis del valor para el accionista no sólo exige que se pondere la decisión de invertir sino también que se valoren las consecuencias de no hacerlo. En la práctica habitual de la elaboración de presupuestos de capital, se supone que las consecuencias de no invertir son neutras. Pero en este caso, los costes de no invertir pueden causar bastante más perjuicio que los asociados con las inversiones de rendimientos por debajo del coste del capital. Si las previsiones de la dirección son razonables, entonces la decisión de invertir es plenamente coherente con la maximización del valor para el accionista. Si el mercado conoce las circunstancias competitivas de la empresa, tendría que producirse un cambio de precios pequeño o nulo, una vez que se anunciara la inversión. Si los inversores dudaban previamente de la inclinación a invertir de la dirección, incluso se puede esperar que el anuncio provoque una respuesta positiva del mercado de valores.

Aquí hay un mensaje directo para los directivos. Los rendimientos máximos para los accionistas existentes se materializarán solamente cuando los directivos maximicen el valor a largo plazo para el accionista y presenten unos resultados provisionales que sean pruebas fidedignas del logro de una ventaja competitiva. Los resultados que permiten al mercado revisar al alza sus expectativas son la plataforma para el logro de rentabilidades superiores para los accionistas.

Los libros más vendidos sobre temas de estrategia

En este capítulo se ha mostrado la relación simbiótica entre la formulación y valoración de estrategias empresariales. Puesto que sea cual sea la estructura de la formulación de la estrategia, la tarea crítica consiste en trasladar adecuadamente las estrategias, o las hipótesis sobre los resultados competitivos deseables, a resultados previstos de valor para el accionista. Las estrategias impulsan el valor para el accionista. Y el valor para el accionista, considerado como objetivo de la empresa, impulsa la búsqueda y la selección de estrategias. Recuérdese que las estrategias invariablemente requieren unas inversiones considerables que en el análisis final es preciso que añadan valor. En resumen, el proceso de formulación de estrategias identifica estrategias potencialmente capaces de crear valor, mientras que el valor para el accionista es la norma respecto a la cual se seleccionan las estrategias óptimas.

No hay escasez de libros que prometan unos resultados radicalmente mejores a aquellos que apliquen el enfoque recomendado para la estrategia por los autores. En los últimos años, varios libros sobre estrategia empresarial han figurado en la lista de los más vendidos. Cada uno de ellos ha generado hipótesis sobre los resultados competitivos deseables procedentes de las estrategias que recomiendan, pero ninguno ha demostrado por qué generarían aumentos significativos del valor para el accionista. Quizás algunos autores replicarían que las consecuencias de seguir sus prescripciones son tan apabullantemente favorables que no es necesario llevar a cabo un análisis del valor para el accionista. Desgraciadamente, como puedo dar fe después de tres décadas de experiencia, las consecuencias para la creación de valor de las estrategias no son a veces tan obvias como inicialmente cabría pensar. La lección es clara. Es mejor que hablen los números.

La publicación en 1993 de *Reengineering the Corporation: A Manifesto for Business Revolution*, de Michael Hammer y James Champy (Nueva York: Harper Collins Publishers) sacó a la luz la más sonada de todas las manías pasajeras sobre gestión, de principios de la década de 1990. Aun reconociendo que la reestructuración y la reducción de la dimensión de las empresas son en última instancia *cul-de-sacs*, la dirección de las empresas se mostró receptiva a unos instrumentos que prometían devolver la fortaleza competitiva a sus empresas. Hammer y Champy definieron la reingeniería de la empresa como «la reconsideración fundamental del pensamiento sobre la empresa y el cambio radical en el diseño de los procesos empresariales para lograr mejoras espectaculares en las medidas críticas de la actuación, tales como los costes, la calidad, el servicio y la rapidez». Menores costes, calidad superior, mejor servicio y mayor rapidez son, todos ellos, factores deseables. Pero cabe preguntarse: ¿El proyecto de reingeniería que produce estos resultados genera también valor para el accionista? Para responder a esta pregunta, necesitamos saber cómo la calidad, el servicio, y la velocidad afectan en última instancia al volumen demandado y al precio que los clientes están dispuestos a pagar por el producto. Las sensacionales reducciones en los costes y en el ciclo de tiempo se citan a menudo como indicadores del éxito de los proyectos de reingeniería. Sin embargo, se hace mucho menos énfasis en el impacto que tienen en los clientes. La adopción de este análisis a nivel del proyecto en vez de llevar el análisis al nivel de la empresa es fácil que destruya valor a pesar de que todas las «medidas críticas de la actuación» lancen señales positivas. Por ejemplo, *Fortune*[7] informa que la alta dirección de una empresa de informática estaba convencida de que su personal de ventas necesitaba mejores conocimientos técnicos para asesorar a sus clientes. Decenas de millones de dólares se gastaron en hacer la reingeniería de sus actividades de venta. Las inversiones se destinaron principalmente a la formación de personal en técnicas de venta por asesoramiento y a dotarles de costoso equipo electrónico. Más tarde, la empresa descubrió que todo esto les daba igual a los clientes. Lo que realmente importaba era el precio.

Otros[8] hacen una crítica diferente en relación con la reingeniería. Argumentan que en muchas empresas la reingeniería es más una cuestión de ponerse al día que de ponerse en vanguardia. Aducen un razonamiento relacionado con el coste de oportunidad cuando la cuestión de si el capital financiero y la capacidad intelectual invertidos en la reingeniería no estarían mejor invertidos en crear mercados para el futuro. Si estas dos opciones fueran mutuamente excluyentes, el análisis del valor para el accionista proporciona la base para elegir entre ellas. Un aspecto interesante es que, aun cuando los modelos del valor para los accionistas se utilizaran adecuadamente para justificar las inversiones en proyectos de reingeniería, su valor añadido podría estar sobreestimado en numerosos casos. El malestar imprevisto de los empleados que se ven reorganizados en grupos de proceso, el coste subestimado de la formación de los empleados, y la reacción contra los despidos y la consolidación del trabajo, han hecho que los resultados de la reingeniería sean menores de lo que inicialmente se esperaba. Incluso cabe hacerse eco de una cita del propio Hammer entonando el siguiente mea culpa: «Me hice eco de mis ancestros como ingeniero y no valoré suficientemente la dimensión humana. He aprendido que éste es un aspecto crítico». Con el interés por la reingeniería desvaneciéndose y con una economía mejorada, la dirección de las empresas ha vuelto a poner su atención en las estrategias de crecimiento.

Otro best-seller, *Competing for the Future,* de Gary Hamel y C.K. Prahalad, publicado en 1994, surgió oportunamente para satisfacer el cambio de interés hacia la idea del crecimiento. Los autores subrayan estos temas del modo siguiente:

> Lo que se necesita es una *arquitectura estratégica* que proporcione las pautas para establecer las competencias necesarias para dominar los futuros mercados... La estrategia consiste en buscar la manera de superar las limitaciones de los recursos mediante un esfuerzo

creativo y tenaz en pos del *apalancamiento óptimo de los recursos...* Es una visión de la estrategia que reconoce que las empresas no sólo compiten dentro de los límites de los sectores existentes, sino que también compiten por *configurar la estructura* de los sectores del futuro... Es una visión de la estrategia que reconoce que la competencia por el liderazgo en la *competencia esencial* precede a la competencia por el liderazgo en el producto... Es una visión de la estrategia que reconoce que para capitalizar en visión de futuro y liderazgo en competencia esencial, una empresa no tiene más remedio que adelantarse a los competidores en los mercados globales críticos[10].

Los autores defienden animosa e inteligentemente que se invierta agresivamente para alcanzar en el futuro los resultados competitivos deseados. La prueba de si el enfoque que recomiendan para la estrategia y la asignación de recursos da resultado para una empresa determinada tiene que derivarse de unas expectativas favorables del valor para el accionista. Las recomendaciones de los autores, que requieren una inversión financiera sustancial destinada a establecer competencias diferenciadoras además de otras ventajas competitivas son, una vez más, meras hipótesis sobre resultados favorables. Pero antes de que se puedan aceptar, han de ser evaluadas comparativamente respecto a la norma de creación de valor para el accionista. Recuérdese que en el dominio del valor para el accionista no todo el crecimiento se genera del mismo modo. Dependiendo del nivel de la inversión y de su impacto en los márgenes de beneficio de explotación, el crecimiento podrá crear valor, destruir valor, o ser simplemente neutral. En este sentido, una aceptación incondicional de las estrategias de crecimiento pone en peligro tanto la posición competitiva a largo plazo de la empresa como el valor para el accionista.

En 1995, otro libro sobre estrategia empresarial, *The Discipline of Market Leaders,* de Michael Treacy y Fred Wiersema, fue uno de los más vendidos. Su énfasis estratégico incide en el valor para el cliente. Los autores identifican tres disciplinas relacionadas con el valor, cada una de las cuales produce una clase diferente de valor para el cliente: la excelencia en la explotación, el liderazgo en el producto, y la bondad de las relaciones con la clientela. Sin dejar de lado los otros dos, los autores recomiendan que una empresa elija una disciplina del valor en la que fundamentar su prestigio en el mercado. La disciplina del valor escogida se convierte entonces en: «un hecho fundamental que configura todo plan y toda decisión subsiguientes que tome la empresa».

¿Cómo vinculan Treacy y Wiersema sus recomendaciones con el valor para el accionista? Después de plantear la cuestión de si aportar valor para los clientes está en conflicto con aportar valor para los accionistas, prosiguen respondiendo como sigue:

> Creemos que no. De hecho, en todas las empresas líderes del mercado que analizamos —grandes empresas tales como Wal-Mart, Southwest Air, FedEx, Glaxo, Airborne, e Intel— el valor para el cliente, la riqueza para el accionista, y la satisfacción de los empleados iban codo con codo.
> En estas empresas se considera el valor para el cliente como la fuente indispensable para nutrir tanto el valor para el accionista como la satisfacción para los empleados. Sin valor para el cliente, no hay empresa viable[11].

Sin valor para el cliente no puede haber valor para el accionista. Pero, como ya se explicó antes, la aportación de valor para el cliente no se traduce automáticamente en valor para el accionista. Hay costes vinculados con la aportación de valor para el cliente. El valor para el accionista sólo se materializa si los clientes desean pagar esos costes. El enfoque recomendado por Treacy y Wiersema relativo a la estrategia y a la asignación de recursos puede ser de gran ayuda para numerosas empresas. Sin embargo, los directivos bien preparados no aceptarán sin más el supuesto de que el valor para el accionista va codo con codo con el valor para el cliente. Más bien tratarán estas recomendaciones con un escepticismo constructivo y pondrán a prueba el potencial de creación de valor de todas las estrategias resultantes.

Éstas son señales estimulantes de que la próxima generación de libros sobre estrategia empresarial integrará los procesos de formulación y valoración de las estrategias y así proporcionarán a los directivos una orientación más práctica[12].

Capítulo 5

La valoración de estrategias

En el entorno empresarial actual, en rápido y a veces desconcertante cambio, la planificación estratégica se ha convertido en uno de los principales instrumentos de la alta dirección para evaluar y afrontar la incertidumbre. Los miembros de los consejos de administración muestran también un interés creciente por asegurarse de que sus empresas tienen las estrategias adecuadas y que éstas se comprueban en comparación con los resultados reales que se obtienen. Aunque la dinámica de las organizaciones y el refinamiento del proceso de planificación estratégica varía en gran manera de una empresa a otra, el proceso casi invariablemente culmina en un informe de previsiones financieras proyectado en el tiempo (normalmente un horizonte de cinco años).

Este formato contable posibilita que la alta dirección y los miembros del consejo de administración revisen y aprueben los planes estratégicos en los mismos términos que la empresa utiliza para informar de resultados a los accionistas y a la comunidad financiera. Los estados financieros previsionales, especialmente la actuación en cuanto a beneficios previstos, normalmente sirven como base para juzgar el atractivo del plan estratégico o a largo plazo de la empresa.

Sin embargo, el enfoque contable tradicional para valorar el plan estratégico no proporciona respuestas fiables a preguntas tan fundamentales como:

—¿Creará el plan de la empresa valor para los accionistas? Y si es así, ¿cuánto?

— ¿Qué unidades de negocio de la empresa están creando valor y cuáles no?
— ¿Cómo afectarían unos planes estratégicos alternativos al valor para el accionista?

Las empresas diversificadas y descentralizadas normalmente tienen una estructura organizativa dispuesta en tres planos: el nivel general, el nivel de grupo y el de las unidades de negocio. La planificación estratégica tiene que realizarse tanto en el nivel general como en el de las unidades de negocio. Aunque cada nivel tiene que hacer frente a distintos cometidos estratégicos, todos deben estar vinculados por un objetivo común: la creación de valor para el accionista. En aquellos casos en los que se puedan explotar las potenciales sinergias entre las unidades de negocio, también es adecuada la planificación a nivel de grupo.

A nivel de unidad de negocio, la estrategia es impulsada por el factor producto-mercado. En este sentido, tiene que dar respuesta a preguntas tales como: ¿Qué desea comprar el cliente? ¿Cómo se pueden satisfacer mejor las necesidades del cliente? ¿Cuál es la posición de nuestro negocio en relación con la competencia? Y en el análisis final, la cuestión es cómo se puede establecer la ventaja competitiva. La estrategia óptima para una unidad de negocio estará naturalmente influida por la estructura del sector y por la posición competitiva del negocio en el sector.

La planificación estratégica a nivel general tiene una orientación de cartera. Aquí la preocupación estriba en asignar los recursos entre los diversos negocios de forma que el valor conjunto de la cartera aumente. Si la cartera actual no es capaz de generar el nivel de resultados establecidos como meta para la creación de valor para el accionista, puede que la estrategia general se oriente hacia una reestructuración del conjunto de negocios de la empresa mediante alianzas estratégicas, desinversiones, nuevos negocios desarrollados a nivel interno, o cambio de la estructura del capital asignado a los negocios actualmente existentes en la empresa.

Proceso de valoración de las estrategias

Las aportaciones básicas al proceso de valoración de estrategias, estrategias alternativas para adquirir ventaja competitiva, son ramificaciones directas del proceso de formulación de estrategias. Para cada estrategia, el proceso de valoración requiere el establecimiento de una serie de supuestos o previsiones razonables y después la valoración de sus resultados, incluyendo también el impacto en el valor de las variantes del escenario «más favorable».

Al final del proceso de valoración los directivos de las unidades de negocio estarán en condiciones de contestar a preguntas como éstas:

—¿Cómo influirán las diversas estrategias alternativas en la creación de valor para el accionista?
—¿Cuál es la estrategia con probabilidad de crear mayor valor?
—Para una estrategia elegida, ¿qué sensibilidad tiene el valor a los factores internos y externos del negocio que no están contemplados en el escenario «más probable»?

Asimismo, en el nivel general, las siguientes preguntas complementarias han de tener una respuesta satisfactoria:

—¿Qué unidades de negocio de las que forman la cartera de la empresa son las que están creando más valor para los accionistas?
—¿Qué unidades de negocio tienen un potencial de creación de valor limitado y, por consiguiente, deberían ser candidatas a la desinversión?
—¿Qué combinación de estrategias es la que generará el máximo valor total?
—¿Qué unidades de negocio generan tesorería y cuáles la consumen?
—¿Hasta qué grado puede financiar la empresa sus estrategias propuestas con sus propios recursos internos, y cuánta deuda o capital propio habría que captar?

El primer paso del proceso de valoración —establecer las previsiones razonables— se analizará brevemente ahora. El segundo paso, evaluar las valoraciones resultantes, se expone mejor en el contexto de los ejemplos de casos presentados en la siguiente sección.

En casi todas las situaciones, excepto en aquellas que son más dinámicas, la actuación histórica es un útil punto de partida para la realización de previsiones. Una vez hechas las previsiones para cada uno de los impulsores del valor, habría que comparar esas proyecciones con la actuación reciente. Hay que ser precavidos con las previsiones optimistas infundadas, tales como una brusca subida de la tasa de crecimiento de las ventas o del margen de beneficio de explotación. Este fenómeno, que a veces se conoce como «efecto del palo de hockey», puede obedecer al deseo de captar financiación para la estrategia en cuestión. Por otro lado, si las proyecciones se utilizan después para evaluar la actuación de la dirección, es más probable que tiendan a ser demasiado conservadoras más que optimistas, puesto que la actuación real tenderá a ser mejor que la actuación establecida en la previsión.

Si, en parte, las proyecciones se basan en medias históricas, ¿representan estas medias la actuación futura probable del negocio? Puede que las proyecciones se basen excesivamente en las actuaciones históricas sin tener en cuenta del todo los planes de la dirección para el negocio y ciertos cambios previsibles del entorno competitivo.

A la hora de comprobar la racionalidad de las proyecciones, siempre es útil tratar de conseguir un punto de referencia externo. Cuando se disponga de ellas, las proyecciones relativas al sector elaboradas por los analistas de valores bursátiles, expertos del sector, y departamentos del gobierno, son fuentes de información útiles. Al comparar las proyecciones de la empresa con las previsiones del sector, hay varias preguntas que son relevantes:

— ¿Son las proyecciones de usted coherentes con las previsiones medias del sector realizadas por empresas inversoras y por expertos del sector?
— Si es así, ¿es realista asumir que la empresa tendrá una actuación igual a la media del sector?
— Si no, ¿en qué área las proyecciones propias se desvían de las del conjunto del sector (es decir, tasa de crecimiento de las ventas, margen de beneficio de explotación, inversiones en capital fijo)? ¿Son realistas estas divergencias?

Otra técnica útil para hacer previsiones con mayor fiabilidad es la de aprender de las previsiones poco acertadas hechas en los años precedentes. Revisar dónde surgieron las desviaciones de las previsiones anteriores puede ayudar a evitar que se cometan los mismos errores. Y una vez seguidas todas estas orientaciones para hacer las previsiones, habría que apartarse de la visión de detalle para preguntarse continuamente: ¿tienen sentido los números obtenidos?

En las tres secciones siguientes de este capítulo, se presentan unos ejemplos prácticos de valoración de estrategias a través de tres casos. En el primero de ellos se hace la valoración del atractivo relativo de dos estrategias alternativas del sector minorista. El segundo caso ilustra cómo se puede crear valor explotando las sinergias internas de la empresa. Finalmente, el tercer caso muestra cómo el enfoque del valor para el accionista puede aplicarse para encontrar el nivel óptimo de inversión para un nuevo negocio.

La valoración de oportunidades alternativas de negocio

Una cadena de veinte supermercados de estilo tradicional está experimentando un concepto de «tienda para gourmets» en varios de sus establecimientos. El concepto de producto asociado a la idea de gourmet se basa en ofrecer productos agrícolas cultivados orgánicamente, productos cárnicos y marinos sin aditivos químicos, una amplia variedad de productos especializados procedentes de todo el mundo, y alimentos preparados de elevada calidad que bien pueden consumirse en el propio establecimiento o llevarse a casa.

Actualmente, la dirección está considerando la posibilidad de convertir todas las tiendas adaptándolas al concepto de servicio gourmet. Las tiendas para gourmets ya existentes proporcionan un buen modelo de referencia para convertir las tiendas tradicionales, dado que las tiendas están ubicadas en áreas con una composición demográfica parecida y que todas las tiendas para gourmets existentes ya llevan funcionando un año como mínimo. Las cuentas de explotación anuales más recientes relativas a una tienda tradicional y una tienda para gourmets se presentan en la tabla 5-1.

TABLA 5-1

Cuentas de aportación a la explotación de una tienda tradicional y una tienda para gourmets

(en miles de dólares)

	Tradicional	%	Gourmets	%
Ventas	10.000 $	100	10.000 $	100
Coste de los productos vendidos	7.500	75	7.300	73
Margen bruto	2.500	25	2.700	27
Gastos de ventas y administración	1.200	12	1.200	12
Otros gastos directos	500	5	500	5
Contribución de la tienda a la explotación	800 $	8	1.000 $	10

Cada tienda tiene aproximadamente la misma superficie en metros cuadrados. Aunque las cantidades vendidas por las tiendas para gourmets son menores, el precio medio y los márgenes por artículo son superiores. Por tanto, el total de las ventas de las tiendas de concepto tradicional y de concepto gourmet es aproximadamente el mismo. Debido a los mayores márgenes brutos, el ratio del 10 por ciento de contribución al beneficio de explotación de las tiendas para gourmets es un 2 por ciento más alto que el del 8 por ciento de contribución generado por las tiendas tradicionales: una diferencia sustancial.

Basándose en las cuentas de explotación históricas, la dirección concluyó que aún cuando cada tienda generara aproximadamente el mismo volumen de ventas, una tienda para gourmets resultaba claramente más rentable, al generar un margen bruto de beneficio de explotación anual del orden de 1.000.000 de dólares frente a los 800.000 de las tiendas tradicionales. De hecho, este análisis está inclinando a la dirección a tomar la decisión de hacer que el total de las veinte tiendas adopte la fórmula «para gourmets».

El estado de cuentas de explotación presentado en la tabla 5-1 tiene varias limitaciones. En primer lugar, se basa en datos históricos en lugar de orientarse al futuro. En segundo, no contempla las inversiones en capital fijo y circulante necesarias para generar las ventas. Y, por último, no tiene en cuenta el factor tiempo en el valor del dinero y las posibles diferencias en el riesgo asociado respectivamente a los conceptos de tienda tradicional y para gourmets. Para transformar el análisis de la cuenta de explotación tradicional en un análisis del valor para el accionista, hay que superar estas tres limitaciones.

Supongamos que la siguiente proyección permanece constante durante el período de previsión de cinco años:

	Tradicional (%)	Gourmets (%)
Tasa de crecimiento de las ventas	7	7
Margen de beneficio de explotación	8	9
Tipo impositivo pagado sobre beneficios	36	36
Inversión incremental en capital fijo	15	20
Inversión incremental en capital circulante	5	15
Coste del capital	10	11

El margen de beneficio de explotación del 9 por ciento proyectado para las tiendas de gourmets es inferior al del año precedente, que fue del 10 por ciento, pero sigue siendo mejor que el del 8 por ciento previsto para las tiendas tradicionales. Sin embargo, tanto las necesidades de capital fijo como las de circulante para el concepto gourmets son superiores a las equivalentes de las tiendas tradicionales. Las necesidades de capital fijo son superiores debido a que la instalación de las tiendas para gourmets es más lujosa. Por su parte, el capital circulante es mayor debido a una rotación más lenta de las existencias y también a que los proveedores de las tiendas para gourmets suelen exigir un pago más rápido para las compras, con lo que reducen el número de días del plazo medio de pago. El coste más alto del capital —el 11 por ciento— asignado a las tiendas para gourmets se basa en la mayor sensibilidad de la demanda de alimentos de precios elevados a los cambios de la economía en general.

Las anteriores proyecciones de impulsores del valor se utilizan para desarrollar los valores para el accionista de las veinte tiendas consideradas como tradicionales (tabla 5-2) y consideradas para gourmets (ta-

TABLA 5-2
Valor para el accionista en el formato de tiendas tradicionales*

Año	Cash-flow	Valor actual	Valor actual acumulado	Valor actual del valor residual	Valor actual acumulado + Valor actual del valor residual
1	8.157 $	7.415 $	7.415 $	99.607 $	107.023 $
2	8.728	7.213	14.628	96.891	111.519
3	9.339	7.016	21.645	94.248	115.893
4	9.992	6.285	28.470	91.678	120.147
5	10.692	6.639	35.108	89.178	124.286
Valor para el accionista					124.286 $

* Coste del capital = 10% (en miles de dólares).

bla 5-3). A diferencia del análisis realizado anteriormente, este otro análisis demuestra que el concepto de tienda tradicional con un valor estimado de 124,3 millones de dólares produce 6 millones de dólares más de valor que el concepto para gourmets, que alcanza un valor estimado de 118,3 millones de dólares. El cambio en los resultados se debe a que el concepto de tiendas para gourmets exige mayores inversiones y entraña un riesgo relativamente más alto. Estos resultados han truncado el entusiasmo inicial de la dirección por convertir las tiendas rápidamente al concepto para gourmets.

TABLA 5-3

Valor para el accionista en el formato de tiendas para gourmets*

Año	Cash-flow	Valor actual	Valor actual acumulado	Valor actual del valor residual	Valor actual acumulado + Valor actual del valor residual
1	7.246 $	6.690 $	6.690 $	100.953 $	107.644 $
2	7.946	6.449	13.140	97.315	110.455
3	8.502	6.217	19.357	93.808	113.165
4	9.098	5.993	25.350	90.428	115.778
5	9.734	5.777	31.127	87.169	118.296
Valor para el accionista					118.296 $

* Coste del capital = 11% (en miles de dólares).

La valoración de las sinergias entre divisiones

La finalidad de este ejemplo es ilustrar el enfoque del valor para el accionista a la hora de elegir entre dos estrategias en las que intervengan unidades de explotación, independientes organizativamente, que tengan relaciones potencialmente sinérgicas.

Este ejemplo, se refiere a un fabricante y a un distribuidor de productos de asistencia sanitaria. La empresa tiene dos divisiones de explotación: 1) división comercial, que es proveedora de hospitales y organizaciones de asistencia sanitaria gestionada; 2) división minorista, que es proveedora de las farmacias. Los procesos de fabricación de ambas divisiones son muy similares, aunque cada división normalmente fabrica por separado para sus clientes. Dado el esfuerzo actual por reducir los costes de asistencia sanitaria, los clientes de la división comercial se han vuelto extraordinariamente sensibles a los precios. En cambio, a causa de la imagen de marca más sólida de la división detallista y de la superior calidad de su servicio a las farmacias, los clientes de esta división no son tan sensibles al precio.

Cada una de las divisiones ha preparado un plan que debe ser sometido a la consideración de la oficina general. Así pues, dada esta situación, primero examinaremos cómo tendría la división comercial que evaluar sus propias oportunidades de creación de valor. Después, se discutirá cómo la oficina general tomará su decisión de asignación de recursos financieros en vista de los planes presentados por ambas divisiones.

El director de la división comercial empieza el análisis preparando datos de previsión para un «escenario base» (es decir, la estrategia 1) que mediría la contribución al valor de la división, si ésta continuara su «negocio como siempre»: es decir, sin introducir cambios significativos en su estrategia actual. A continuación, se presenta un resumen de las previsiones de los impulsores de valor para los próximos cinco años.

	Porcentaje
Tasa de crecimiento de las ventas	10
Margen de beneficio de explotación	13
Inversión incremental en capital fijo (como porcentaje de cada dólar de aumento de las ventas)	40
Inversión incremental en capital circulante (como porcentaje de cada dólar de aumento de las ventas)	25
Tipo impositivo pagado sobre beneficios	36
Coste del capital	11

TABLA 5-4

**Estado del cash-flow para la división comercial
(en millones de dólares)**

	Año				
	1	2	3	4	5
Ventas	110,0 $	121,0 $	133,1 $	146,4 $	161,1 $
Gastos de explotación	95,7	105,3	115,8	127,4	140,1
Beneficio de explotación	14,3	15,7	17,3	19,0	20,9
Impuestos a pagar	5,1	5,7	6,2	6,9	7,5
Beneficio de explotación después de impuestos	9,2	10,1	11,1	12,2	13,4
Inversión en capital fijo	4,0	4,4	4,8	5,3	5,9
Inversión en capital circulante incremental	2,5	2,8	3,0	3,3	3,7
Cash-flow de explotación	2,7 $	2,9 $	3,2 $	3,5 $	3,9 $

La tabla 5-4 presenta los cash-flows y la tabla 5-5 demuestra que si la división comercial sigue haciendo su «negocio como siempre», puede confiar en aumentar su aportación al valor para el accionista en 8,4 millones de dólares, lo que produce un valor total para el accionista de 84 millones de dólares.

TABLA 5-5

Valor para el accionista y VAA para la división comercial – Estrategia 1*

Año	Cash-flow	Valor actual	Valor actual acumulado	Valor actual del valor residual	Valor actual acumulado + Valor actual del valor residual	VAA
1	2,7 $	2,4 $	2,4 $	75,0 $	77,3 $	1,7 $
2	2,9	2,4	4,8	74,3	79,0	1,7
3	3,2	2,3	7,1	73,6	80,7	1,7
4	3,5	2,3	9,4	72,9	82,4	1,7
5	3,9	2,3	11,7	72,3	84,0	1,6
Valor para el accionista					84,0 $	8,4 $

* Coste del capital = 11% (en millones de dólares).

Una vez que se han completado y revisado los cálculos iniciales, es importante identificar cuáles son los impulsores del valor que tienen mayor impacto en el valor para el accionista. La tabla 5-6 presenta los cambios en el valor para el accionista que se generan al aumentar en un 1 por ciento cada uno de los impulsores del valor. Obsérvese que el 1 por ciento de aumento representa un cambio en una variable que, por ejemplo, si su valor está en un 10 por ciento, pasa a 10,1 por ciento, no al 11 por ciento; es decir, representa un aumento de un punto en la elasticidad de cada elemento, suponiendo que el valor del resto de los elementos se mantenga constante.

Conocer y comprender qué impulsores del negocio son los más críticos para la creación de valor permite que la dirección centre su análisis más eficientemente en los elementos clave de una estrategia. El va-

TABLA 5-6

Impacto relativo de las variables clave sobre el valor para el accionista para la división comercial - Estrategia 1

Un 1% de aumento en:	Aumenta el valor para el accionista en:
Tasa de crecimiento de las ventas	99.100 $
Margen de beneficio de explotación	1.127.800
Inversión incremental en capital fijo	(177.000)
Inversión incremental en capital circulante	(110.600)
Tipo impositivo pagado sobre beneficios	(227.800)
Tipo impositivo pagado sobre valor residual	(406.600)
Coste del capital	(1.103.900)

lor de la división comercial es especialmente sensible a los cambios en el margen de beneficio de explotación. Además, dado que la mayoría de las decisiones del negocio implican concesiones mutuas entre dos o más impulsores de valor, tales como, por ejemplo, la tasa de crecimiento de las ventas y los márgenes, determinar el impacto relativo de los impulsores de valor proporciona una orientación útil para posteriores análisis.

Ilustraremos este punto apoyándonos en una de las estrategias alternativas de la división comercial. Dado que el mercado de ésta es tan sensible al precio, la dirección está considerando la introducción de una estrategia de reducción de precios con el fin de aumentar la participación en el mercado. La tabla 5-7 muestra que si los precios se recortaran (y el margen de beneficios de explotación se redujera en un 1 por ciento, del 13 al 12 por ciento), un aumento del 5 por ciento de la tasa de crecimiento de las ventas (del 10 al 15 por ciento) no compensaría el efecto causado por la reducción del margen de beneficio.

Como se ve en la esquina superior derecha de la tabla 5-7, el valor para el accionista se reduciría en 5,1 millones de dólares. De hecho, la tasa de crecimiento de las ventas tendría que aumentar en más del 10 por ciento, hasta el 20 por ciento anual, antes de que se pudiera materializar cualquier aumento en el valor para el accionista. Por tanto, antes de que la estrategia de participación en el mercado pueda crear un valor significativo, habrá que mejorar los márgenes de beneficio de explotación.

TABLA 5-7

Sensibilidad del valor para el accionista de la división comercial - Estrategia 1

Margen de beneficio de explotación (%)	Tasa de crecimiento de las ventas %		
	−5,00	0,00	5,00
−1,00	(11,7)	(8,7)	(5,1)
0,00	(4,6)	0,0	5,4
1,00	2,6	8,7	15,9

Asimismo, la división comercial está considerando invertir 35 millones de dólares en un proceso de producción nuevo, más eficiente, que reduciría los costes de fabricación de sus productos. Los ahorros en costes permitirían que la división bajara sus precios y, por consiguiente, obtuviera una participación mucho mayor en su mercado tan sensible al precio, al tiempo que mejoraba sus márgenes de beneficio.

No obstante, estos ahorros sólo se pueden lograr si la división vende las suficientes unidades para aprovechar las ventajas de las economías de escala. Un estudio de la división comercial demostró que la nueva línea de producción sería demasiado grande para que la división la utilizara eficientemente de modo exclusivo. Pero el volumen de la producción combinada para las dos divisiones, la comercial y la minorista, sería suficiente para utilizar al 100 por cien la capacidad de la nueva línea de producción.

La estrategia comprendería una inversión de 35 millones de dólares, compartida por igual por las divisiones durante el año 1 (cada una pagaría 10 millones de dólares) y el año 2 (cada una pagaría 7,5 millones de dólares). Los ahorros de costes resultantes permitirían que la división comercial redujera sus precios sin reducir su margen de beneficio de explotación y que aumentara también sustancialmente sus ventas. (El impacto en la división minorista se analizará después.)

La división comercial hizo una previsión para la nueva estrategia que contemplaba una inversión compartida en las nuevas instalaciones de producción. Las proyecciones que se reseñan a continuación reflejan la parte de la inversión en capital fijo correspondiente a la división comercial, así como el mayor crecimiento de las ventas que podría resultar si la división recortara sus precios. En el proceso de determinación del margen de beneficio de explotación, la dirección consideró la reducción de precio necesaria para lograr el volumen deseado, las ganancias en eficiencia generadas por el nuevo proceso de fabricación, y el reparto de los costes fijos de la división en un volumen mayor de operaciones. La nueva previsión (estrategia 2) se muestra junto con las proyecciones precedentes de la estrategia 1.

	Año				
	1	2	3	4	5
Tasa de crecimiento de las ventas (%)					
Estrategia 1	10	10	10	10	10
Estrategia 2	20	20	20	20	20
Margen de beneficio de explotación (%)					
Estrategia 1	13	13	13	13	13
Estrategia 2	13	14	14	14	14
Inversión en capital fijo incremental (%)					
Estrategia 1	40	40	40	40	40
Estrategia 2	90	71,3	40	40	40

El resumen de valoración de la estrategia 2 (tabla 5-8) demuestra que el valor para el accionista aportado por la nueva estrategia es de 17 millones de dólares, es decir, 8,6 millones de dólares más que los 8,4 millones de dólares que generaría la estrategia 1. Basándose en este análisis, la división comercial ha decidido que desearía seguir la nueva estrategia. Por consiguiente, la división propuso que las dos divisiones invirtieran conjuntamente en el nuevo proceso de producción.

TABLA 5-8

Resumen de la valoración para la división comercial – Estrategia 2, previsión a 5 años (en millones de dólares)

Valor actual acumulado de los cash-flows	(27,7) $
Valor actual del valor residual	120,3
Valor para el accionista	92,6
–Valor inicial	75,6
Valor añadido para el accionista	17,0 $

El personal de la central reconoce que la división minorista, cuyos compradores no son tan sensibles al precio, no tiene ningún interés en compartir la inversión, porque los ahorros en costes no mejorarán sus márgenes de beneficio lo suficiente como para compensar el efecto negativo del aumento de inversión. Cuando los directivos de la división minorista llevaron a cabo un análisis similar del proyecto de inversión compartida, descubrieron que la estrategia de inversión conjunta generaría un valor de 1 millón de dólares menos.

Además, la división minorista no es partidaria de emprender un proyecto como este, porque percibe que los beneficios se concentrarían en la división comercial, mientras que la minorista sólo obtendría la pérdida del control de sus procesos de producción, sin que se le reconociera mucho mérito por contribuir al éxito de la comercial.

La dirección general de la empresa está considerando estas dos alternativas:

1. Rechazar el proyecto, siendo coherente con su política actual de evaluar los planes de explotación de cada división aisladamente, sin apoyo de otros proyectos (es decir, la división comercial no puede justificar la inversión de 35 millones de dólares únicamente en función de los beneficios que conseguiría por sí sola).
2. Evaluar la decisión de invertir en términos de su contribución al valor para el accionista del conjunto de la empresa.

La cuestión es si los beneficios de la división comercial procedentes de la inversión compartida compensarían sobradamente el perjuicio de la minorista al mejorar el valor para el accionista creado por el conjunto de la compañía. En este caso, el valor generado por el conjunto de la compañía es aproximadamente 7,6 millones de dólares mayor en la estrategia 2 comparado con el obtenido en la estrategia 1. Así pues, sería provechoso para la empresa hacer que ambas divisiones, la comercial y la minorista, montaran y utilizaran conjuntamente el nuevo proceso de producción.

El tratamiento de las filiales como unidades de negocio autónomas (como se refleja en la estrategia 1) provocaría el sacrificio de las oportunidades ofrecidas por las sinergias potenciales entre las mencionadas unidades. La estrategia de inversión compartida ayudaría a la división comercial, pero no sería tan favorable para la división minorista. Al aplicar el enfoque del valor para el accionista para valorar una decisión de asignación de fondos financieros, se puede medir el impacto conjunto que tendría una estrategia de inversión compartida en el conjunto de la compañía, y así seleccionar la estrategia que maximice la creación conjunta de valor para el accionista. La explotación de oportunidades para compartir actividades es un aspecto esencial de las estrategias que tratan de alcanzar ventajas competitivas.

La elección del nivel óptimo de inversión para un nuevo negocio

La dirección de una empresa de telecomunicaciones tiene que afrontar la decisión de si invertir o no, y a qué nivel, en el desarrollo de un sistema de comunicaciones personal (SCP) en un país de Europa Occidental. Un SCP es un servicio telefónico sin cable que utiliza pequeños teléfonos portátiles, ligeros de peso y multifuncionales. Tienen menos cobertura para cada llamada que los teléfonos móviles tradicionales, pero permiten un volumen mucho mayor de llamadas.

Los dos sistemas de teléfonos sin cable existentes en el país, el analógico y el digital, tienen limitaciones inherentes en cuanto a capacidad. El sistema analógico ya está experimentando áreas de bajo rendimiento en su parque de abonados ya existente. Aunque aún no está limitado en cuanto a capacidad, el sistema digital sí lo está por la tecnología celular actual y se espera que llegue al tope de su capacidad en un próximo futuro. Un sistema tipo SCP podría dar servicio a diez veces más abonados por kilómetro cuadrado que un sistema móvil digital y casi cien veces más que un sistema analógico. Actualmente, el gobierno tiene planes para conceder una sola licencia para explotar un sistema tipo SCP a escala nacional. Estos factores hacen que la inversión parezca atractiva y la empresa ha decidido investigar más a fondo la oportunidad. Se prevé que las ofertas para hacerse con la licencia se moverán en una banda comprendida entre los 3,5 y 4,5 millardos (en unidades de la moneda local, UML).

Como parte de este proceso de toma de decisiones, la empresa ha completado una evaluación competitiva del mercado de teléfonos inalámbricos, ha analizado la posición relativa en cuanto a costes de la tecnología comparándola con otras tecnologías existentes y ha evaluado las exigencias de los clientes.

El SCP tendrá que hacer frente a amenazas competitivas de los servicios analógico y digital existentes, que pueden reducir sus precios significativamente cuando se introduzca el nuevo servicio. Además, otras tecnologías ahora en desarrollo, tales como la del Digital European Cordless Telephone y la del Universal Mobile Telecommunications System, pueden competir con el SCP en el futuro. Dadas las amenazas competitivas, es crítico establecer si el sistema SCP es capaz de añadir valor para el accionista incluso si se produjera una gran competencia en precios. El resultado del estudio de la posición relativa en costes del SCP indica que en todas las áreas éste tiene un coste de capital menor por abonado, exceptuadas las áreas de más baja densidad de población. Dado que el SCP funciona relativamente mejor con mayor densidad de llamadas en las distancias cortas, su coste por abonado disminuye a medida que la densidad aumenta.

Cuando se hizo la encuesta, los clientes indicaron que el valor del servicio sería mayor cuanta más cobertura de área geográfica tuviera. Sin embargo, la mayoría de ellos pensaba que la cobertura en las principales ciudades satisfaría sus necesidades y que los costes por el nivel de utilización serían la clave para su decisión de compra. Además, una tasa baja en el fallo de llamadas y la calidad de la conexión son cruciales para los consumidores. El sistema SCP parece estar en una posición que satisface estas necesidades. Dada su elevada capacidad, tendría una tasa relativamente baja de fallos en las llamadas y se espera que proporcione unas conexiones de más calidad que cualquiera de las otras tecnologías existentes.

Después de completar su evaluación estratégica, la dirección decide que la oportunidad aún sigue siendo atractiva y que ahora procede examinar la viabilidad económica de la nueva actividad. Para ello, comienza su análisis preparando datos previsionales para el escenario de un caso básico. El escenario del caso básico inicial supone una cobertura geográfica final del 70 por ciento del país y unos precios competitivos con respecto a los de los otros proveedores de servicio telefónico inalámbrico. Se piensa que una cobertura superior al 70 por ciento no resultaría económica, un supuesto que habrá de comprobarse una vez que se comprendan mejor los aspectos económicos del SCP. Dada la etapa temprana en que se encuentra el desarrollo del servicio del SCP y los grandes costes de capital iniciales, la dirección utiliza un horizonte de previsión de veinte años a partir del comienzo proyectado de la prestación del servicio en el año 4. Los impulsores del valor para el escenario inicial se detallan en la tabla 5-9. El sistema alcanza su meta del 70 por ciento de cobertura al cabo de seis años. Los clientes pagan una cuota mensual fija, junto con una tasa por cada minuto de utilización. Se espera que los ingresos por cliente se vayan haciendo más variables en el transcurso del período de previsión, a medida que el nivel de utilización aumente y la cuota mensual fija disminuya. Entre los costes necesarios para prestar el servicio están los directos, los de explotación, los técnicos, los administrativos, y los de márketing, y todos tienen componentes fijos y variables. Los costes fijos son las necesarios para implantar la estrategia contemplada en el caso básico y aumentarán incrementalmente a medida que el negocio aumente. El coste de capital por

TABLA 5-9

Previsión del caso base para el sistema SCP

Caso base	Años previos a la prestación del servicio											
	1	2	3	4	5	6	7	8	13	18	23
Ingresos cobertura (%)	5,0	10,0	15,0	33,3	51,7	70,0	70,0	70,0	70,0	70,0	70,0
Cargas fijas (UML por año y por abonado)				600,0	571,4	544,2	518,3	493,6	470,1	447,7	426,4
Utilización (minutos al año por abonado)				2.102	2.162	2.111	2.165	2.217	2.267	2.316	2.362
Precio medio por minuto (UML)				1,12	1,13	1,14	1,15	1,18	1,17	1,19	1,21
Ingresos por abonado (UML)				2.954	3.012	2.947	3.002	3.099	3.115	3.202	3.281
Número medio de abonados (miles)				31,97	131,59	290,18	437,30	550,17	664,17	779,29	895,54
Ingresos totales (millones de UML)	0,0	0,0	0,0	94	396	855	1.313	1.705	2.069	2.495	2.838
Costes											
Coste variable (UML)				1.061	1.082	1.104	1.126	1.149	1.172	1.195	1.219
Coste fijo de la función de paso (UML por abonado)	2,2	36,7	129,8	22.846	3.425	1.817	1.433	1.115	907	873	886
Coste total por abonado				23.807	4.508	2.921	2.550	2.284	2.078	2.060	2.105
Coste total (millones de UML)	2,2	36,7	129,8	761	593	848	1.119	1.246	1.380	1.612	1.886
Inversión en capital circulante incremental (cambio en % en los ingresos)				3,0	3,0	3,0	3,0	3,0	3,0	3,0	3,0
Coste medio de capital por abonado		11,3	282,2	616	678	758	758	758	758	758	758

abonado es una media que se obtiene a partir del número previsto de abonados cuando se alcance el 70 por ciento de la cobertura geográfica.

TABLA 5-10

Caso básico: cash-flow y valor para el accionista en el sistema SCP*
(en millones de UML)

Año	Cash-flow	Valor actual	Valor actual acumulado	Valor actual del valor residual	Valor actual acumulado + Valor actual del valor residual
1	(0)	(0)	(0)	(12)	(12)
2	(10)	(8)	(8)	(182)	(190)
3	(310)	(233)	(241)	(585)	(826)
4	(378)	(258)	(499)	(2.745)	(3.245)
5	(132)	(82)	(581)	(733)	(1.315)
6	(46)	(26)	(608)	25	(583)
7	122	63	(545)	595	51
8	284	133	(412)	1.287	874
9-13	3.357	1.148	736	2.367	3.104
14-18	6.159	1.327	2.063	2.521	4.585
19-23	9.415	1.265	3.328	2.334	5.662
Valor para el accionista					5.662

* Coste del capital = 10%; cobertura = 70%.

La tabla 5-10 presenta los cálculos de los cash-flows y del valor para el accionista en el caso del escenario del caso base. Obsérvese que los cash-flows no incorporan los costes de obtener la licencia. La combinación de crecimiento rápido y exigencias de grandes inversiones de capital genera unos cash-flows negativos en los primeros años del período de previsión. Al cabo del período de veintitrés años, el valor total del proyecto alcanza los 5,7 millardos (en unidades de la moneda local).

Una vez que se ha calculado el valor inicial, resulta importante identificar cuál de los impulsores del valor ejerce el máximo impacto en el valor para el accionista. Para llevar esto a cabo, la dirección desarrolla una diversidad de escenarios posibles para el negocio de SCP y determina el impacto causado por cada escenario en los impulsores del valor clave. Los impulsores de los ingresos pueden cambiar hasta en un 10 por ciento mientras que cabe esperar que las variaciones en los costes se sitúen dentro del 4 por ciento de las proyecciones realizadas para el caso básico. La tabla 5-11 presenta un resumen de cómo los impulsores clave inciden en el valor para el accionista.

TABLA 5-11

Cambio en el valor para el accionista respecto del caso básico (en millones de UML)

Impulsor del valor clave	Cambio en porcentaje del impulsor de valor	Cambio en el valor para el accionista	Porcentaje de cambio en el valor para el accionista respecto del caso básico
Número de abonados	–10,0	(1.135,6)	–20,1
Precio por minuto	–10,0	(1.686,4)	–29,8
Utilización (promedio de minutos anuales por abonado)	–10,0	(1.636,4)	–28,9
Coste variable por abonado	4,0	(267,4)	–4,7
Costes fijos	4,0	(233,1)	–4,1

La comprensión de los aspectos de la empresa que son más críticos para la creación de valor capacita a la dirección para centrar más eficazmente su análisis en los elementos clave de una estrategia. El valor del SCP es muy sensible a los cambios en el precio por minuto.

Así, una reducción del 10 por ciento, sin que se genere ningún aumento incremental del uso, reduce el valor para el accionista en casi un 30 por ciento, haciendo que el negocio tenga menos valor que el coste de obtener la licencia. El valor también es sensible a los cambios en la utilización y en el número de abonados.

Supuesto que el valor del caso base de 5,7 millardos de unidades monetarias locales (UML) sea mayor que el precio previsto de la licencia (entre 3,5 y 4,5 millardos de UML) y que la dirección se sienta satisfecha por la manera en que los escenarios afectan al valor, entonces tiene que escoger el nivel de inversión que maximizará el valor. Para hacer esto, la dirección ensaya con variaciones en el 70 por ciento de cobertura geográfica supuesta en el caso base. Los resultados se presentan en la tabla 5-12.

TABLA 5-12

Valor para el accionista en función del nivel de cobertura geográfica (en millardos de UML)

Cobertura geográfica (%)	10	20	30	40	50	*60*	70	80	90	100
Valor para el accionista	2,21	3,31	4,41	5,50	6,58	*6,78*	5,66	4,01	2,89	1,00

Dadas las importantes necesidades de capital del sistema SCP, y una reducción en la utilización media del sistema por los clientes, el coste de prestar el servicio en áreas de baja densidad sobrepasa al beneficio adicional que se puede obtener. De hecho, el valor máximo para el accionista se alcanza al nivel del 60 por ciento de cobertura geográfica, que supone dar servicio a aproximadamente el 90 por ciento de su población. Dado que los resultados de la investigación del consumidor concluyeron que bastaría con la cobertura de las principales áreas metropolitanas, la dirección decide limitar la red a este nivel de cobertura. El análisis del cash-flow y del valor para el accionista resultantes con un 60 por ciento de cobertura se muestra en la tabla 5-13. El valor para el accionista de esta estrategia revisada llega a los 6,8 millardos.

La mayoría de las decisiones empresariales implican concesiones mutuas entre dos o más impulsores del valor. La dirección sabe que para explotar el sistema SCP al nivel del 60 por ciento de su porcentaje óptimo de cobertura, los precios tendrán que reducirse más de lo previsto con el fin de atraer y mantener a los abonados. El análisis de diversos cambios potenciales susceptibles de realizarse en cuanto al nivel de cobertura y a precios por minuto se detalla en la tabla 5-14. Incluso si el 60 por ciento de cobertura geográfica requiere un 8 por ciento de reducción del precio medio por minuto, el valor para el accionista de 5,4 millardos sólo es ligeramente inferior al valor para el accionista de 5,7 millardos obtenible en el caso básico que supone el 70 por ciento de cobertura. Una vez completado el análisis, la dirección decide hacer una oferta por la licencia con la intención de crear un sistema SPC que proporcione la cobertura geográfica del 60 por ciento, que es la que maximiza el valor para el accionista.

Tabla 5-13
Caso básico: cash-flow y valor para el accionista en el sistema SCP*
(en millones de UML)

Año	Cash-flow	Valor actual	Valor actual acumulado	Valor actual del valor residual	Valor actual acumulado + Valor actual del valor residual
1	0	0	0	(10)	(10)
2	(7)	(5)	(5)	(156)	(161)
3	(299)	(225)	(230)	(501)	(732)
4	(314)	(215)	(445)	(2.343)	(2.787)
5	(92)	(57)	(502)	(609)	(1.111)
6	11	6	(496)	176	(320)
7	174	90	(408)	769	363
8	340	159	(248)	1.455	1.208
9-13	3.815	1.305	1.057	2.661	3.717
14-18	7.102	1.530	2.586	2.885	5.471
19-23	10.995	1.476	4.063	2.712	6.775
Valor para el accionista					6.775

* Coste del capital = 10%; cobertura = 60%.

Tabla 5-14
Sensibilidad del valor para el accionista (en millardos de UML)

		Cobertura								
		10%	20%	30%	40%	50%	60%	70%	80%	90%	100%
Cambio en precio por minuto	0,0%	2,21	3,31	4,41	5,50	6,58	6,78	5,66	4,01	2,89	1,00
	−4,0%	2,08	3,07	4,05	5,02	5,98	6,11	4,99	3,35	2,20	0,28
	−8,0%	1,96	2,83	3,69	4,54	5,38	5,44	4,31	2,70	1,51	(0,43)

¿Crean valor las recompras de acciones?

Hay muchas otras decisiones importantes que se benefician del análisis del valor para el accionista. Para mencionar unas cuantas, diremos que hay análisis para determinación de precios de productos, canales de distribución, nuevos productos, adquisiciones, alianzas estratégicas, desinversiones, separación de divisiones, nueva financiación con deuda o recursos propios, política de dividendos, y recompra de acciones. Cada una de estas decisiones puede causar un impacto significativo en el valor para el accionista. En este sentido, se ha comprobado que la recompra de acciones puede ser una de las decisiones más estimulantes y controvertidas.

Dos de los principios rectores en la gestión del valor para el accionista son: invertir sólo en oportunidades que tengan un potencial creíble de crear valor, y reembolsar dinero a los accionistas cuando no haya inversiones capaces de crear valor. Los principios son fáciles de entender, pero a menudo no se ponen en práctica. Las recompras de acciones se han convertido en un importante complemento de los dividendos a la hora de devolver dinero a los accionistas. Los anuncios de recompra de acciones por millardos de dólares formulados por empresas como General Electric, IBM, y Philip Morris, se han convertido en algo de lo más común.

¿Por qué recompran acciones las empresas? Normalmente, se suelen dar tres razones. La primera, y quizás la justificación más generalizada, es que con ello se envía la señal al mercado de que las acciones de la empresa están infravaloradas. Presuntamente, la dirección cree también que los fondos utilizados en la recompra de las acciones no entran en conflicto con las oportunidades atractivas que se presenten para reinvertir en la empresa. Los estudios de investigación muestran que, como media, los precios de las acciones reaccionan positivamente ante los anuncios de recompra de éstas. Asimismo, estos estudios sugieren que las propuestas de recompra con prima mediante oferta pública de adquisición en lugar de las recompras en el mercado abierto son más convenientes para reducir una infravaloración sustancial que exista en el mercado. En un mercado razonablemente eficiente, sería prudente que la dirección llevara a cabo una cuidadosa valoración antes de concluir que las acciones de su empresa están sustancialmente infravaloradas. Este autor ha intervenido en varias situaciones en las que la afirmación por parte de la alta dirección de que las acciones estaban infravaloradas quedó desmontada cuando la empresa realizó su propio análisis detallado del valor. En este sentido, conviene recordar que comprar unas acciones que están adecuadamente cotizadas en el mercado no aumenta el valor y que comprar acciones sobrevaloradas destruye valor para los accionistas que sigan siéndolo.

Un segundo razonamiento en favor de la recompra de acciones es que constituye un medio más eficiente que los dividendos para distribuir dinero entre los accionistas. Los accionistas que aceptan la oferta sólo pagan impuestos sobre las ganancias de capital. En el régimen fiscal de EE UU estas ganancias están sujetas a tipos impositivos más bajos que los de los impuestos sobre la renta normales. Además, los accionistas tienen la opción de no vender sus acciones y, por consiguiente, no tener que pagar ninguna fiscalidad relacionada con la operación arriba mencionada. El razonamiento de la eficiencia fiscal no es aplicable al caso de determinados inversores institucionales, como, por ejemplo, los fondos de pensiones exentos fiscalmente en EE UU.

Una tercera justificación para las recompras de acciones es que permiten a las empresas aumentar su apalancamiento y situar en una posición más deseable su estructura de capital. La dirección aún deberá preguntarse si ésta es la manera menos costosa de aumentar el apalancamiento. Por ejemplo, el aumento de los dividendos o el pago de un dividendo especial podría tal vez ser menos costoso si la infravaloración estimada del mercado es relativamente pequeña.

Dividendos frente a recompra de acciones

El difundir información mediante señales, la sustitución de los dividendos, y el apalancamiento son razonamientos generales en favor de la recompra de acciones. Ninguno responde directamente a la cuestión de en qué casos conviene a una empresa que esté infravalorada recomprar sus acciones; cuándo pagar dividendos; o, finalmente, en qué casos le sería mejor reinventir en la empresa. Para resolver este contencioso, examinaremos dos escenarios. En el primer escenario, supondremos que la empresa tiene un «excedente de tesorería» disponible para distribuirlo a los accionistas después de haber agotado todas las inversiones en oportunidades capaces de crear valor. En el segundo escenario, se supone que una recompra de acciones sólo puede financiarse renunciando a algunas de las inversiones capaces de crear valor.

Dado que en el primer escenario, la tesorería no se puede utilizar en inversiones capaces de crear valor, la opción clara está entre distribuirla a los accionistas vía dividendos o recompra de acciones. Ahora bien, ¿cómo puede uno elegir entre los dividendos y la recompra de acciones? Los dividendos se pagan a todos los accionistas que figuran registrados. Los accionistas presumiblemente reinvierten los dividendos a la tasa de rendimiento de oportunidad. Por contra, los procedimientos para la recompra de acciones sólo conciernen a los accionistas dispuestos a venderlas. Cuando las acciones de una empresa están infravaloradas en el mercado, la recompra de las acciones transfiere riqueza de los accionistas que salen a los que continúan siéndolo. El objetivo de la dirección de la empresa en cuestión debiera ser el de maximizar el valor a largo plazo para los accionistas que continúan. Por tanto, la tasa de rendimiento devengada por los accionistas que continúan para el nivel estimado de infravaloración del mercado pasa a ser un punto de referencia primordial para decidir si aplicar el exceso de tesorería al pago de dividendos o a la recompra de acciones.

El valor de una acción se determina descontando los cash-flows esperados, aplicando la tasa de descuento exigida por el mercado o la de coste del capital. Si las acciones de una empresa están infravaloradas y los accionistas existentes desean vender al precio infravalorado, los accionistas dispuestos a continuar como tales obtendrán un rendimiento superior a la tasa de rendimiento requerida. Ese rendimiento superior es proporcional al grado de infravaloración de la acción en el mercado. La tasa de rendimiento se puede calcular mediante la siguiente fórmula:

$$\text{Tasa de rendimiento en la recompra de acciones} = \frac{\text{Tasa de rendimiento requerida por el accionista}}{(1 - \text{Porcentaje de infravaloración})}$$

Aplicando esta fórmula, se obtienen las tasas de rendimiento obtenidas según un espectro de cuatro tasas de infravaloración y una tasa de rendimiento, que se supone es del 10 por ciento:

Infravaloración(%)	Tasa de rendimiento obtenida (%)
20	12,5
30	14,3
40	16,7
50	20,0

Sin entrar en consideraciones fiscales, ni en consideraciones sobre los costes de las transacciones, y suponiendo que los efectos indicativos de los dividendos y de la recompra de acciones son semejantes, una recompra de acciones produciría mayores rendimientos que los dividendos para los accionistas que continúen siéndolo. Y esto es así, porque, en el caso de recompra de acciones, toda infravaloración genera rentabilidades superiores al coste del capital, mientras que de los dividendos sólo cabe esperar que rindan la tasa de rendimiento demandada o coste del capital.

Después de haber llevado a cabo un análisis que determine que la recompra de acciones es la mejor opción, la dirección tendría que ser cautelosa y escéptica hasta que tenga la fuerte convicción de que el mercado está infravalorando las acciones de su empresa. El siguiente ejemplo muestra la necesidad real de ese escepticismo. Tanto el director general como el equipo de alta dirección de una gran empresa diversificada que opera en varios sectores estaban de acuerdo en que las acciones de la empresa estaban infravaloradas. ¿Cómo habían llegado a esta conclusión? Habían agregado los números correspondientes al valor para el accionista procedentes de los planes quinquenales desarrollados por cada una de sus unidades de negocio y comparado el valor total obtenido para el accionista con el valor corriente del mercado. La pretensión de infravaloración prosperó en esta empresa a pesar de que era sabido por todos que la mayoría de las unidades de negocio tenían un historial que mostraba unos rendimientos claramente inferiores a los que habían planificado. Es interesante constatar que aplicando las tasas históricas de desviación a los planes quinquenales existentes, el valor total estimado para el accionista resultaba casi idéntico al valor de mercado de la empresa.

Reinversión en la empresa frente a la recompra de acciones

Ahora pasamos al segundo escenario en el que no hay «excedente de tesorería», ni capacidad de endeudamiento, y una recompra de acciones puede financiarse total o parcialmente mediante la renuncia a inversiones capaces de crear valor. La cuestión planteada es sencilla: ¿en qué punto, dado el caso, tendría que detener la dirección de la empresa la inversión en proyectos creadores de valor y en su lugar recomprar acciones infravaloradas? Habría que considerar la recompra de acciones siempre que el rendimiento fuera mayor que el rendimiento esperado de una inversión en la empresa. La fórmula de la tasa de rendimiento en las recompras de acciones presentada antes puede aplicarse para determinar la tasa de rendimiento mínimo requerida, es decir, la tasa del umbral de rentabilidad de la reinversión. Para explicarlo mejor, considérese como ejemplo el siguiente caso:

Supongamos que el nivel del cash-flow anual es de 10 millones de dólares, el coste del capital es del 10 por ciento, y que, por tanto, el valor antes de la inversión incremental es de 100 millones de dólares. Asimismo, supongamos también que el mercado está infravalorando las acciones de la empresa en un 30 por ciento. Con un 30 por ciento de infravaloración y un 10 por ciento de coste del capital, la tasa de rendimiento producida por la recompra de acciones es del 14,28 por ciento. La dirección puede invertir 50 millones de dólares en el negocio con una tasa de rendimiento esperada del 14,28 por ciento, lo que se traduce en 7,14 millones de dólares de aumento en el cash-flow anual, dado que 7,14/0,1428 = 50 $. Alternativamente, examinaremos la opción de recomprar acciones por valor de 50 millones de dólares, así como el caso de una inversión de 25 millones de dólares en la empresa unida a una recompra de acciones por valor de 25 millones de dólares. Los resultados de los tres casos se presentan a continuación.

	Inversión 50.000.000 $ (en millones)	Recompra 50.000.000 $ (en millones)	Inversión 25.000.000 Recompra 25.000.000 $ (en millones)
Cash-flow	17,14	10,00	13,57
Cash-flow/K	171,40	100,00	135,70
– Inversión	50,00	50,00	50,00
Valor para el accionista	121,40	50,00	85,70
Valor de mercado (70%)	85,00*		
Número de acciones	100,00	41,16**	70,58**
Valor de mercado/acción	0,85		
Valor para el accionista/acción	1,21	1,21	1,21

* 70% del valor para el accionista de 121,40 $.
** Las acciones se recompran al valor de mercado de 0,85 $.

Como cabría esperar, el valor por acción para el accionista es igual en los tres casos. Después de todo, cuando una empresa reinvierte en sus unidades de negocio con la misma tasa de rentabilidad que puede obtenerse de la recompra de acciones habría que esperar los mismos resultados para el valor. Pero, ¿cuáles son las consecuencias de este análisis de cara a la decisión de si reinvertir en la empresa o recomprar acciones?

Para la mayoría de las empresas, la gama de oportunidades oscila entre unas rentabilidades relativamente altas y otras ligeramente superiores a las tasas de coste del capital. En el caso arriba expuesto, la dirección tendría que considerar para seguir con el análisis inversiones cuyo rendimiento se situara entre el 10 y el 14 por ciento. Algunas inversiones de baja tasa de rendimiento, como, por ejemplo, las relativas a los controles del medio ambiente pueden quedar reguladas oficialmente, y, por tanto, no brindan ninguna opción a la dirección. Otras inversiones también parece que generan unos rendimientos relativamente bajos hasta que se analizan las consecuencias de no invertir. Y también hay otra clase de inversiones que no incorporan plenamente las ventajas para otros productos o servicios en los cálculos de tasa de rendimiento.

Las que quedan como candidatas para inversiones reducidas son los proyectos que no están regulados por normativas, los proyectos que pueden eliminarse sin que se generen consecuencias negativas para el valor, y los proyectos que son independientes de los negocios a los que actualmente se dedica la empresa. Nuestra experiencia sugiere que la aplicación de estos filtros reduce significativamente la magnitud de las inversiones que habría que eliminar para financiar la recompra de acciones. La flexibilidad financiera necesaria para aprovechar las oportunidades actualmente imprevistas, las cuales cabe que sean más difíciles de financiar más adelante, a menudo es otro razonamiento persuasivo que induce a que la dirección de la empresa limite las recompras de acciones. En definitiva, la recompra de acciones, como ocurre con cualquier otra transacción de mercado, es una buena idea, si se efectúa al precio adecuado.

Diez preguntas sobre la creación de valor

Para acabar este capítulo relativo a las estrategias de creación de valor, sugerimos que la dirección y el consejo de administración de la empresa lleven a cabo una auditoría de creación de valor que contemple las diez cuestiones fundamentales siguientes:

1. ¿Qué tal son los resultados que hemos obtenido en el logro de un rendimiento total competitivo para los accionistas en estos últimos años?
2. ¿Cuáles son los principales factores causantes de los rendimientos superiores o inferiores de la empresa en relación con los de nuestras principales competidoras?
3. ¿Tenemos establecido un plan idóneo para la creación de valor en estos próximos años?

4. ¿Cómo incidirían otras estrategias alternativas en el valor y en los rendimientos futuros para los accionistas?
5. ¿Cuáles son las unidades de negocio que están creando valor y cuáles no? ¿Por qué?
6. ¿Cuáles son los impulsores del valor más susceptibles de apalancamiento en cada una de nuestras unidades de negocio?
7. ¿Cuáles son los riesgos críticos para cada uno de nuestros negocios y qué se puede hacer para reducir esos riesgos?
8. ¿Están financiadas las actividades de la empresa al mínimo coste posible, teniendo en cuenta el nivel de riesgo financiero establecido como objetivo por la dirección?
9. ¿Difieren las expectativas de la dirección y las expectativas del mercado (tal como se refleja en el precio de las acciones) en lo que respecta a las perspectivas futuras de la empresa? Si es así, ¿qué oportunidades se presentan en relación con esto?
10. ¿Cómo se comparan y valoran las expectativas del mercado respecto a nuestra empresa con las relativas a nuestras principales competidoras?

Capítulo 6

Señales del mercado de valores a la dirección de la empresa

En contraste con los capítulos anteriores, en los que las estrategias se valoraron en función de las previsiones de la dirección, ahora nuestro interés se centra en lo que el precio de las acciones nos revela sobre las expectativas del mercado en relación con la actuación futura de la empresa. Como se demostrará, la previsión del potencial de rendimiento para el accionista exige perspicacia para examinar tanto los planes de la empresa como la valoración actual de estos planes por el mercado reflejada en el valor presente de las acciones. Los capítulos 4 y 5 establecieron el vínculo entre el proceso de formulación de las estrategias y el enfoque del valor para el accionista a la hora de evaluar las estrategias. A lo largo del análisis, se hizo énfasis en que sólo se crearía valor si las inversiones de la empresa se hacían por encima de la tasa de rendimiento exigida por el mercado, es decir, el coste del capital.

Ahora bien, si la empresa invierte con éxito y obtiene un rendimiento por encima del coste del capital, ¿obtendrán también los accionistas una tasa de rendimiento superior al coste del capital? La escueta respuesta a esta pregunta es que dependerá del nivel esperado de comportamiento implícito en el precio de la acción cuando el inversor adquiere las acciones.

Este capítulo se centrará en dar una respuesta más detallada a esta cuestión y a otros temas relativos a la actuación de la empresa y a los rendimientos para los accionistas. Este análisis incide en planteamientos de dirección de gran importancia tales como la selección de tasas mínimas para las inversiones de la empresa y el diseño de sistemas de evaluación de la actuación y determinación de la remuneración de los directivos.

Cómo hacer la lectura del mercado

Las empresas que cotizan en Bolsa están continuamente conectadas con el mercado de valores en una interacción mutua de señales y controles. El proceso se refleja en la figura 6.1. La empresa proporciona información a los mercados a través de los informes publicados y de una diversidad de otras comunicaciones. El mercado recibe esta información, así como la procedente de otras fuentes, e integra su visión de las perspectivas futuras de la empresa en el precio de mercado de las acciones de la empresa.

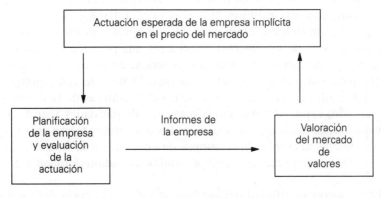

FIGURA 6.1

Señalización y supervisión entre las empresas que cotizan en Bolsa y el mercado de valores

A su vez, ese precio de mercado constituye para la empresa una señal relacionada con el nivel de realizaciones de la empresa necesario para que los accionistas puedan obtener la tasa de rendimiento requerida de las acciones de la empresa.

Históricamente, el énfasis tanto de los teóricos como de los profesionales se ha puesto en medir cómo se incorpora a los precios de las acciones la información que dispone el mercado. La cuestión central aquí estriba en cómo la dirección de la empresa puede «leer» en la cotización de sus acciones las expectativas del mercado relativas a su empresa.

El precio de la acción de una empresa es la medida más clara de las expectativas del mercado respecto a su futura actuación. Los DEG están muy interesados en saber cómo valora el mercado a las empresas que dirigen. Sin embargo, muchos son escépticos sobre un proceso que parece depender de previsiones relativas a un futuro con un grado elevado de incertidumbre. Si la propia dirección de la empresa no es capaz de saber lo que va a suceder, ¿cómo lo va a saber el mercado? Además, una opinión generalizada entre los DEG es que el valor es sensible a diferentes supuestos sobre el futuro de la economía, a la dinámica competitiva del sector, y a la posición estratégica de la empresa. Sin embargo, cada vez es mayor el número de DEG que están empezando a reconocer que es mucho más práctico entender lo que el precio de las acciones de las empresas indica sobre las expectativas del mercado que discutir los defectos del mercado.

Mediante la interpretación de las señales del mercado, la dirección puede comparar sus propios planes o expectativas con los del mercado. Si hay un defecto en el plan de la empresa, la identificación de las posibilidades de minimizarlo pasa a ser una prioridad. Y esto es así porque las expectativas del mercado representan el nivel de logros necesario para que los accionistas obtengan la tasa de rendimiento mínimo aceptable. La reconciliación de las expectativas de la dirección y del mercado, especialmente cuando existen disparidades significativas entre ambas, es también esencial para las decisiones relativas a la emisión de nuevas acciones, la recompra de acciones, y la financiación de inversiones de importancia, comprendidas las adquisiciones y las fusiones.

Para ilustrar la utilidad del análisis de las expectativas del mercado, consideremos el caso de una empresa industrial diversificada que va a emprender una reestructuración significativa y que a menudo es objeto de rumores de absorción[1].

Tanto el director ejecutivo general (DEG) como su equipo de alta dirección creían que las acciones de la empresa estaban infravaloradas a pesar de que el rendimiento de las acciones había superado recientemente al del mercado y al de las empresas similares de su sector. El DEG pidió que se efectuara un análisis de las señales indicativas del mercado. En este sentido, se utilizaron las previsiones de The Value Line Investment Survey para los impulsores clave del valor de la empresa, junto con entrevistas e informes de analistas de valores de Wall

Street para establecer las expectativas de mercado. Los impulsores del valor se tradujeron a cash-flows con el fin de desarrollar una descripción consensuada de lo que el mercado creía que era el futuro más probable de la empresa.

Para justificar el precio de 50 dólares por acción, que entonces era el de mercado, la empresa tendría que operar durante los próximos diez años al nivel consensuado de impulsor del valor. En definitiva, expuesto de modo simple, el precio de 50 dólares por acción representaba el valor actual de una proyección de cash-flows a obtener durante los próximos diez años utilizando las previsiones consensuadas de impulsor del valor, más el valor actual del valor residual al final de los diez años. Dado que las previsiones consensuadas eran muy próximas a las proyecciones a cinco años del plan de la empresa, la dirección tuvo que admitir a regañadientes que el mercado, más que infravalorarlas, estaba valorando bastante acertadamente sus acciones.

En el transcurso del año siguiente, el precio de las acciones de la empresa aumentó un 50 por ciento, hasta 75 dólares la acción, mientras que el conjunto del mercado sólo aumentó en un 20 por ciento. Un estudio actualizado de las señales del mercado demostró que la empresa tendría que lograr unos crecimientos espectaculares en ventas y en los márgenes de beneficio de explotación en relación con las anteriores expectativas para que se justificara el precio de 75 dólares por acción. Y estos niveles de actuación estaban claramente fuera del alcance de la dirección.

A la vez que las expectativas del mercado aumentaban, la caída de los tipos de interés también contribuía al aumento del precio de las acciones de la empresa. Sólo 5 dólares del aumento de 25 dólares fueron imputables a la caída de tipos de interés. Los otros 20 dólares se atribuyeron a que el mercado preveía una reestructuración importante o posiblemente una absorción, a precios estimados por Wall Street entre 85 y 100 dólares por acción. El mercado estaba enviando dos poderosos mensajes a la dirección de la empresa. El primero, se esperaba una reestructuración significativa creadora de valor. Segundo, el diferencial entre el valor de la empresa para otros y su valor actual de mercado, el desfase de valor, mostraba lo vulnerable que era la empresa a una absorción. El pensamiento de la dirección de la empresa había experimentado muchos cambios. En el transcurso de menos de un año, la dirección pasó de creer que sus acciones estaban devaluadas significativamente a aceptar que estaban valoradas bastante acertadamente, y después a convenir que incluso unos resultados superiores a los planificados no justificarían el nivel reciente de precios de las acciones. La dirección concluyó que únicamente con una importante reestructuración de aquellas unidades de negocio de la empresa con rendimientos bajos podría competir con potenciales ofertas públicas de adquisición de acciones para satisfacer a los accionistas.

La tasa de rendimiento de la empresa frente a la del accionista

Tanto los inversores como los directores de empresa están involucrados en decisiones de inversión orientadas a lograr los máximos rendimientos económicos para un determinado nivel de riesgo. En ambos casos, la tasa de rendimiento económico se calculaba teniendo en cuenta la inversión necesaria y los cash-flows previstos asociados a la inversión. Además, sabemos que las tasas mínimas de rendimiento para las inversiones de las empresas dependen de los rendimientos ajustados en función del riesgo exigidas por los inversores en los mercados de capitales. A pesar del hecho de que tanto inversores como directivos utilizan el mismo modelo de cash-flow descontado (CFD) para determinar los rendimientos previsibles, la tasa de rendimiento que ha de conseguirse por las inversiones de la empresa para producir la tasa de rendimiento requerida por los inversores es, en general, sustancialmente más elevada que la propia tasa demandada por el inversor. Esto sucede porque el montante de la inversión necesaria, así como los cash-flows previstos por el inversor y el directivo, son diferentes. La inversión para un accionista potencial (o la inversión de oportunidad para un accionista corriente), es simplemente el precio corriente de mercado para las acciones. El precio corriente de las acciones representa el valor actual descontado de todos los cash-flows esperados de las inversiones tanto futuras como anteriores de la empresa.

Los accionistas invierten en derechos a la percepción de compensaciones financieras, es decir, dividendos y apreciación de capital. En contraste, los directivos hacen inversiones reales en capital fijo y circulante. A diferencia del accionista, que completa su inversión cuando compra acciones, las inversiones en estrategias empresariales se realizan a lo largo de un determinado período de tiempo.

Asimismo, se admite sin lugar a duda que la dirección crea valor cuando las inversiones de la empresa en instalaciones, equipo, capital circulante e investigación y desarrollo obtienen una tasa superior a la tasa de rendimiento requerida por el mercado, es decir, el coste del capital. La cuestión de si la capacidad de la empresa para invertir a tasas de rendimiento superiores al coste del capital permite que los accionistas obtengan rentabilidades superiores a ese coste del capital depende del nivel de actuación esperado que incorpora el precio de las acciones cuando el inversor las compra. Cuando la ventaja competitiva de una empresa bien dirigida o su capacidad para invertir obteniendo tasas de rendimiento superiores al coste del capital se incorporan completamente al precio de mercado de la acción, cualquiera que invierta en acciones de la empresa no debe esperar un rendimiento superior a la media. Únicamente, si surgen cambios positivos inesperados en las expectativas del mercado pueden producirse rendimientos extraordinarios.

Por consiguiente, hay dos rendimientos primarios que considerar a la hora de valorar las perspectivas futuras de una inversión. En primer lugar, hay un «rendimiento empresarial» o tasa de rendimiento que la empresa obtiene de sus inversiones reales. En segundo lugar, hay un «rendimiento para el accionista», que es la tasa de rendimiento que los accionistas obtienen de sus inversiones en las acciones de la empresa.

El rendimiento empresarial sobrepasará el coste del capital cuando la empresa invierta con éxito en oportunidades de creación de valor. Por otro lado, el rendimiento para el accionista superará el coste del capital propio de la empresa, si ésta supera las expectativas reflejadas en el precio de sus acciones.

Para entender la diferencia entre las tasas de rendimiento para la empresa y para el accionista, imaginemos una empresa con un cash-flow de 100 dólares a perpetuidad, un coste del capital del 10 por ciento, y, por tanto, un valor de 1.000 dólares. Si hay emitidas 100 acciones, el precio de una acción es de 10 dólares. Supongamos ahora que la empresa quiere obtener capital para financiar una inversión de 10 dólares que se espera genere un cash-flow anual adicional de 1,5 dólares. Desde la perspectiva de la empresa, se obtendrá un rendimiento del 15 por ciento de su inversión de 10 dólares. En otras palabras, el rendimiento para la empresa es del 15 por ciento. Si la empresa emite una acción adicional, el nuevo accionista tendrá derecho a percibir 1/101 del cash-flow anual aumentado hasta 101,5 dólares, que representa un valor de 1,005 dólares por acción a una tasa de descuento del 10 por ciento. Con un precio de 10 dólares por acción, el nuevo accionista obtendrá poco más de un 10 por ciento sobre esta inversión. Sin embargo, es posible que el mercado puje por la acción hasta 10,05 dólares y, si esto se materializa, el nuevo accionista obtendrá un 10 por ciento. La única manera de que un nuevo accionista obtenga un rendimiento superior al coste del capital es si la empresa genera inesperadamente mayores cash-flows y las expectativas se revisan correspondientemente al alza.

El análisis de las señales del mercado se puede aplicar para determinar la tasa de rendimiento para la empresa, o sea, la que su dirección tiene que lograr sobre las nuevas inversiones para justificar el precio corriente de la acción. El proceso consta de tres etapas.

—Etapa 1: Calcular la capitalización de mercado del patrimonio, multiplicando el precio corriente de la acción por el número de acciones en circulación.

—Etapa 2: Calcular el cash-flow de explotación anual después de impuestos a partir de las estimaciones de impulsores del valor: crecimiento de las ventas, margen de beneficio de explotación, inversión en capital fijo y circulante, e impuestos. Resolver el tema de la duración del crecimiento del valor, es decir, del número de años que transcurren antes de que el valor actual de los cash-flows iguale al valor corriente de mercado.

—Etapa 3: Calcular la tasa de rendimiento para la empresa descontando el valor capitalizado de los aumentos del BENEDI (beneficio neto de explotación después de impuestos) a la tasa que hace que su valor actual iguale al valor actual acumulado de las inversiones incrementales, descontado al coste del capital[2].

Para aclararlo, consideremos el caso de la XYZ Corp., con una capitalización patrimonial del mercado corriente de 130 millones de dólares y las siguientes previsiones para los impulsores del valor:

	Previsiones (%)
Tasa de crecimiento de las ventas	12
Margen de beneficio de explotación	15
Inversión incremental en capital fijo	20
Inversión incremental en capital circulante	10
Tipo impositivo a pagar sobre beneficios	35
Coste del capital	10

Estos impulsores del valor producen los cash-flows presentados en la tabla 6-1. Obsérvese que la duración del crecimiento del valor es de cinco años, es decir, son precisos cinco años para justificar el valor de mercado de 130 millones de dólares. Los 130 millones de dólares de valor para el accionista están formados por un valor inicial[3] de 86,3 millones de dólares (véase el valor para el accionista en un período histórico) más 43,7 millones de dólares de valor añadido para el accionista (VAA).

TABLA 6-1

XYZ Corp.: Análisis de señales del mercado

	Datos históricos	1	2	3	4	5
Ventas		100,00 $	112,00 $	125,44 $	140,49 $	157,35 $	176,23 $
Beneficio de explotación		15,00	16,80	18,82	21,07	23,60	26,44
Beneficio neto de explotación después de impuestos (BENEDI)	9,75	10,92	12,23	13,70	15,34	17,18
Gastos incrementales de capital		2,40	2,69	3,01	3,37	3,78
Capital circulante incremental		1,20	1,34	1,51	1,69	1,89
Cash-flow		7,32	8,20	9,18	10,28	11,52
Factor de descuento		0,91	0,83	0,75	0,68	0,62
Valor actual de los cash-flows		6,65	6,78	6,90	7,02	7,15
Valor actual acumulado de los cash-flows		6,65	13,43	20,33	27,35	34,50
Valor actual del valor residual	97,50	99,27	101,08	102,92	104,79	106,69
Valor actual del cash-flow + valor residual	97,50	105,93	114,51	123,24	132,14	141,20
Valores negociables	8,80	8,80	8,80	8,80	8,80	8,80
Valor de la empresa	106,30	114,73	123,31	132,04	140,94	150,00
Endeudamiento	20,00	20,00	20,00	20,00	20,00	20,00
Valor para el accionista	86,30	94,73	103,31	112,04	120,94	*130,00*
Valor añadido para el accionista (VAA)		8,43	8,58	8,74	8,90	9,06

La presencia de un número positivo del VAA indica que XYZ espera invertir en oportunidades generadoras de valor en los próximos cinco años y que, por tanto, su tasa de rendimiento empresarial —el rendimiento sobre sus inversiones reales— será mayor que el 10 por ciento del coste del capital.

Más concretamente, la tasa de rendimiento para la empresa es del 27,17 por ciento. Esto se puede observar en la tabla 6-2 donde el valor capitalizado de los aumentos en el BENEDI, cuando se descontaba al 27,17 por ciento, o sea, la tasa de rendimiento para la empresa (R), era igual al valor actual acumulado de las inversiones incrementales de 16,97 millones de dólares.

Suponiendo que no hay cambio en las expectativas, los accionistas obtendrán la tasa de rendimiento que demandan. Basándose en las expectativas incorporadas en el precio de las acciones, la inversión de la dirección en oportunidades de crecimiento tiene que generar una tasa

Tabla 6-2
XYZ Corp.: Rendimiento para la corporación [(R) = 27,17%]

Histórica	1	2	3	4	5
Inversión incremental	3,60	4,03	4,52	5,06	5,66
Valor actual de la inversión incremental	3,27	3,33	3,39	3,45	3,52
Valor actual acumulado de la inversión incremental	3,27	6,60	10,00	13,45	*16,97*
Cambio en el BENEDI	1,17	1,31	1,47	1,64	1,84
Valor actual del cambio en el BENEDI/R	4,31	3,79	3,34	2,94	2,59
Valor actual acumulado del cambio en el BENEDI/R	4,31	8,10	11,44	14,38	*16,97*

de rendimiento conjunto para la empresa del orden del 27 por ciento. El 10 por ciento de coste del capital representa adecuadamente la tasa de rendimiento mínima aceptable o tasa listón para las oportunidades de inversión que soporten el mismo nivel de riesgo que el conjunto de la empresa. Evidentemente, la dirección tiene que darse cuenta de que si las inversiones empiezan a producir menos del 27 por ciento de tasa de rendimiento empresarial implícita en el precio de mercado de las acciones de XYZ, las expectativas bajarán de nivel y, en consecuencia, los inversores no obtendrán las tasas de rendimiento que demandan.

Consecuencias para la dirección

Habiendo distinguido entre tasas de rendimiento para la empresa y para el accionista y habiendo proporcionado también un enfoque sistemático para la lectura del mercado, ahora volvemos a contemplar las consecuencias que, de este análisis, se derivan para la dirección a la hora de establecer las tasas mínimas de rendimiento, desarrollar las normas de actuación para remuneración de los directivos, y redactar las comunicaciones dirigidas a los inversores.

TASAS MÍNIMAS DE RENDIMIENTO O TASAS LISTÓN

Para calcular el valor actual, los cash-flows se descuentan aplicando la tasa de rendimiento disponible para los inversores para inversiones alternativas con riesgos comparables. Esta tasa de rendimiento de coste del capital se denomina, generalmente, «tasa listón» en los sistemas presupuestarios de capital de las empresas.

Las principales empresas estadounidenses hacen estimaciones del coste del capital según las líneas descritas en el capítulo 3 como tasas listón para las decisiones presupuestarias de capital. Recuérdese que si el mercado de acciones esperaba que la empresa invirtiese al coste del capital o tasa listón de rentabilidad, las acciones tendrán un precio acorde a su valor inicial. Si las acciones de la empresa están a un precio superior al valor inicial, el mercado está indicando que sus expectativas son que la empresa tendrá oportunidades de invertir por encima de la tasa listón. En esta situación, la inversión realizada sólo al nivel de la tasa listón provocará probablemente una rebaja de las expectativas y no permitirá que los accionistas actuales obtengan la tasa de rendimiento que demandan. Recuérdese que para que los accionistas obtengan su tasa de rendimiento requerida de las acciones XYZ, la tasa de rendimiento para la empresa tiene que ser del 27 por ciento. Sin embargo, la inversión por encima de la tasa de coste del capital, incluso a tasas inferiores a la tasa de rendimiento empresarial implícita en el precio de mercado, es preferible a la alternativa de repartir los fondos de inversión en forma de dividendos. Esto es verdad, porque se puede esperar que los accionistas, que entonces invertirían en oportunidades con riesgos similares en otros lugares, obtendrían un rendimiento no superior a la tasa de coste del capital. En resumen, la tasa marginal correcta para las inversiones empresariales es el coste del capital, independientemente del nivel de las expectativas de mercado.

La disparidad entre la tasa listón y la tasa de rendimiento requerida por la empresa implícita en el precio de mercado de las acciones de la empresa puede plantear un auténtico dilema a la dirección. Por un lado, se puede razonar que una tasa listón del 10 por ciento para una empresa cuyo precio implica oportunidades de inversión que rindan en promedio un 27 por ciento es sencillamente demasiado baja. Sin embargo, si se contempla adecuadamente la tasa listón como el rendimiento mínimo aceptable y la dirección cree que sus inversiones rendirán en conjunto aproximadamente la tasa implícita en el precio de mercado, entonces la tasa listón del 10 por ciento pasa a ser mucho más razonable.

A la hora de establecer las tasas listón, la dirección necesita considerar las siguientes cuestiones:

> —¿Son razonables las expectativas de mercado en vista de los planes a largo plazo de la empresa y de otra información disponible para la dirección?

— ¿A qué nivel habría que establecer las tasas listón para maximizar el potencial de creación de valor?

Si la dirección cree que las expectativas de mercado son indebidamente optimistas o pesimistas, entonces las tasas de rendimiento requeridas por la empresa e implícitas en esos precios de mercado son también correspondientemente bajas o altas. Una vez que la dirección haya hecho una estimación de la tasa de rendimiento de la empresa implícita en el comportamiento del mercado y luego su propia previsión, estará en mejor posición para elegir un objetivo razonable para su tasa de rendimiento. Después, la cuestión pasa a la elección de un nivel para las tasas listón que proporcionen la oportunidad óptima de lograr la tasa de rendimiento establecida como objetivo de la empresa y que, de modo más general, maximice el potencial de creación de valor de la empresa.

Es necesario evaluar las tasas listón en función de si causan un efecto deseable en el comportamiento de la dirección. ¿Hasta qué punto el cambio en la tasa crítica incide en los esfuerzos de la dirección dedicados a la búsqueda de oportunidades de inversión en nuevos productos, capacidad adicional, proyectos de reducción de costes, y proyectos de reposición? Asimismo, si las tasas listón se establecen a la tasa de coste del capital, ¿limitan la motivación de los directores para buscar oportunidades extraordinarias, aunque más arriesgadas, susceptibles de generar rendimientos sustancialmente superiores a la tasa crítica? O esta otra cuestión: si las tasas listón se sitúan por encima de la tasa de coste del capital, ¿excluirán del análisis de la inversión a proyectos creadores de valor que son importantes para el futuro de la empresa? O, finalmente, si se establecen las tasas listón por encima de los costes del capital, ¿inducirán sencillamente a algunos directivos a prever unas rentabilidades superiores para estos proyectos de inferior rendimiento?

Independientemente de cómo responda la organización a estas preguntas, la comprensión de las expectativas del mercado es una parte esencial del proceso para establecer unos niveles razonables para la rentabilidad interna. También es ésta una buena ocasión para insistir una vez más en que la inversión en proyectos que producen unas tasas de rendimiento superiores a las tasas listón no supone ninguna garantía de creación de valor por la empresa, dado que los proyectos analizados en función de sistemas de presupuestación de capital sólo contemplan una parte del total de los gastos de la empresa. En este sentido, recuérdese la sugerencia que hicimos en su momento en el sentido de invertir en estrategias, no en proyectos. Para que los inversores obtengan las tasas de rendimiento requeridas, la tasa de rendimiento para la empresa aplicable a las estrategias tiene que situarse a un nivel coherente con el precio vigente de mercado de las acciones de la empresa. La demanda de asignaciones para financiar proyectos aislados vinculados a las unidades de explotación tendría que pasar como mínimo dos pruebas. La primera es que cada gasto tendría que ser coherente con la estrategia previamente aprobada. La segunda es que el proyecto debería tener el máximo potencial de creación de valor comparado con todas las opciones que realmente compitan con él por lograr la asignación de esos recursos. En resumen, los proyectos aprobados tendrían que ser aquellos que apoyaran del modo más productivo posible las estrategias establecidas.

EVALUACIÓN DE LA ACTUACIÓN

Puesto que el capítulo 7 se dedicará a hacer un análisis más detallado de la evaluación de la actuación y de la remuneración de los directivos, el análisis que se hará ahora va a ser relativamente breve. El marco para hacer la lectura del mercado tiene algunas implicaciones importantes para el diseño de los sistemas de evaluación de la actuación y de incentivación de los directivos. Como se muestra en la figura 6.2, hay tres tasas de rendimiento que son pertinentes para evaluar la actuación de una empresa: el coste del capital, la tasa de rendimiento de la empresa implícita en el precio vigente de las acciones de la empresa, y la previsión hecha por la dirección de la tasa de rendimiento para la empresa. La diferencia entre la tasa de rendimiento para la empresa implícita en el precio de la acción y el coste del capital representa la prima por las expectativas de mercado que genera la empresa. Por ejemplo, en el caso XYZ, la tasa requerida de rendimiento para la empresa del 27 por ciento comparada con la del 10 por ciento del coste del capital genera una prima por expectativas del mercado del 17 por ciento. Si la dirección, basándose en su plan estratégico, fuera a prever un 15 por ciento de tasa de rendimiento para la empresa, se materializaría un déficit del 12 por ciento en relación con las expectativas del mercado. La diferencia entre la prima por expectativas del mercado del 17 por ciento y el déficit de planificación del 12 por ciento representa la parte (5 por ciento) de la prima de las expectativas del mercado que la dirección confía en satisfacer.

El asunto clave es: ¿a qué nivel ha de situarse el umbral por el que se evaluará la empresa y a sus directivos? Las tasas de rendimiento expuestas en la figura 6.2 proponen tres niveles alternativos: el coste del capital, la tasa de rendimiento para la empresa implícita en el precio de mercado de la acción o la previsión del rendimiento para la empresa hecha por la dirección. Una posibilidad es la de evaluar y remunerar a los directivos en función de la creación de valor. Este enfoque recompensaría a los directivos por invertir por encima del coste del capital. El argumento en favor de este enfoque es que, sencillamente, la esencia de la estrategia empresarial es desarrollar creación de valor y que los directivos que contribuyen a su logro deben ser recompensados consecuentemente. Hay quienes pueden razonar que el uso del coste del capital como tasa listón no contempla la prima por las expectativas del mercado y que, por tanto, recompensa a los directivos por un nivel de actuación que está por debajo del necesitado por los accionistas para alcanzar la rentabilidad que requieren.

Esto nos lleva a la segunda posibilidad, la tasa de rendimiento para la empresa implícita en el precio de mercado, que incorpora totalmente las expectativas del mercado. Los que son partidarios de este estándar razonarían sin duda que el interés de los directivos tendría que alinearse con el de los accionistas presentes y que, por consiguiente, a los directivos sólo habría que recompensarles cuando cubren o sobrepasan las expectativas del mercado. Un problema inmediato es que la dirección puede disponer de información exclusiva, no disponible en el presente para el mercado. Puesto en términos más generales, la dirección puede creer que las expectativas del mercado son demasiado halagüeñas o demasiado modestas, y que, en cualquier caso, no sirven como base para hacer una evaluación de la actuación interna.

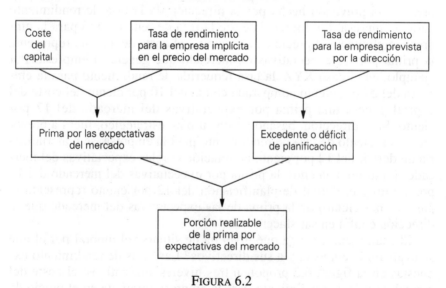

FIGURA 6.2

Expectativas del mercado frente a previsión de la dirección

La tercera y última posibilidad es la tasa de rendimiento para la empresa prevista por la dirección. Este enfoque utilizaría esencialmente el plan como el nivel umbral de actuación. Aquellos que son favorables a este enfoque pueden razonar que un plan idóneo que surja de un proceso de análisis integral competitivo no sólo es la pauta más lógica, sino, lo que aún es más importante, la pauta con la que los directivos han adquirido un compromiso a nivel de toda la organización. Los críticos de esta pauta afirmarían que no incorpora las expectativas del mercado o que las recompensas de los directivos deberían atenerse a la creación de valor y no a una pauta, sea ésta más alta o más baja.

Estos temas y algunas soluciones sugeridas se analizarán en el capítulo 7.

Capítulo 7

Evaluación de la actuación y remuneración de los directivos

Las medidas de la actuación bien diseñadas y los acuerdos de remuneración que alinean los intereses de los directivos con los de los accionistas son fundamentales en el proceso de creación de valor. Su finalidad no ofrece dudas: motivar a los directivos y empleados para que generen valor recompensándolos por el valor creado.

Cuando la evaluación de la actuación y los incentivos entran en conflicto con las medidas desarrolladas en el proceso de planificación, las decisiones estarán más influidas por las medidas de evaluación de la actuación que por los planes de la empresa. Así pues, un principio básico de un sistema efectivo de valor para el accionista es que las medidas de la actuación a corto plazo sean coherentes con las establecidas en el proceso de planificación a largo plazo para la maximización del valor. Como demostrará el análisis que sigue, vincular la evaluación de la actuación a corto plazo con el valor a largo plazo de la empresa no es tarea fácil. En el caso de algunas empresas, se ha demostrado que éste es el talón de Aquiles de la implantación del valor para el accionista. Las empresas que se autoproclaman como «empresas que buscan el valor para el accionista» van de aquellas que continúan basándose en las cifras de la contabilidad a corto plazo para medir la actuación a las que integran con éxito medidas económicas significativas en toda la planificación estratégica, la evaluación de la actuación y la remuneración por incentivos.

Durante estos últimos años, en el sonoro debate relativo a cuál era la manera más apropiada para medir la actuación han participado consultores, directivos de empresa, inversores institucionales, e intelectuales. Los consultores están ávidos por demostrar la superioridad de los modelos de actuación que recomiendan. Los directivos de las empresas argumentan que los modelos adoptados por sus respectivas empresas son óptimos. Los inversores institucionales debaten las virtudes de modelos alternativos para identificar las empresas de actuación deficiente en sus carteras. Los investigadores universitarios desarrollan modelos de evaluación de la actuación y al mismo tiempo comprueban la medida en que los sistemas existentes de evaluación de la actuación y de remuneración por incentivos influyen en las decisiones de los directivos y en la propia actuación también.

Las pautas de actuación tienen que ser desarrolladas por ejecutivos del nivel superior de las empresas, por los directivos de explotación de las divisiones y de las unidades de negocio, y por los empleados. En cada nivel de responsabilidad de la organización, hay tres asuntos que es necesario abordar:

— ¿Cuál es la *medida* más apropiada de la actuación?
— ¿Cuál es el *nivel* de actuación más adecuado como objetivo?
— ¿Cómo habría que vincular las *recompensas* con la actuación?

Directores ejecutivos generales y otros altos directivos

Empecemos por el DEG y otros altos ejecutivos. Su principal responsabilidad es maximizar el rendimiento total para el accionista, compuesto por los dividendos y los aumentos en el precio de las acciones de la empresa. Las direcciones sobresalientes luchan por lograr rentabilidades superiores para los accionistas, y con el tiempo lo consiguen. Los accionistas legítimamente confían en que los consejos de administración establezcan metas de actuación y sistemas de remuneración incentivada que motiven fuertemente a la dirección para obtener rendimientos superiores.

Los altos ejecutivos, empezando por el propio DEG, normalmente cobran salario, primas a corto y largo plazo en función de las metas financieras logradas, y opciones sobre acciones. Como mucho, la vinculación entre las primas y los rendimientos superiores para los accionistas es normalmente tenue, en el mejor de los casos. Esto es especialmente cierto en las empresas en las que la actuación a corto plazo determina el pago de las primas. Por otra parte, el valor de las opciones a la adquisición de acciones está directamente relacionado con los rendimientos para los accionistas. Sin embargo, como se analizará brevemente, las opciones clásicas sobre acciones, recompensan una actuación que puede ser sustancialmente inferior a los niveles superiores de rendimiento. Pero antes de nada cabe preguntarse: ¿cómo se establece un «nivel superior de rendimiento»?

Piénsese en un inversor racional que está considerando la compra de unas acciones. ¿Cuál es la razonable tasa de rendimiento esperada antes de invertir? La respuesta es el coste de los recursos propios corregido por el factor de riesgo. ¿Cómo mediría el inversor la actuación después de invertir? Ahora, la respuesta más razonable es comparando el rendimiento obtenido en la compra de las acciones con los rendimientos obtenidos por los competidores o por el mercado, medido en este caso por un índice del tipo del Standard & Poor's 500. Así pues, los rendimientos superiores pueden especificarse dentro de una banda que vaya de superar la media de los rendimientos alcanzados por los competidores o por el conjunto del mercado a una meta más ambiciosa tal como la de alcanzar el primer cuartil de la escala de rendimientos.

Habiendo establecido los rendimientos totales para los accionistas como medida adecuada para la actuación de los ejecutivos de más alto nivel y la rentabilidad superior como punto de referencia para la remuneración por incentivos, ¿hasta qué punto las opciones sobre acciones cumplen estas especificaciones? Los consejos de administración se han llegado a convencer de que la forma más segura de alinear los intereses de los DEG y de los miembros de la alta dirección con los de los accionistas es hacer que las opciones sobre acciones constituyan una parte significativa del paquete de remuneración de los ejecutivos. En consecuencia, las opciones sobre acciones son actualmente el segmento de crecimiento más rápido entre los componentes de la remuneración de los ejecutivos, y a mediados de los años noventa el número de acciones reservadas para las opciones ha subido hasta el 10 por ciento de las acciones emitidas. Desgraciadamente, la opción sobre acciones tradicional no pasa la «prueba de la recompensa por una actuación superior». El precio de ejercicio, que suele ser el precio de mercado de la acción en el día en que se concede la opción, sigue siendo el mismo durante todo el período. Por tanto, los ejecutivos se benefician de toda apreciación del valor de la acción en el mercado, aun cuando el rendimiento para los accionistas sea sustancialmente inferior al rendimiento medio obtenido por los competidores en el conjunto del mercado.

Por ejemplo, pongamos el caso de un DEG al que se le premia con 300.000 opciones al precio corriente de 100 dólares por acción ejercitable en el transcurso de los próximos diez años. Un aumento hasta 163 dólares en el precio de la acción durante el período de diez años representa un rendimiento anual del 5 por ciento para los accionistas y un beneficio muy cercano a los 19 millones de dólares para el DEG. Esta recompensa del director general se materializará aun cuando los precios de las acciones de las empresas competidoras o el mercado hayan crecido a una tasa sustancialmente mayor durante el mismo período.

El plan de la opción se estructuró para recompensar la actuación. Desgraciadamente, los accionistas pagaron generosamente una actuación mediocre en vez de la superior que deseaban. Está claro que, en una situación así, se puede hacer un alegato convincente de que el DEG no merece ninguna remuneración como incentivo por una continuada actuación tan mediocre. Por el contrario, un consejo de administración que estuviera alerta bien podría, animado por los frustrados accionistas, decidir la sustitución del DEG. *Ningún consejo de administración debería iniciar un plan de incentivos, que pudiera aportar unos beneficios sustanciales en forma de opciones para un nivel de actuación que también pudiera dar pie al despido del DEG.* Los exorbitantes beneficios de las opciones en los casos de actuación por debajo de la media tendrían que moderar incluso a los más ardientes defensores de la administración habitual de las empresas. Y esto es especialmente cierto ahora. Los ejecutivos con opciones tradicionales ganaron ingentes cantidades de dinero a causa de la gran duración de un mercado alcista provocado no sólo por unos mejores rendimientos de las empresas, sino también por factores ajenos a la gestión de la dirección, como la bajada de la inflación y la reducción de los tipos de interés. Añádase a todo esto que algunos consejos de administración han aumentado la dimensión de los incentivos a cotas previamente inconcebibles y lo que emerge de ahí es una remuneración de los ejecutivos poco sensible a los intereses de los accionistas envuelta en la engañosa bandera del valor para el accionista[1].

Los planes convencionales de opciones sobre acciones no sólo no pasan la prueba de la actuación superior, sino que tienen otros defectos más. En primer lugar, a diferencia de los accionistas ordinarios, los titulares de opciones comparten totalmente los beneficios de la subida de las acciones, pero no los riesgos de su bajada. En segundo lugar, en la mayoría de los casos, el período de retención obligatoria de las acciones no sobrepasa los cuatro años, y a veces incluso el límite puede ser de sólo un año. Así, los directivos pueden ejercer las opciones y vender un porcentaje significativo de las acciones obtenidas, especialmente en un mercado alcista. Cuando esto ocurre, la finalidad original que era la de alinear los intereses de los directivos con los de los accionistas no se puede decir que siga ya muy vigente. Finalmente, hay empresas, que han cambiado varias veces el precio de las opciones concedidas a sus directores, reduciendo el precio de ejercicio de ellas a medida que bajaban las acciones de la empresa.

Ciertamente, las opciones sobre acciones pueden concederse como recompensa a los DEG y otros directores generales que tengan una actuación superior. En este sentido, el enfoque más directo y efectivo es el de vincular los precios de ejercicio de las opciones a los índices de empresas similares o a los del mercado.

Supongamos, por ejemplo, que el índice representativo de las empresas similares a la considerada o bien el del conjunto del mercado sube un 20 por ciento en un período de tiempo previamente especificado y que el precio original de las acciones es de 100 dólares. El precio de ejercicio al final del período contemplado será de 120 dólares por acción, es decir el precio original aumentado en el porcentaje de apreciación del índice escogido como referencia.

La elección entre los índices representativos de empresas similares o el del mercado tiene sus más y sus menos. Aunque las empresas compiten con las de su mismo sector o actividad, en los mercados de productos, también se puede argumentar cabalmente que en última instancia cada equipo directivo compite frente al más amplio espectro de oportunidades de inversión que se ofrecen a los accionistas. Las opciones sobre acciones indiciadas respecto al mercado son fáciles de medir y de hacer su seguimiento. Sin embargo, un índice de mercado no tiene en cuenta los factores especiales que inciden en el sector en el que compite la empresa. En contraste, puede que no sea fácil encontrar entre las empresas cuyas acciones cotizan en bolsa un grupo de similar actividad a la empresa en cuestión adecuado para generar un índice. La diversificación de muchas empresas en productos y mercados inconexos ha agudizado el problema de encontrar un grupo de competidores semejantes para determinar un índice de referencia. Otro inconveniente de un índice de empresas semejantes, es que puede desalentar a la dirección a la hora de considerar la decisión de abandonar un sector poco atractivo. Después de todo, tener unos resultados buenos a escala relativa pero deficientes sobre una base absoluta es un triste consuelo para los sufridos accionistas que tengan que aguantar esa situación durante bastante tiempo. En el fondo, la elección del índice referido a un grupo de empresas similares o al conjunto del mercado es mucho menos crítica que la decisión de establecer un índice como punto de referencia para una actuación *superior*.

Un reducido número de empresas ha pasado de las opciones clásicas sobre acciones con precios de ejercicio fijos a planes que periódicamente aumentan los precios de ejercicio o que vinculan los precios de ejercicio a puntos de referencia tales como los tipos de interés a un año de los pagarés del Tesoro de EE UU o al índice Standard & Poor's 500. Otras, como AT&T, garantizan a los ejecutivos opciones fuera de precio. Hay también otras empresas, entre ellas Monsanto y Baxter International, que han introducido programas en los que los ejecutivos clave hacen compras sustanciales de acciones financiadas por préstamos que devengan intereses. A diferencia del caso de las opciones, los directivos se unen a otros accionistas al invertir con riesgo su capital. La esperanza es que los intereses a largo plazo de la dirección estén ahora mejor emparejados con los de los accionistas.

En resumen, a pesar de algunos tímidos movimientos iniciados por unas pocas empresas hacia el pago en función de una actuación superior, es poco probable que estos programas sean ampliamente imitados a corto plazo. Esto es especialmente cierto en la euforia del actual mercado alcista. El coste para los accionistas y para otros grupos interesados de los sistemas de remuneración por incentivos para los ejecutivos de nivel general no sólo asciende a los millones de dólares pagados por unas actuaciones decepcionantes, sino al valor mucho mayor que dejan sin generar unos DEG motivados para centrarse en iniciativas a corto plazo, con el fin de aumentar el precio de las acciones en lugar de aprovechar las oportunidades mucho más remuneradoras del crecimiento a largo plazo. Los inversores astutos favorecerán a las empresas cuyos DEG y directores superiores posean una cantidad significativa de acciones, o que tengan paquetes de opciones de compra de acciones que requieran una actuación superior para producir una gran ganancia.

Directores de actividades de explotación

La remuneración de los DEG se ha convertido en un asunto candente para los inversores institucionales, los políticos y el público norteamericano en general. Aunque el grandísimo interés en la remuneración de los directores ejecutivos generales es fácil de entender, la remuneración de los directores de explotación, mucho menos investigada, tiene también una importancia igualmente crítica para el éxito de las empresas que cotizan en las bolsas. Después de todo, la principal fuente del valor de una empresa está en sus unidades de explotación. En las empresas descentralizadas con una amplia gama de productos y mercados las decisiones día a día y las inversiones necesarias para ser competitivas normalmente las toman los directivos de explotación, no los DEG u otros ejecutivos de la central. Y, sin lugar a dudas, la forma en la que se evalúa y remunera a estos ejecutivos de división influye en su comportamiento y resultados en la empresa.

De nuevo, hay que considerar tres vertientes respecto a este particular:

— ¿Cuál es la *medida* más apropiada de la actuación?
— ¿Cuál es el *nivel* objetivo más apropiado de actuación?
— ¿Cómo habría que vincular las recompensas a la actuación?

La remuneración basada en acciones, tales como las opciones sobre acciones indiciadas y los planes de compra de acciones, suponen para la dirección general de las empresas unos fuertes incentivos económicos a fin de que actúen como propietarios y busquen activamente las estrategias que generen los mayores rendimientos para los accionistas. Pero éste no es el caso de los directores de división. A diferencia de los ejecutivos del nivel superior de la empresa, que gracias a los precios de las acciones reciben una información continua sobre lo bien que están llevando la dirección del conjunto de la empresa, las unidades de explotación tales como las divisiones y las unidades de negocio no tienen un precio de las acciones que se les pueda atribuir aisladamente a cada una de ellas. Esencialmente, estas unidades de explotación son como empresas «privadas» cuya propiedad está en manos de una gran empresa que cotiza en bolsa. Y si se quiere ser coherente con el objetivo empresarial de maximizar el rendimiento total para los accionistas, la actuación de cada unidad de explotación tendría que ser valorada en función de su aportación particular al rendimiento para el accionista. Pero en ausencia de precio de mercado que objetive el valor de cada unidad en cuestión, ¿cómo se puede medir el cambio de valor experimentado por cada una de estas unidades?

Aunque es fácil justificar la aplicación del valor para el accionista para medir la actuación, el desarrollo de medidas específicas que estén vinculadas a los rendimientos para el accionista y que a la vez sean prácticas de aplicar supone todo un reto. La razón es la siguiente. El enfoque teóricamente correcto para medir la actuación de una unidad de explotación es calcular su valor al final del año y restarle su valor al comienzo del año para obtener así el valor generado durante ese año. El problema evidente es que el valor está basado en unas previsiones cargadas de gran incertidumbre relativas a los cash-flows a largo plazo. Además, estas previsiones las han elaborado los mismos directivos cuya actuación hay que evaluar, lo que ayuda a que las previsiones estén sesgadas. Así, las previsiones se consideran más unas «proyecciones fruto de un ejercicio creativo» o unos «compromisos revisables» que un valor de logro asegurado. El dilema es que si bien el valor depende de expectativas inciertas a largo plazo, los propietarios acceden a recompensar a los directivos por completar su actuación. Lamentablemente, la actuación en pos del valor para el accionista nunca es una tarea completada en una empresa en marcha. Es un «trabajo en curso» perpetuo.

¿Cómo se evalúa y remunera actualmente a los ejecutivos de explotación? Normalmente, su remuneración se compone de salario, primas anuales vinculadas a los resultados de la unidad, y, cada vez con más frecuencia, opciones sobre acciones concedidas como un incentivo a largo plazo. Pero las opciones sobre acciones constituyen un incentivo poco poderoso, porque la labor aislada de un directivo de explotación normalmente tiene poca influencia en el éxito que eventualmente tenga la empresa en su conjunto o en el precio de sus acciones. Así, la disminución del precio de las acciones debida a actuaciones decepcionantes de otras áreas de la empresa puede hacer que el directivo responsable de la actuación sobresaliente de una división o de una unidad de negocio se sienta muy decepcionado. O si, por otro lado, la unidad en cuestión actúa deficientemente, pero el precio de las acciones sube a causa de la actuación superior de otras áreas de la empresa, el directivo en cuestión percibirá unos beneficios que no se ha ganado.

Como consecuencia de la combinación de la prima anual y la opción sobre acciones, los directivos de explotación que buscan sus propios intereses financieros pueden encontrar más motivación en maximizar el beneficio del período corriente que en buscar la competitividad a largo plazo de la empresa. Esto es especialmente cierto en el entorno actual de inseguridad de los puestos de trabajo, que tiende a acortar los horizontes de toma de decisiones. Es irónico, pero esta orientación al corto plazo podría disminuir el valor de las acciones y de las opciones sobre acciones del director ejecutivo general de la empresa, valor que depende de las perspectivas a largo plazo de la empresa. Es evidente que los DEG no querrían arriesgar a sabiendas el futuro a cambio de unos resultados mejores en el presente. Pero a menudo interviene la incertidumbre vinculada a la actuación futura. Por consiguiente, estamos ante una situación «en la que los directores superiores de la empresa que no pueden medir lo que quieren a menudo se conforman con querer lo que pueden medir»[2].

Las medidas de tipo financiero, como el beneficio de explotación, el rendimiento contable sobre la inversión, y el cash-flow continúan dominando los sistemas de evaluación de la actuación de las divisiones y de las unidades de negocio. Sin embargo, la creación de valor es un fenómeno a largo plazo. Examinar un único año revela poco sobre la capacidad de una empresa para generar dinero a largo plazo. Las medidas anuales de la actuación, a no ser que sean auténticos hitos estratégicos, no incorporan las consecuencias a largo plazo derivadas de las actividades del período en curso. Estas medidas no pueden servir como estimaciones fiables del valor creado por la empresa en este período. La conclusión es clara. Cabe optar por desentenderse del largo plazo, pero sus consecuencias para el valor y, de ahí, para el rendimiento para el accionista evidentemente no desaparecerán.

Antes de examinar las alternativas de evaluación de la actuación para las unidades de explotación, hay otra posibilidad que vale la pena explorar. Si la división o la unidad de negocio son relativamente independientes de otras unidades de la empresa, cabría considerar la posibilidad de una transferencia de activos a los accionistas o una oferta pública parcial de acciones. Las acciones que se contratan activamente establecen un valor objetivo a la empresa. Normalmente, la bolsa recibe bien las noticias de transferencia de activos o de ofertas públicas parciales de acciones y suelen producirse subidas del precio de las acciones, debido a que los inversores reconocen que recompensar a los directivos con acciones de sus propias empresas puede mejorar los resultados a largo plazo tanto de la empresa matriz como de las nuevas sociedades anónimas cotizadas en bolsa. El aumento del precio de las acciones de la empresa matriz también refleja la poca preocupación del mercado de que el dinero generado por las empresas que crean valor se utilice para subvencionar empresas que destruyan el valor.

Tanto por razones estratégicas como por motivos fiscales el «obtener un precio de la acción» mediante transferencia de activos o venta parcial de acciones sólo es adecuado para una minoría de las unidades de explotación existentes. Así pues, continúa la búsqueda de las medidas más apropiadas del rendimiento de las unidades de explotación.

El objetivo es claro. Los directivos de las unidades de explotación tendrían que ser recompensados anualmente por logros que crearan un valor superior a largo plazo. Para ser eficaces, las medidas de la actuación han de ser económicamente lógicas, fáciles de entender y de seguir. El reto fundamental es eludir la necesidad de prever cash-flows a largo plazo con elevada incertidumbre, mediante el desarrollo de medidas del valor fidedignas que incorporen las consecuencias a largo plazo de las actividades actuales del negocio.

Hay dos enfoques fundamentales para desarrollar en el nivel de explotación este tipo de medidas de la actuación basadas en el valor. El primero es alargar el período de evaluación de un solo año a varios años. El segundo enfoque es determinar los indicadores principales del valor a largo plazo para cada negocio y supervisar el comportamiento de estos indicadores. Estos enfoques no son mutuamente excluyentes. De hecho, los mejores resultados se logran cuando estos dos enfoques se utilizan conjuntamente.

Alargar el horizonte de medida de la actuación reduce el sesgo introducido por el corto plazo. La necesidad de un período de medida más prolongado es especialmente crítica cuando una empresa experimenta retrasos de varios años entre las inversiones y la subsiguiente realización de los cash-flows generados por ellas. Las deficiencias de las medidas contables, tales como los beneficios y el rendimiento sobre la inversión, se reducen a medida que el período de medición se alarga. Sin embargo, sigue existiendo la poco fiable conexión entre los números contables y la creación de valor. A continuación, analizaremos las ventajas y los inconvenientes de los modelos alternativos de evaluación de la actuación, empezando con el valor añadido para el accionista (VAA), presentado en el capítulo 3.

Alternativas para la evaluación de la actuación: el valor añadido para el accionista (VAA)

¿Cómo se determina el VAA para un año determinado o para un período mayor, por ejemplo, tres o cinco años? Para añadir valor a lo largo del tiempo la entrada de fondos de explotación o beneficio de explotación en efectivo neto después de impuestos tiene que aumentar a una tasa que supere las salidas para las inversiones incrementales hechas en la empresa[3]. Más concretamente, para añadir valor, el valor capitalizado del aumento en el BENEDI tiene que ser mayor que el valor actual acumulado de la inversión incremental durante el período de medida. El siguiente ejemplo ilustra este principio y se utilizará para comparar el VAA con otros enfoques de medición de la actuación.

Supongamos una empresa con unas ventas anuales de 10 millones de dólares y un aumento estimado cada año de 1 millón de dólares en ventas durante el período de cinco años que dura el crecimiento del valor. Se prevé que los márgenes de explotación después de impuestos serán del 10 por ciento y que la inversión incremental en capital fijo y circulante será constante y ascenderá a 120.000 dólares cada año. El coste del capital se estima que será del 10 por ciento. El cálculo del VAA anual y el valor total para el accionista de la empresa se presenta en la tabla 7-1.

TABLA 7-1

Cálculo del valor añadido para el accionista (VAA)
(en miles de dólares)

	Año				
	1	2	3	4	5
Ventas	11.000	12.000	13.000	14.000	15.000
BENEDI	1.100	1.200	1.300	1.400	1.500
Aumento del BENEDI	100	100	100	100	100
Aumento del BENEDI/(K) $(1+K)^{t-1}$	1.000	909	826	751	683
Valor actual de la inversión	109	99	90	82	75
Valor actual del VAA*	*891*	*810*	*736*	*669*	*608*
Valor actual acumulado del VAA	891	1.701	2.437	3.106	3.714
Valor inicial**					10.000
Valor para el accionista					13.714

* Valor actual del VAA = $\dfrac{\text{(Aumento del BENEDI)}}{(K)(1+K)^{t-1}} - \dfrac{\text{(Inversión)}}{(1+K)^t}$

** Valor inicial = BENEDI al año 0/K = 1.000/0,10 = 10.000

La empresa se valora en la tabla 7-1 de la misma manera que el mercado la valoraría si fuera una empresa que cotizara libremente en el mercado público. El valor total para el accionista que asciende a 13.714.000 dólares está compuesto por el valor capitalizado del nivel de cash-flow corriente, es decir, el valor inicial de 10 millones de dólares, más el valor añadido para el accionista (VAA) de 3.714.000 dólares en el período de previsión de cinco años. El valor inicial representa el valor de la empresa hoy, suponiendo que no se genera ningún valor añadido. El valor de esta renta perpetua aplicado al comienzo del período es precisamente el mismo enfoque que se utiliza para valorar el nivel de cash-flow alcanzado al final del período de previsión. Así, toda la creación de valor se atribuye debidamente a los cinco años comprendidos en el período de previsión. Es importante reconocer que los inversores únicamente alcanzarán su tasa de rendimiento mínimo aceptable si la actuación de la unidad cumple las expectativas presentes. En otras palabras, los inversores están buscando una tasa de rendimiento del 10 por ciento sobre el valor estimado para el accionista de

13.714.000 dólares al día de hoy. Por otro lado, el rendimiento que la empresa obtiene en sus inversiones reales, tendrá que ser mayor que el 10 por ciento de coste del capital para alcanzar el nivel previsto de 3.714.000 dólares de VAA.

Admitiendo que las previsiones de impulsores del valor son razonables, la actuación se puede evaluar comparando el VAA esperado con el real. Para reducir el sesgo a corto plazo, la actuación objetivo se puede establecer al principio de cada nuevo ciclo de tres años. Pero incluso la elección de una medida apropiada para un período de actuación más largo no resuelve los problemas que se materializan cuando la actuación objetivo está vinculada a los presupuestos de explotación. Los objetivos variables del VAA pueden reducir la tendencia de los directivos a buscar objetivos inferiores que mejoren las oportunidades a obtener primas. Para ilustrar el concepto de VAA variable, analicemos el siguiente caso relacionado con una empresa elaboradora de alimentos. Cada año, el consejo de administración aprobaba un presupuesto de explotación así como un presupuesto de asignación de capital. La dirección siempre estaba cerca de lograr los objetivos de cash-flow (antes de inversiones) y de beneficios establecidos en el presupuesto de explotación, pero invariablemente sus gastos anuales de capital superaban sustancialmente la cantidad presupuestada. A pesar de estos niveles más elevados de gasto de capital, la empresa estaba creando muy poco valor para los accionistas. Con el fin de centrar la atención en todos los elementos de creación de valor para el accionista, se revisaron las medidas de actuación y los cálculos de primas. La empresa pasó de apoyarse exclusivamente en el cash-flow anual y en los objetivos de beneficio al siguiente plan de VAA variable.

En lugar de evaluar la actuación del BENEDI en relación con el presupuesto, se establecieron objetivos de BENEDI teniendo en cuenta los gastos reales de capital. Por consiguiente, si la dirección incurría en gastos de capital superiores al nivel aprobado, los objetivos de BENEDI, y por tanto los objetivos de VAA, aumentarían en consecuencia. La vinculación de los objetivos de crecimiento del cash-flow con el nivel de inversión incremental utilizando el modelo de VAA tiene otra ventaja organizativa importante. Facilita a la dirección el trazado de un mapa de carreteras económico sin sesgos para la empresa y sin las distracciones contraproducentes y consumidoras de tiempo que surgen de amalgamar asuntos de actuación y remuneración con el proceso de planificación. El enfoque del VAA variable reduce los aspectos de «juego» del proceso presupuestario y da a la dirección un sólido incentivo financiero para invertir únicamente en actividades creadoras de valor.

Alternativas para la evaluación de la actuación: beneficio residual

En años recientes, ha habido otros modelos de evaluación de la actuación que reivindicaban vínculos con el valor para el accionista, que han sido adoptados por empresas muy conocidas como AT&T, Coca-Cola y Quaker Oats. Estos modelos no son nuevos. Se puede seguir el rastro empresarial de estos modelos hasta una medida propuesta por General Electric en los años cincuenta denominada «beneficio residual»[4]. El beneficio residual se define como el beneficio neto de explotación después de impuestos (BENEDI) menos un cargo en concepto de capital invertido[5]. Actualmente, el beneficio residual se presenta en tres versiones fundamentales. La primera es la versión original de General Electric, que parece ser la más conocida de las tres. A partir de aquí, nos referimos a esta versión sencillamente como beneficio residual. La segunda versión es una variante del beneficio residual, con marca registrada, Economic Value Added (EVA®), que fue desarrollada por la empresa consultora Stern Stewart & Company. Finalmente, la tercera es el *cambio* en el beneficio residual.

El beneficio residual se calcula restando al BENEDI una cantidad en concepto de coste del capital por el capital invertido. El valor contable se utiliza como medida del capital invertido[6]. Supongamos que el valor contable inicial de la empresa es un tercio de 13.714.000 dólares, valor previamente calculado para el accionista, es decir, 4.571.000 dólares. La tabla 7-2 muestra los cálculos de los incrementos anuales del valor y el valor total para el accionista aplicando el enfoque del beneficio residual.

Al comparar el beneficio residual con el VAA hay que considerar la respuesta a tres preguntas:

— ¿Producen los dos enfoques valoraciones idénticas de la empresa?
— ¿Distribuyen los dos enfoques del mismo modo el valor añadido durante el período de previsión?
— ¿Son concordantes las respuestas que cada enfoque da a la cuestión de si la empresa crea o destruye valor?

Las respuestas concisas a estas preguntas son respectivamente, «sí», «no», y «no». Como se demuestra en la tabla 7-2, al descontar el beneficio residual y añadir el valor contable inicial se produce el mismo valor, 13.714.000 dólares, que con el modelo VAA, el cual descuenta los cash-flows proyectados al tiempo presente.

Aunque los modelos del valor para el accionista y del beneficio residual producen las mismas valoraciones empresariales, pueden dar respuestas sustancialmente diferentes en relación con el valor añadido en un período idéntico cualquiera. Esto puede observarse claramente al comparar las cifras del valor añadido anual correspondientes al VAA (tabla 7-1) con las del beneficio residual (tabla 7-2). Para decidir cuál es el enfoque más conveniente para la evaluación de la actuación, es preciso analizar las causas de que existan estas diferencias.

TABLA 7-2

Cálculo del beneficio residual para el caso base con un capital inicial = 4.571 dólares (en miles de dólares)

	Año					
	1	2	3	4	5	6+
BENEDI	1.100	1.200	1.300	1.400	1.500	1.500
Capital inicial	4.571	4.691	4.811	4.931	5.051	5.171
Inversión incremental	120	120	120	120	120	0
10% de coste del capital	457	469	481	493	505	517
Beneficio residual	643	731	819	907	995	983
Valor actual del beneficio residual	*584*	*604*	*615*	*619*	*618*	*6.103**
Valor actual acumulado del beneficio residual	584	1.188	1.803	2.422	3.040	9.143
Capital inicial						4.571
Valor para el accionista						13.714

$$* \quad \frac{\text{Beneficio residual en el año 6}}{K(1+K)^{t-1}} = \frac{983}{0{,}10(1+0{,}10)^{6-1}} = 6.103$$

Hay tres razones fundamentales. La primera procede de la cuestión de cómo calcular el valor añadido total durante el período que abarca la medición. El valor añadido total es la diferencia entre el valor de la empresa para el accionista y su «valor inicial». Recuérdese que el modelo del VAA utiliza un valor inicial, es decir, el valor capitalizado del cash-flow corriente de la empresa como su valor inicial. El VAA anual es simplemente el cash-flow de explotación más el valor inicial a final del año menos el valor inicial al comienzo del año[7]. Por contraste, en el modelo de beneficio residual, el valor añadido es la diferencia entre el valor para el accionista y el valor contable inicial. Por consiguiente, el valor añadido total está influido directamente por el dinero asignado al valor contable inicial. Concretamente, unos valores contables mayores inducen unos resultados inferiores de valor añadido, y lo contrario también es cierto. A diferencia del valor inicial, el valor contable no está relacionado con los cash-flows futuros y, por tanto, no está vinculado al valor para el accionista. Representa una acumulación de los costes históricos ocultos afectados por unas asignaciones contables arbitrarias tales como la depreciación y la amortización. La elección por la empresa entre tratamientos contables alternativos también puede afectar significativamente al valor contable. Por ejemplo, considérese la diferencia significativa entre los métodos de compra y puesta en común de intereses para el registro de los activos comprados en las adquisiciones.

La segunda razón de que el VAA y el beneficio residual diverjan en sus estimaciones del valor añadido arranca de su tratamiento diferente de la inversión. El modelo del VAA deduce los gastos de capital en el período en que se incurre en ellos. En cambio, el modelo del beneficio residual deduce un cargo contable sin desembolsos monetarios equivalente al valor inicial contable multiplicado por el coste del capital. Obsérvese que este cargo contable sin salidas monetarias está basado en inversiones realizadas en años anteriores, en lugar de en inversiones actuales realizadas durante el período que abarca la evaluación de la actuación. Por tanto, la cantidad de valor añadido en el período corriente puede quedar reflejada por encima o por debajo de la realidad.

La tercera y última razón de las diferencias entre el VAA y el beneficio residual procede de la forma en que cada modelo opta por valorar los resultados anuales del BENEDI. El modelo del VAA supone que el nivel del BENEDI alcanzado es sostenible en los años futuros y así capitaliza el cambio del BENEDI en cada año. El modelo del beneficio residual no atribuye ningún valor añadido a los aumentos capitalizados del BENEDI en el período de previsión. En vez de eso, asigna este aumento de valor al período posterior a la previsión[8]. Del total de 9.143.000 dólares de valor creado, 6.103.000 dólares es el valor añadido que se asigna al período posterior a la previsión, es decir, del año 6 inclusive en adelante. Es pues contradictorio suponer que los niveles del BENEDI alcanzados anualmente durante el período de previsión no son sostenibles más allá de ese año, y a continuación suponer que el nivel del BENEDI alcanzado al final del período de previsión podía sostenerse perpetuamente. Éste es absolutamente el caso cuando se proyecta que el BENEDI crezca cada año durante el período de previsión. Aquí el nivel del BENEDI alcanzado cada año no sólo se mantiene cada año subsiguiente del período de previsión, sino que incluso se supone que aumenta.

El modelo de beneficio residual trata al BENEDI, no al cambio capitalizado del BENEDI, como una adición al valor en cada período. Este tratamiento está en conflicto con los principios básicos de valoración. Para explicar esto, supongamos que, como antes, la previsión del BENEDI para el primer año sea de 1,1 millones de dólares y que no se proyecte ningún cambio en el BENEDI durante los cuatro años restantes.

Supongamos también que no se realiza ninguna inversión incremental después del primer año. El modelo del VAA concluiría correctamente que, puesto que no hay ninguna inversión ni ningún crecimiento posterior del BENEDI, no se añadiría valor durante los últimos cuatro años del período de previsión. El modelo de beneficio residual asignaría equivocadamente los mismos 643.000 dólares de beneficio residual o valor añadido del año 1 a cada uno de los cuatro años siguientes. En este ejemplo, el beneficio residual no sólo produce respuestas distintas en relación con la cantidad de valor creada, sino que refleja que hay valor añadido donde no existe ninguno.

Los dos modelos producen valoraciones idénticas de la empresa, pero proporcionan diferentes respuestas del valor creado en cada año. ¿Proporcionan respuestas concordantes sobre si la empresa ha creado o destruido valor durante el período? Los resultados del VAA dependen estrictamente de la actuación del cash-flow, mientras que los resultados del beneficio residual dependen en parte de las inversiones históricas incorporadas en el valor contable. Por tanto, no es sorprendente que los dos modelos puedan llevar a conclusiones opuestas en relación con los resultados pasados de creación de valor o con las perspectivas futuras de la empresa.

Considérense dos escenarios adicionales para nuestro ejemplo. En el primer escenario, la empresa es una unidad de fabricación intensiva en inversión cuyo capital o valor contable inicial se supone que es igual a su valor para el accionista de 13.174.000 dólares.

Para el segundo escenario, supongamos una empresa, basada en el conocimiento cuyas principales inversiones están representadas por los gastos realizados en investigación y desarrollo. Esta empresa tiene un valor contable inicial igual a un poco menos del 10 por ciento del valor para el accionista, o 1.371.000 dólares. A pesar del hecho de que las previsiones de los impulsores del valor para el crecimiento de las ventas, los márgenes de beneficio de explotación y la inversión incremental se suponen idénticas para las tres empresas, los resultados del beneficio residual varían ampliamente. Dado su valor contable relativamente alto, la unidad de fabricación no muestra (ver tabla 7-3) ningún valor añadido sobre su valor contable inicial. La empresa especializada en

TABLA 7-3

Cálculo del beneficio residual de la unidad de fabricación con valor contable inicial igual al valor para el accionista igual a 13.714 dólares (en miles de dólares)

	Año					
	1	2	3	4	5	6+
BENEDI	1.100	1.200	1.300	1.400	1.500	1.500
Capital inicial	13.714	13.834	13.954	14.074	14.194	14.314
Inversión incremental	120	120	120	120	120	0
10% de cargo sobre capital	1.371	1.383	1.395	1.407	1.419	1.431
Beneficio residual	−271	−183	−95	−7	81	69
Valor actual del beneficio residual	−246	−152	−72	−5	50	425
Valor actual acumulado del beneficio residual	−246	−398	−470	−475	−425	0
Capital inicial						13.714
Valor para el accionista						13.714

conocimiento, con su reducido valor contable muestra (ver tabla 7-4) 12.343.000 dólares de valor añadido. Está claro que lo que genera estos resultados tan drásticamente distintos son los números contables, no la economía de las empresas. Por contraste, el modelo del VAA calcula correctamente idénticos resultados en cuanto a valor añadido para el caso base, el escenario de la unidad de fabricación, y el escenario de la empresa del conocimiento, puesto que cada empresa genera unos cash-flows idénticos.

Como se demostró antes, los modelos del valor para el accionista y del beneficio residual generan idénticas valoraciones para la empresa. Esto no es sorprendente, puesto que el enfoque del beneficio residual respecto a la valoración es sencillamente una variante del modelo del valor para el accionista cuyas diferencias de cálculo siempre suman cero. Así pues, para unas previsiones dadas de los impulsores del valor, la valoración del beneficio residual será la misma independientemente de las estimaciones iniciales del capital. Recuérdese que el valor del beneficio residual para el caso base, la unidad de fabricación intensiva en capital, y la empresa basada en el conocimiento es el mismo, a pesar

TABLA 7-4
Cálculo del beneficio residual de la unidad basada
en el conocimiento con el valor contable inicial igual a 1.371 dólares
(en miles de dólares)

	Año					
	1	2	3	4	5	6+
BENEDI	1.100	1.200	1.300	1.400	1.500	1.500
Capital inicial	*1.371*	1.491	1.611	1.731	1.851	1.971
Inversión incremental	120	120	120	120	120	0
10% de cargo sobre capital	137	149	161	173	185	197
Beneficio residual	963	1.051	1.139	1.227	1.315	1.303
Valor actual del beneficio residual	*875*	*868*	*856*	*838*	*816*	*8.090*
Valor actual acumulado del beneficio residual	875	1.743	2.599	3.437	4.253	12.343
Capital inicial						1.371
Valor para el accionista						13.714

del amplio campo que cubren los respectivos capitales iniciales. La irrelevancia del capital inicial para valorar una empresa tendría que despertar el máximo interés en aquellos que destinan recursos escasos a la realización de estimaciones del capital inicial.

Alternativas para la evaluación de la actuación: el valor económico añadido (VEA)

La segunda versión del beneficio residual, el VEA (Economic Value Added, con su marca registrada EVA) ha sido propuesta por la firma consultora Stern Stewart & Company. En ella, se ajusta el valor contable a un denominado «valor económico contable», añadiendo de nuevo equivalentes al patrimonio neto, tales como las reservas para impuestos diferidos, las reservas por la valoración de existencias LIFO, la amortización acumulada del fondo de comercio, el fondo de comercio no registrado, las reservas para insolvencias, y las reservas para garantías comprometidas por la empresa. La finalidad de estos ajustes del valor contable es obtener una mejor aproximación de todo el dinero invertido en la empresa[9].

A pesar de estos ajustes, los defectos del VEA como medida de valor añadido son idénticos a los señalados en el caso del beneficio residual. Aunque el valor económico contable puede ser una mejor estimación del dinero invertido en la empresa que el valor contable, no deja de ser una medida histórica de un coste oculto. No es pues la base con respecto a la cual los inversores calcularán sus rendimientos. Los inversores evalúan los rendimientos que esperan obtener comparándolos con el valor corriente de mercado o el valor estimado corriente para el accionista, que representa el coste de oportunidad de mantener su inversión en la empresa. Considérese una empresa que comenzó sus operaciones hace cinco años con una inversión inicial de 10 millones de dólares. Actualmente tiene un valor contable de 15 millones de dólares, y un valor económico contable de 20 millones de dólares, y un valor de mercado de 50 millones de dólares. Los inversores en sus acciones buscan un rendimiento ajustado al riesgo del 12 por ciento. La inversión inicial, el valor contable, y el valor económico contable son irrelevantes para el rendimiento esperado por el inversor. Claramente, los inversores buscan un rendimiento mínimo del 12 por ciento sobre el valor corriente de mercado de la empresa, 50 millones de dólares. Después de todo, si ellos venden sus acciones por 50 millones de dólares pueden reinvertirlos en una empresa de riesgo parecido y confiar en obtener un 12 por ciento de rendimiento.

Alternativas para la evaluación de la actuación: cambio en el beneficio residual o cambio en el VEA

Lo que queda después de restar del beneficio contable un cargo por el capital invertido todavía sigue siendo un número de la contabilidad de costes histórica, con todos sus inconvenientes como medida de la actuación. Afortunadamente, el dejar de calcular el valor absoluto del beneficio residual o VEA y pasar al cambio en estas medidas lleva a mejores resultados.

Cambio en el beneficio residual = (Cambio en el BENEDI) − (Cambio en el capital invertido) (Coste del capital)

Si se calcula adecuadamente, el cambio en el capital invertido será idéntico a la inversión incremental que sale de la fórmula del VAA[10].

Así, al dividir la fórmula por el coste del capital, K, resulta la fórmula para el VAA presentada anteriormente.

$$\frac{\text{Cambio en beneficio residual}}{K} = \frac{\text{(Cambio en el BENEDI)}}{K} - \text{(Inversión incremental)} = VAA$$

Para obtener el valor actual del VAA, descuéntese anualmente con el factor (1+K):

$$\text{Valor actual del VAA} = \frac{\text{(Cambio en el BENEDI)}}{K(1+K)^{t-1}} - \frac{\text{Inversión incremental}}{(1+K)^t}$$

A efectos de evaluación de la actuación, ¿cuál será la medida mejor, el VAA o el cambio en el beneficio residual? El VAA genera unos resultados anuales del valor añadido que son coherentes con los principios de valoración económica. El cambio en el beneficio residual, como se ha demostrado más arriba, es el VAA multiplicado por el coste del capital. En el caso de nuestro ejemplo, el cambio en el beneficio residual en cualquier año dado será el 10 por ciento (el coste del capital) del VAA. Debido a que el cambio en el beneficio residual es un múltiplo simple del VAA, las empresas que eligen maximizar el cambio en el valor residual, tendrían que tomar las decisiones de igual modo que las que maximizan el VAA. En última instancia, la elección definitiva de uno de estos dos modelos depende de cuál tiene más probabilidades de encontrar una mayor aceptación y, por tanto, de que su implantación en una organización tenga más éxito.

En vista de las deficiencias del beneficio residual absoluto y del VEA, ninguno de los dos deberá aplicarse en la evaluación de la actuación y en la remuneración por incentivos. Bennett Stewart, socio senior de Stern Stewart & Co. y principal arquitecto del VEA, llegó recientemente a la misma conclusión.

> La segunda razón por la que utilizamos valores contables es que hemos descubierto un modo de obviar el problema de los costes históricos: es decir, vinculando las recompensas de la dirección *no a las medidas absolutas del VEA, sino a los cambios de un año a otro en el VEA*. Así como la gestión de la calidad total se centra en la mejora continua de los productos y los procesos, un sistema VEA se centra en la continua mejora de la actuación financiera.
>
> Si usted recompensa a la dirección por mejorar el VEA, entonces no tiene realmente importancia el valor que usted asigne a los activos[11].

En resumen, se han examinado cuatro alternativas para la evaluación de la actuación: el VAA, el beneficio residual, el VEA, y el cambio en el beneficio residual o en el VEA. El VAA y el cambio en el beneficio residual o el cambio en el VEA son las alternativas preferibles, si bien el VAA tiene la ventaja añadida de producir la mejor estimación del cambio en el valor de la empresa. Dado que incorporan el riesgo, el beneficio residual y el VEA son mejores que las medidas tradicionales de estimación de los beneficios. Sin embargo, ambos están basados en la contabilidad histórica y por tanto comparten sus defectos. La tabla 7-5 resume los atributos de las medidas de la actuación más utilizadas comúnmente.

TABLA 7-5

Atributos de los modelos alternativos de evaluación de la actuación

	Beneficios	RSI o RSP	Beneficio residual y VEA	Cambio en BR o VEA	VAA
Tiene en cuenta la inversión	No	Sí	Sí	Sí	Sí
Tiene en cuenta el riesgo	No	No	Sí	Sí	Sí
Libre de distorsiones contables	No	No	No	Sí	Sí
Indicador fiable para maximizar el valor	No	No	No	Sí	Sí
La mejor estimación del cambio de valor	No	No	No	No	Sí

Aunque el VAA, unido al cambio en el beneficio residual, o en el valor económico añadido son las medidas más apropiadas, no conviene que los directivos olviden que la creación de valor es en sí misma un fenómeno a largo plazo. Por consiguiente, es importante alargar el período de evaluación de la actuación contemplando, en vez de un solo año, varios años. Además, en muchas empresas, las medidas anuales de la actuación no incorporan convenientemente los logros a corto plazo necesarios para materializar la creación de valor a largo plazo. Cuando ocurre esto, el VAA o el cambio en el beneficio residual se pueden suplementar útilmente con el enfoque de los indicadores líderes del valor para la evaluación de la actuación.

Indicadores líderes del valor

A pesar de todo lo que se habla sobre el valor para el accionista, es sorprendente el gran número de empresas que continúan midiendo, y recompensando a los directivos de las unidades de explotación en función de los resultados anuales, reforzando así la orientación de la gestión a corto plazo de la empresa. Afortunadamente, hay un número creciente de empresas que miden los resultados considerando un período de tres a cinco años. Pero incluso en un horizonte de tres a cinco años no se llega a captar la mayor parte del potencial de creación de valor en las empresas de alto crecimiento y en empresas, tales como las de productos farmacéuticos, cuyas inversiones se hacen con una filosofía de rentabilidad a largo plazo. El enfoque de los indicadores líderes del valor es el idóneo para llenar este vacío. La forma más fácil de pensar sobre los indicadores líderes del valor es considerarlos como un sistema de «dirección por objetivos» directamente vinculado a la creación de valor a largo plazo. Los indicadores líderes son logros corrientes, mensurables y fáciles de comunicar, que tienen un significativo impacto positivo en el valor de la empresa a largo plazo. Como ejemplo de estos indicadores se pueden dar las medidas del grado de satisfacción de los clientes, la mejora de la calidad, el lanzamiento de nuevos productos en la fecha prevista, la apertura puntual de nuevas tiendas o instalaciones de fabricación, las tasas de mantenimiento de clientes, y las mejoras de la productividad. A menudo, la realización con éxito de las iniciativas de este tipo es el fundamento de la creación de valor a largo plazo. Nuestra experiencia personal indica que, en la mayoría de las empresas, de tres a seis indicadores líderes son suficientes para cubrir una parte significativa de su potencial de creación de valor a largo plazo.

La comprensión por parte de los directivos de las fuentes de valor para sus empresas requiere mucho más que un conocimiento impresionante de los clientes, los productos, los proveedores y la tecnología. El proceso de identificación de los indicadores líderes del valor, además de ser revelador y gratificante, constituye todo un reto.

Como un ejemplo breve de indicadores líderes del valor, analizaremos el caso de Home Depot. Esta empresa revolucionó la venta minorista en el campo de la mejora del hogar con óptimo servicio al cliente y precios bajos en sus enormes tiendas almacén.

Se clasificó en un extraordinario decimoquinto puesto de *The Wall Street Journal Shareholder Scoreboard* en cuanto a rendimiento para los accionistas para el período decenal que finalizó el 31 de diciembre de 1996. Durante la mayoría de los años de la década de los noventa, una parte significativa del precio de las acciones de Home Depot fue atribuible al crecimiento previsto de los nuevos establecimientos. El número de tiendas aumentó desde 145, en 1990, a más de 500, en 1996. Home Depot espera tener 1.000 tiendas funcionando a final del ejercicio fiscal 2000. Hace algunos años, nosotros estimamos que si se produjera un año de retraso en la mitad de las aperturas de establecimientos programadas para el año siguiente, el valor de Home Depot disminuirá en un 15 por ciento. Es claro que la apertura de las tiendas según lo programado es un indicador líder crítico del valor para Home Depot. Un segundo indicador líder es las ventas medias por tienda. Un análisis de Home Depot revela que en el precio de sus acciones no sólo están incorporadas las expectativas de crecimiento en nuevas tiendas, sino también el crecimiento anual de las propias tiendas. Un 1 por ciento de descenso en el conjunto en las ventas medias por tienda haría descender el valor de Home Depot en cerca del 30 por ciento. No es pues sorprendente descubrir que la dirección de Home Depot ha invertido mucho en tecnología de la información aplicada a las facturas de los proveedores y a las tarjetas de crédito de los clientes, a la ampliación de las tiendas existentes, a la mejora del servicio al cliente, y a otras iniciativas que acrecientan la venta media por tienda.

Nivel de actuación marcado como objetivo

Hasta aquí, el análisis se ha centrado en las medidas más apropiadas de la actuación. Ahora volvemos la mirada hacia el nivel apropiado de la actuación. El asunto clave es cuál debe ser el umbral estándar para evaluar y recompensar a la empresa y a sus directivos. La idea básica es que los accionistas obtendrán rendimientos competitivos sólo cuando se sobrepase el umbral estándar. Una posibilidad es evaluar comparativamente la actuación respecto al plan de explotación de la empresa. Esta alternativa está rodeada de problemas. El plan de explotación puede que no esté impulsado por la generación de valor para el accionista. Pero aunque lo estuviera, puede que no tenga como objetivo una actuación superior. Las buenas noticias son que la empresa consigue sus metas. Las malas, que el mercado ni se inmute. Finalmente, como ya se analizó previamente en este capítulo, los estándares de actuación basados en el presupuesto son susceptibles de ser manipulados.

Una segunda alternativa para establecer un nivel umbral para la actuación superior es el estándar del coste del capital. De acuerdo con este estándar, se evalúa y recompensa a los directivos por la cantidad absoluta de valor creado. Este estándar no tiene en cuenta el nivel de creación de valor que se puede esperar razonablemente de la empresa. Este estándar tampoco tiene en cuenta las expectativas del mercado y, por tanto, puede recompensarse a directivos por un nivel de actuación inferior al necesario para que los accionistas obtengan su tasa de rendimiento mínimo aceptable. Volviendo al caso anterior, supongamos que el VAA acumulado de los tres primeros años (ver tabla 7-1) se materializa en 1.000.000 de dólares en lugar de la cantidad presupuestada de 2.437.000 dólares. Aunque 1 millón de VAA indica que la empresa esté invirtiendo por encima del coste del capital, es sustancialmente menor que la previsión. Suponiendo que las expectativas del mercado están en línea con la previsión, los resultados declarados serán una razón suficiente para que el mercado reduzca sus expectativas y el precio de las acciones de la empresa. En el caso de las empresas que tienen un excelente potencial de creación de valor, la utilización del estándar del coste del capital es equivalente a dar a los directores de explotación opciones con gran descuento en su precio e institucionalizar un nivel de actuación inferior al óptimo.

Una tercera alternativa para establecer un nivel umbral para la actuación superior es el estándar de expectativas de mercado. Se sabe que los inversores sólo obtendrán rendimientos superiores de las acciones de la empresa si las expectativas del mercado respecto a la empresa mejoran a lo largo del tiempo. Recuérdese que si las ventajas competitivas de que goza una empresa están totalmente incorporadas a su precio de mercado, no hay ninguna razón para esperar que el rendimiento para el accionista sea en absoluto superior a un rendimiento normal, exigido por el mercado. Hay quien puede argumentar que el precio de mercado de las acciones de una empresa no es un indicador fiable de las perspectivas de sus diversas unidades de negocio. Si nos basamos en encuestas hechas a los directores ejecutivos generales, una mayoría aplastante de éstos cree que las acciones de sus empresas están más infravaloradas que sobrevaloradas. En vista de esto, es difícil defender que el estándar de las expectativas de mercado establezca un nivel umbral de actuación excesivamente alto. A menudo nos hemos encontrado con que el nivel de actuación documentado en los planes de explotación con horizontes de tres a cinco años es más agresivo que el nivel de actuación necesario para justificar el precio corriente de las acciones de la empresa.

Las perspectivas de creación de valor entre las unidades de negocio de una misma empresa pueden variar de sustanciales a nulas. Algunos directivos actúan extraordinariamente bien en negocios de baja rentabilidad mientas que otros pueden tener una actuación mediocre en negocios de alta rentabilidad. El enfoque de las expectativas de mercado moderado con un buen criterio empresarial tiene en cuenta las diferencias en las perspectivas de los diferentes negocios y, por lo tanto, establece una base uniforme para evaluar la actuación de los directivos. El análisis de las expectativas del mercado realizado según las líneas descritas en el capítulo 6 es relativamente fácil para las empresas que operan con una sola línea de negocio. Pero si una empresa está involucrada en diversos negocios, el análisis de las expectativas se hace más difícil, puesto que el valor de las expectativas agregadas de las diversas unidades de explotación tiene que generar una aproximación al valor total de mercado de la empresa.

Para desarrollar unas expectativas creíbles de mercado a nivel de las unidades de negocio, se pueden utilizar cuatro fuentes de información: el plan de explotación de cada unidad de negocio, la actuación histórica de la unidad, la evaluación comparativa competitiva de los impulsores del valor, y las expectativas de mercado para todo el conjunto de la empresa. En el análisis final, la ventaja importante del enfoque basado en las expectativas del mercado es que el nivel umbral para una actuación superior se establece y recompensa a un nivel que permite a los accionistas obtener una tasa de rendimiento competitiva. Aquellas empresas que tengan como objetivo declarado superar a sus competidoras o bien al conjunto del mercado en el rendimiento total para sus accionistas actuarían inteligentemente si llevaran a cabo un análisis de las expectativas del mercado antes de salir a cotización pública con ese objetivo.

Antes de finalizar este análisis sobre las expectativas del mercado, es preciso resaltar dos puntos importantes. El primero es que una aceptación acrítica de las expectativas del mercado es contraproducente. La idea central de un análisis de las expectativas del mercado es comparar las expectativas del mercado con las de la dirección de la empresa. Si la dirección, basándose en su propia información y en su propio análisis, cree con toda certeza que el mercado es o demasiado optimista, o demasiado pesimista en su evaluación, entonces es adecuado ajustar la actuación propuesta como objetivo, situándola en unas cotas más realistas. No obstante, hay que tener cautela con un equipo directivo que siempre piensa que sus expectativas son mejores que las del mercado. En segundo lugar, como se resaltó en el capítulo 6, la tasa listón correcta para las inversiones de la empresa es el coste del capital, independientemente de cuáles sean las expectativas del mercado. Recuérdese que el nivel umbral requerido para una actuación superior es diferente, y normalmente superior, al nivel mínimo aceptable o tasa listón para realizar inversiones.

La vinculación de las recompensas a una actuación superior

El análisis de los niveles de actuación marcados como objetivo realizado en la última sección recorre un largo camino hacia la resolución del problema de cómo se deben vincular las recompensas a la actuación. Los directivos de explotación, lo mismo que los directores ejecutivos generales y los otros miembros de la alta dirección, sólo tendrían que recibir recompensas por una actuación superior. Insistimos en esto una vez más, porque el estándar de actuación superior que da derecho a percibir incentivos de remuneración está lejos de ser universal.

Supongamos que la actuación creadora de valor de las unidades de explotación se mide correctamente mediante el VAA u otro patrón equivalente. Admitamos también que las metas para el VAA se establecen adecuadamente a unos niveles que permiten que los accionistas obtengan una tasa de rendimiento competitiva. En ese caso, se puede pagar primas anuales sobre la base de planes móviles de tres a cinco años establecidos para el VAA. Es decir, las primas se basan en la actuación habida en el período de tres a cinco años precedente.

Asimismo, las empresas también pueden decidir el diferir algunos desembolsos y posicionarlos «a riesgo» en función de la actuación futura. Este enfoque —tipo banco de primas— sirve para ampliar el horizonte temporal del plan y aumentar el énfasis en la creación de valor a largo plazo.

Aunque el período de evaluación de tres a cinco años es suficientemente útil en muchos negocios, los negocios que están en embrión y los que tienen una relación de adelanto y retraso entre la inversión y los cash-flows incrementales subsiguientes sacarán mejor partido incluyendo también incentivos basados en los indicadores líderes del valor. La combinación de primas basadas en las metas de VAA y en las de los indicadores líderes tendría que establecerse de acuerdo con sus aportaciones respectivas al valor de la empresa en cuestión.

No hay una respuesta universal a la pregunta «¿A qué porcentaje de la actuación objetiva habría que empezar a pagar primas?». Muchas empresas están a favor de establecer la actuación umbral que da derecho a la percepción de una prima bastante por debajo de la actuación establecida como objetivo. La razón de esto es que, en un ejercicio que resulte malo, la dirección puede renunciar a seguir luchando y aplazar los resultados positivos para asegurarse una prima al año siguiente. El período móvil de actuación comprendido entre tres y cinco años disipa ampliamente esta justificación de un umbral bajo para las primas. Si los objetivos se establecen razonablemente, sólo habría que pagar pequeñas cantidades en concepto de remuneración por primas en los casos en que la actuación fuera inferior al objetivo. Finalmente, no habría que poner un «tope» o máximo en los pagos relativos de primas. Tal política transmite un mensaje erróneo a las unidades de explotación que, de otro modo, estarán motivadas para maximizar el valor para el accionista.

Capítulo 8

Fusiones y adquisiciones

A finales de los años noventa, el movimiento hacia las fusiones empequeñecerá notablemente al de las absorciones de los años ochenta. Hay que ver qué diferencias marca una década. Los años ochenta estuvieron dominados por operaciones financieras iniciadas por tiburones financieros y por empresas especializadas en adquisiciones basadas en el apalancamiento financiero (ABAF)[1]. Grandes concentraciones de financiación permitieron a los tiburones financieros y a las empresas dedicadas a las ABAF la asunción de estructuras de capital muy apalancadas. Los principales objetivos de las absorciones fueron empresas con diferenciales de valor resultantes de inversiones en diversificación, adquisiciones sobrevaloradas, y un número excesivo de directores, todo lo cual había destruido valor. Por contraste, de la ola de fusiones de los años noventa son protagonistas empresas impulsadas estratégicamente que utilizan un nivel de endeudamiento más bien modesto.

Son varios los principales catalizadores que han favorecido las recientes fusiones. En primer lugar, está la desregulación en sectores tales como las telecomunicaciones, los transportes, los servicios financieros, y las empresas de servicios públicos (electricidad, gas, agua, etc.). Las empresas de servicios públicos que tratan ahora de convertirse en productores de energía a bajo coste en un entorno nuevamente competitivo intentan cada vez más activamente las adquisiciones. El proyecto de ley firmado en febrero de 1996 (en EE.UU) sitúa en competencia directa a las empresas telefónicas locales y a las de larga distancia.

En las tres mayores transacciones del año 1996 intervinieron compañías telefónicas: British Telecommunications-MCI Communications, Bell Atlantic-NYNEX, y SBC Communications-Pacific Telesis Group.

Un segundo catalizador es el exceso de capacidad industrial, que induce a la consolidación industrial. No hay mejor ejemplo que el del decreciente sector de la defensa, que ha contemplado años de reducción de gastos militares. Las fusiones surgen como medio de supervivencia. Entre las combinaciones recientes están las de Northrup y Grumman, Lockheed y Martin Marietta, Lockheed Martin y Loral, y la adquisición por Northrup Grumman del negocio de defensa de Westinghouse. Los bancos también se están consolidando a causa del exceso de capacidad así como debido a la atenuación progresiva de las restricciones en contra de la actividad bancaria interestatal*.

El tercer catalizador de la ola de fusiones actual es la carrera por aumentar de tamaño. Ésta es una forma de pensar de la alta dirección de las empresas que considera las fusiones como medios «para adquirir el tamaño y los recursos para competir tanto en el mercado interior como en el extranjero, para invertir en nuevas tecnologías y en nuevos productos, para controlar los canales de distribución y garantizarse el acceso a los mercados»[2]. Damos a esto la denominación de carrera para hacerse mayor, porque a menudo una adquisición se realiza para ponerse a la altura de un competidor o para evitar que un competidor la efectúe. Gran parte de las consolidaciones que están dándose en los sectores de medios de comunicación, atención sanitaria, servicios financieros, y alta tecnología están impulsadas por esta mentalidad.

Pero no pocas de estas adquisiciones recientes fracasarán a la hora de crear valor para los accionistas. Después de todo, la creación de valor para el accionista no depende de la valoración previa a la fusión que el mercado hace de una empresa, sino del precio real de compra pagado por la empresa adquirente comparado con la contribución que hace la empresa adquirida al cash-flow del conjunto combinado de ambas empresas. Y es que sólo hay un número limitado de candidatas a la adquisición a un precio que permita a la adquirente obtener un rendimiento económico aceptable sobre la inversión. En el mercado actual, es especialmente importante disponer de un programa de evaluación bien concebido que minimice el riesgo de comprar una empresa que no sea económicamente atractiva o de pagar demasiado por otra que sí lo sea. Las

---

* *N. del T.:* Se refiere el autor directamente al contexto de EE.UU, pero su constatación es generalizable a otros ámbitos. Por ejemplo, en este sentido, las iniciativas y los rumores de fusiones en el sector bancario europeo, y también en el español, parecen corroborar esa tendencia.

primas que tiene que pagar la empresa que puje con éxito requieren más que nunca un cuidadoso análisis por parte de los compradores.

Dada la naturaleza competitiva del mercado de adquisiciones, las empresas no sólo tienen que reaccionar sabiamente, sino que a menudo tienen también que hacerlo rápidamente. La creciente independencia de los consejos de administración y su demanda de mejor información para respaldar sus decisiones estratégicas, tales como las adquisiciones, ha elevado el nivel general del análisis de las adquisiciones. Un análisis cabal, comunicado convincentemente, también produce unas ventajas sustanciales al negociar con la dirección de la «empresa objetivo» o, en caso de ofertas públicas de adquisición, con sus accionistas. En este capítulo mostraremos cómo puede calcular la dirección el valor añadido por una adquisición que tenga en perspectiva. El enfoque del análisis de fusión y adquisición presentado aquí se ha empleado amplia y provechosamente por importantes empresas de mentalidad adquisidora de todo el mundo. El análisis proporciona a la dirección y al consejo de administración de la empresa una información para decidir sobre el atractivo de una adquisición y para formular una estrategia de negociación efectiva. El capítulo empieza con una breve visión panorámica del proceso de adquisición. A ésta le sigue un marco para determinar el valor creado por la adquisición y, más concretamente, el valor creado para los accionistas de la empresa compradora. El análisis pasa a preguntarse si las fusiones y adquisiciones crean valor para las empresas adquirentes. Una transacción reciente, la adquisición por Gillette de Duracell International, se presenta a continuación para ilustrar el enfoque del valor para el accionista en el análisis de una adquisición. Finalmente, el tema pasa de la perspectiva del comprador a la del vendedor con el fin de decidir cuándo la empresa tomada como objetivo debería aceptar o rechazar una oferta.

El proceso de adquisición

La planificación estratégica se realiza tanto a nivel societario como a nivel de las unidades de negocio. Esta dicotomía es relevante tanto para el desarrollo interno como para las adquisiciones. Aunque los niveles societario y de unidades de negocio tienen que hacer frente a distintos cometidos estratégicos, comparten, sin embargo, el objetivo común de crear valor para el accionista. A nivel de la unidad de negocio, la estrategia está impulsada por cuestiones de producto-mercado. Por contraste, la planificación estratégica a nivel societario está orientada a una filosofía de cartera. La preocupación principal es la asignación de los recursos entre los diversos negocios de la empresa de modo que se mejore el valor conjunto de la cartera.

El proceso de adquisición, tanto si se gestiona desde el nivel de unidad de negocio como desde el societario, comprende cinco etapas esenciales:

—Análisis competitivo.
—Búsqueda y selección.
—Desarrollo de la estrategia.
—Evaluación financiera.
—Negociación.

La finalidad esencial de la etapa de *análisis competitivo* es identificar relaciones sinérgicas entre los negocios de la empresa y otros negocios en los que pudiera desear entrar. Estas relaciones representan oportunidades para crear ventajas competitivas mediante la reducción de costes o la mejora de la diferenciación. Si las sinergias son verdaderamente distintivas, la candidata a la adquisición será más valiosa para la empresa compradora que para los accionistas que vendan para otros ofertantes que compitan pero que no puedan explotar tales sinergias.

En la etapa de *búsqueda y selección* la idea es desarrollar una lista de buenas candidatas a la adquisición. El proceso de búsqueda se centra en cómo y dónde se puede encontrar a las candidatas, mientras que el de selección comprende la identificación de unas pocas de entre las mejores candidatas que cumplan los criterios establecidos. Las áreas de interés comercial ya se han establecido durante la etapa de análisis competitivo. Cabe establecer otros filtros complementarios basados en criterios tales como dimensión de la empresa, adecuación de su cultura, participación actual en el mercado, y calidad de su equipo directivo. Una vez que las candidatas potenciales hayan quedado identificadas, habrá que iniciar un análisis más detallado de cada una de ellas.

La tercera etapa del proceso de adquisición, el *desarrollo de la estrategia,* comprende la adopción de interrelaciones sinérgicas desarrolladas de modo genérico en la etapa de análisis competitivo y el estudio de su implantación potencial en cada una de las empresas candidatas. No basta con tener una estrategia de adquisición genérica. Hay que comprobar su viabilidad en relación con las candidatas específicas a la adquisición. Llegado a esta etapa, el pensamiento de la empresa compradora tiene que pasar de las sinergias conceptuales a las sinergias realizables. No obstante, no es probable que las sinergias se puedan realizar a menos que se hayan desarrollado estrategias de explotación para aplicarlas sistemáticamente.

Cuanto más dependa una adquisición de las interrelaciones sinérgicas, tanto mayor es la necesidad de desarrollar previamente un proyecto de la integración que tendrá lugar después de la fusión. Esto se hace más esencial en aquellas situaciones en las que dos organizaciones tienen culturas diferentes.

A continuación, sigue una etapa de *evaluación financiera* del proceso de adquisición. Entre los planteamientos principales que hay que abordar en esta etapa están:

—¿Cuál es el máximo precio que se podría pagar por la empresa como objetivo?
—¿Cuáles son las principales áreas de riesgo?
—¿Cuáles son las consecuencias de la adquisición para el cash-flow y el balance?
—¿Cuál es el mejor modo de estructurar la adquisición?

La quinta, y última, etapa del proceso de adquisición es la etapa de *negociación*. El éxito de las negociaciones dependerá en gran medida de lo bien que se hayan hecho «los deberes» en las cuatro etapas precedentes. Hay una variedad de excelentes libros sobre negociación. Hay uno que este autor aún lo sigue encontrando especialmente útil en las negociaciones de fusiones y adquisiciones que es *Getting to Yes*, de Roger Fisher y William Ury.

Los autores resumen su enfoque en cuatro reglas fundamentales:

—*Separar a las personas del problema.* Dado que el ego y la emoción se entremezclan a menudo con importantes cuestiones económicas y de organización, el «problema de las personas» tiene que negociarse separadamente. Los que negocian la compra y la venta de una empresa tienen que situarse juntos, codo con codo, no atacándose entre ellos, sino al problema común que tienen ante sí.
—*Hay que centrarse en los intereses,* no en las posiciones. El objeto de las negociaciones es satisfacer los intereses de cada parte y no su posición negociadora, la cual oculta a menudo los intereses subyacentes.
—*Hay que inventar opciones que favorezcan a la vez a ambas partes negociadoras.* Buscar una única solución es disfuncional. Hay que desarrollar un abanico de soluciones potenciales que tengan en cuenta los intereses compartidos y sirvan de catalizador para conciliar creativamente los intereses en conflicto.
  Por ejemplo, si hay diferencias irreconciliables en lo que concierne al precio de adquisición, un acuerdo parcial que

deje de lado el tema de las ganancias puede ser útil tanto para los intereses de la parte compradora como para los de la vendedora.
— *Hay que insistir en la utilización de criterios objetivos.* En vez de llegar a un punto muerto o de premiar la intransigencia, hay que abordar criterios objetivos (es decir, valores relativos del mercado, opiniones de expertos) con los que se puede llegar a un acuerdo equitativo para ambas partes.

Esto completa la visión panorámica de las cinco etapas esenciales del proceso de adquisición. Ahora procederemos a examinar el marco de creación de valor de las fusiones y adquisiciones.

Marco de creación de valor

El objetivo fundamental de hacer adquisiciones es idéntico al de cualquier otra inversión asociada a la estrategia general de una empresa, es decir, añadir valor. El enfoque del valor para el accionista permite que la dirección valore todas las inversiones, tanto si éstas se destinan al crecimiento interno como al externo, como es el caso de las fusiones y las adquisiciones, con un sistema de medición económicamente digno de confianza y coherente. Realmente, se puede considerar que las fusiones y adquisiciones son casos especiales de una estrategia o quizás, más acertadamente, que son un componente importante de las estrategias societaria y comercial de una empresa.

Como cabría esperar, hay semejanzas sorprendentes entre el análisis de estrategias presentado en los capítulos 4 y 5 y el análisis de las adquisiciones. Las tres etapas básicas del análisis competitivo —la evaluación del atractivo del sector, la evaluación de la posición competitiva de la empresa dentro de su sector, y la identificación de las fuentes de ventajas competitivas— son igualmente relevantes para evaluar tanto los negocios que se tienen en la actualidad como aquellos que son candidatos a la compra. Después de todo, nada más realizada la adquisición, la empresa adquirida pasa a formar parte de los «negocios que son propiedad actual» del comprador. Por consiguiente, los cálculos básicos para valorar las adquisiciones van muy en paralelo con los aplicados para valorar estrategias. Sin embargo, hay dos características distintivas asociadas con las fusiones y adquisiciones que es preciso poner de relieve.

El primero es que cuando una empresa realiza inversiones de capital relacionadas con su desarrollo interno, está añadiendo activos reales a la capacidad productiva del sector, lo cual puede afectar a su estructura competitiva. Por contraste, en sí misma, una fusión no altera la capacidad productiva, sino que simplemente transfiere los derechos de propiedad de un conjunto de accionistas a otro. Aunque a menudo hay ventajas sustanciales asociadas a las adquisiciones cuando se las compara con las inversiones dirigidas al desarrollo interno, el precio de una adquisición se establece en un mercado muy competitivo para las empresas, que tiende a limitar extraordinariamente las oportunidades de creación de valor.

Esto nos lleva a la segunda característica de las fusiones y las adquisiciones. Normalmente, las inversiones tales como la maquinaria y las instalaciones realizadas en relación con el desarrollo interno de una empresa se compran en unos mercados relativamente activos y a unos precios conocidos y relativamente uniformes. Aunque las empresas que cotizan en bolsa también tienen un precio conocido de compra, el precio necesario para tomar el control de una empresa-objetivo normalmente será en la práctica más alto que el derivado del precio de cotización en el mercado. Así pues, el precio es más negociable en las adquisiciones que en el proceso normal de compra directa de activos reales. La integración de los activos de una organización, particularmente lograr la dedicación de sus empleados, es con mucho una tarea más comprometida en el caso de las adquisiciones que en el de expansión mediante desarrollo interno.

Aunque las fusiones y las adquisiciones entrañan un conjunto de problemas de gestión considerablemente más complejo que la compra directa de activos ordinarios, la sustancia económica de estas transacciones es la misma. En cada caso, existe un desembolso actual realizado en previsión de una corriente de cash-flows futuros.

Para calcular el potencial de creación de valor de una adquisición para los accionistas de la empresa compradora, hay que hacer evaluaciones del valor por sí sola de la empresa vendedora, del valor de las ventajas derivadas de la adquisición, y del precio de compra. Los respectivos papeles desempeñados por estos factores en el marco de la creación de valor pueden deducirse de las tres fórmulas fundamentales que siguen:

$$\begin{matrix} \text{Valor} \\ \text{creado por la} \\ \text{adquisición} \end{matrix} = \begin{matrix} \text{Valor de la empresa} \\ \text{combinada resultante} \end{matrix} - \left[\begin{matrix} \text{Valor del} \\ \text{comprador} \\ \text{aisladamente} \end{matrix} + \begin{matrix} \text{Valor del} \\ \text{vendedor} \\ \text{aisladamente} \end{matrix} \right]$$

$$\text{Precio de compra máximo aceptable} = \text{Valor del vendedor aisladamente} + \text{Valor de las sinergias generadas por la adquisición}$$

$$\text{Valor creado para el comprador} = \text{Precio de compra máximo aceptable} - \text{Precio pagado por el vendedor}$$

El valor creado por la adquisición representado en la primera fórmula es la diferencia entre el valor posterior a la fusión de la empresa combinada resultante y la suma de los valores del comprador y del vendedor considerados ambos aisladamente. Esta diferencia representa los beneficios de la adquisición generados por las sinergias de la explotación, las financieras y las fiscales. Estas sinergias pueden tener como efecto el aumento de los rendimientos de los cash-flows o bien la reducción de los riesgos de la corriente de cash-flows. Es importante resaltar que éste es el valor total creado al combinar las dos empresas y no el valor creado para el comprador. Las respectivas cantidades de valor transferidas al comprador y al vendedor quedarán determinadas en última instancia por el precio de compra que se pague por la empresa vendedora.

El valor aislado de la empresa que se vende normalmente será el mínimo precio aceptable por el vendedor, o precio de ruptura, puesto que éste normalmente tiene la opción de no vender y continuar con la explotación de su empresa. En este caso, lo normal sería que el vendedor esperara que el precio fuera más elevado que el resultante del valor actual de continuar explotando la empresa. En la mayoría de los casos será necesaria una prima sustancial sobre el precio estimado de la empresa explotada aisladamente para conseguir que su dirección acceda a vender la empresa objetivo. A medida que la prima aumenta, una mayor parte del valor creado por la adquisición va a las manos de los accionistas vendedores y el comprador encuentra más difícil lograr una tasa de rendimiento que exceda del mínimo aceptable.

En este punto, es necesario responder a dos preguntas: ¿Qué medida tendría que utilizarse para establecer el valor aislado del vendedor? ¿En qué circunstancias se apartará el vendedor de su valor aislado como precio de renuncia?

Cuando la empresa objetivo cotiza en bolsa, el valor de mercado es la mejor base para establecer el valor aislado. Sin embargo, en el caso de algunas empresas el valor de mercado puede que no sea una buena cifra para el valor aislado. Éstas son empresas cuyas acciones se han sobrevalorado en previsión de una oferta de absorción. Para calcular el valor aislado, la prima de absorción incorporada en el precio corriente de mercado tendría que deducirse de este último precio.

Ahora volvemos a la cuestión de cuándo es probable que el vendedor se aparte del valor aislado como precio de renuncia o precio mínimo aceptable. El precio de renuncia del vendedor está determinado por el atractivo de las oportunidades alternativas. Si el vendedor tiene ya una oferta creíble superior al precio corriente de mercado, entonces esta oferta competitiva será de hecho el precio de renuncia. Por otra parte, si el vendedor no es optimista sobre las perspectivas futuras de la empresa o percibe limitaciones importantes de capital o de gestión para desarrollar el potencial de la empresa, es probable que el precio de renuncia sea más bajo. Para negociar eficazmente, es preciso que los compradores reconozcan que el precio de renuncia depende de las percepciones del vendedor y no de las del comprador.

La segunda fórmula define el precio máximo aceptable pagadero por la empresa objetivo como la suma del valor aislado del vendedor y del valor de las sinergias de la adquisición. El precio máximo se puede definir equivalentemente como la diferencia entre el valor posterior a la fusión de la empresa combinada y el valor aislado previo a la fusión del comprador. Si se paga realmente el precio máximo, entonces todo el valor creado por la adquisición pasa al vendedor. Así pues, desde la perspectiva del comprador, el precio máximo es un precio de umbral de rentabilidad económico, es decir, se espera que la inversión rinda la tasa de coste del capital ajustada al riesgo. Normalmente, este precio representa verdaderamente el precio máximo de oferta. Sin embargo, hay circunstancias en las que el comprador acaso desee pagar aún más y también circunstancias en las que unas oportunidades alternativas capaciten al comprador a establecer el precio máximo aceptable a un nivel considerablemente inferior.

Hay ocasiones en las que una adquisición es sencillamente una inversión necesaria como parte de una estrategia a largo plazo más global para alcanzar una ventaja competitiva en un mercado del producto seleccionado. Así, la entidad pertinente para el análisis sería pues la estrategia total u, organizativamente, la unidad de negocio. La adquisición se puede ver como un proyecto que es parte integral de la estrategia. Lo importante es que la estrategia conjunta cree valor y que los proyectos de apoyo representen los medios más efectivos y eficientes para poner en práctica la estrategia. En una situación de esta clase, una adquisición no puede intrínsecamente cubrir las tasas listón convencionales obtenidas a partir del cash-flow descontado; pero esta puede ser, sencillamente, la única manera viable de llevar a la práctica la estrategia a largo plazo. Una adquisición de este tipo no representa un fin en sí misma, sino que más bien proporciona la opción de participar en las oportunidades futuras del sector.

Hay circunstancias en las que el precio máximo aceptable de una empresa sería considerablemente menor que la suma del valor aislado del vendedor y del valor creado por la adquisición. Todas estas circunstancias entrañan la posibilidad de alternativas de menor coste. En el caso más sencillo, existe un precio menor igualmente atractivo para el vendedor. Alternativamente, los imperativos estratégicos pueden lograrse a través de otros medios de colaboración tales como las empresas en participación, una amplia gama de alianzas estratégicas, o una inversión minoritaria. Las alianzas estratégicas comprenden acuerdos no relacionados con el capital social, tales como el intercambio de licencias, la licitación en cooperación, las asociaciones para I+D, y los acuerdos de fabricación o distribución conjuntas.

Finalmente, está la alternativa del desarrollo interno. Cuando esta opción es viable, la dirección ha de optar por hacer (desarrollo interno) o comprar (adquisición). La creciente tendencia hacia las adquisiciones refleja varias ventajas importantes de las adquisiciones con respecto al crecimiento interno:

- —La entrada en el mercado de un producto mediante una adquisición puede llevar semanas o meses mientras que el desarrollo interno normalmente requiere años.
- —Adquirir una empresa con una posición sólida de mercado es a menudo menos costoso que una batalla competitiva para la entrada en el mercado.
- —Los activos estratégicos tales como la imagen de marca, los canales de distribución, la tecnología propia, las patentes, las marcas registradas y una dirección experimentada son a menudo difíciles, si no imposibles, de desarrollar internamente.
- —El mantenimiento de una empresa existente y experimentada normalmente es menos arriesgado que el desarrollo de una nueva.

La tercera fórmula define el valor creado para el comprador como la diferencia entre el precio máximo aceptable y el precio pagado al vendedor. En vista de la naturaleza competitiva del mercado existente para hacerse con el control de las empresas, es probable que una adquisición cree valor para el comprador sólo si el comprador tiene una capacidad evidente para generar unas ventajas económicas significativas como resultado de la combinación.

Antes de concluir este análisis de creación de valor en las fusiones y adquisiciones, es importante hacer hincapié en que la empresa adquirente necesita valorar no sólo la empresa-objetivo sino a sí misma. Hay dos cuestiones fundamentales planteadas por una autoevaluación financiera: ¿Cuánto vale mi empresa? ¿Cómo se vería afectado este valor por cada uno de los diversos escenarios? La primera cuestión requiere la preparación de la estimación «más probable» del valor de la empresa basada en la evaluación detallada por la dirección de sus perspectivas y planes. La segunda cuestión exige una determinación del valor basada en un espectro de escenarios plausibles que capacitan a la dirección para comprobar el efecto de las combinaciones hipotéticas de estrategias producto-mercado y de las fuerzas de mercado.

La autovaloración de la empresa cuando se lleva a cabo como una determinación del valor creado para los accionistas por las diversas opciones de la planificación estratégica, promete ventajas potenciales para todas las empresas. En el contexto del mercado de adquisiciones, la autovaloración adopta un significado especial.

Primero, aunque una empresa pudiera verse a sí misma como compradora, pocas empresas están totalmente exentas de una posible absorción. La autovaloración proporciona a la dirección y al consejo de administración una base continuada para responder a las ofertas públicas de adquisición (OPAS) o demandas de adquisición de modo rápido y responsable. En segundo lugar, el proceso de autovaloración puede atraer perfectamente la atención sobre la conveniencia de una desinversión estratégica u otras oportunidades de reestructuración. Finalmente, la autovaloración financiera ofrece a las empresas proclives a la adquisición una base para valorar las ventajas comparativas de una oferta con pago en efectivo o un intercambio de acciones.

Las empresas compradoras valoran normalmente el precio de compra de una adquisición de acuerdo con el valor de mercado de las acciones intercambiadas. Esta práctica no es económicamente sensata y podría causar desorientación y ser costosa para la empresa compradora, así como para la vendedora.

Un análisis bien concebido para una adquisición basada en el intercambio de acciones requiere valoraciones cabales tanto de la empresa compradora como vendedora. Si la dirección de la empresa compradora cree que el mercado está infravalorando sus acciones, entonces el valorar al precio de mercado bien pudiera inducir a la empresa a pagar un sobreprecio por la adquisición o ganar menos que la tasa de rendimiento mínima aceptable. A la inversa, si la dirección cree que el mercado está sobrevalorando sus acciones, entonces valorar la empresa al precio del mercado invalida la oportunidad de ofrecer a los accionistas de la empresa vendedora acciones adicionales a la vez que se logra la rentabilidad mínima aceptable.

Para ilustrar los conceptos arriba expuestos, consideremos el siguiente ejemplo. La dirección de la empresa compradora valora su empresa en 150 millones de dólares. El valor del comprador es de 15 dólares por acción con 10 millones de acciones en circulación para un valor total de mercado de 150 millones de dólares. El comprador valora el objetivo (incluidas las sinergias) en 45 millones de dólares. ¿Cuál es el máximo número de acciones que la empresa compradora puede emitir como intercambio de todas las acciones en circulación de la empresa vendedora?

La respuesta es claramente de 3 millones de acciones valoradas a 15 dólares por acción y se puede demostrar como sigue:

	Acciones en circulación (millones)
Previas a la fusión	10
Nuevas acciones emitidas	3
Después de la fusión	13
Después de la fusión: los accionistas de la compradora poseen los 10/13avos	(millones $)
(150 millones $ + 45 millones $)	150
−Valor del comprador antes de la fusión	150
Valor creado para el comprador	0 $

Ahora supongamos que todas las cosas siguen igual, excepto que el valor de mercado de la compradora es de 9 dólares por acción para un valor de mercado total de 90 millones de dólares. ¿Cuál es el número máximo de acciones que el comprador puede emitir en estas circunstancias? Una vez más, la respuesta correcta es 3 millones de acciones, porque la propia dirección de la empresa compradora continúa valorándola en 150 millones de dólares. De hecho, la dirección cree se la está infravalorando en 6 dólares por acción. Si las acciones intercambiadas se valoraran al precio de mercado de 9 dólares por acción, entonces el comprador estaría dispuesto a intercambiar hasta 5 millones de acciones por un valor del vendedor de

45 millones de dólares. Pero esto llevará al comprador a pagar 20 millones de dólares de más por la adquisición como se demuestra a continuación:

	Acciones en circulación (millones)
Previas a la fusión	10
Nuevas acciones emitidas	5
Posteriores a la fusión	15
Posterior a la fusión: los accionistas de la empresa compradora poseen 10/15avos	(millones $)
(150 millones $ + 45 millones $)	130 $
−Valor previo a la fusión del comprador	150
Valor creado para el comprador	(20) $

¿Crean las fusiones valor para la empresa adquirente?

Es todo un reto determinar si las fusiones y las adquisiciones crean valor para el accionista. Esto es cierto porque cuanto más éxito tenga la integración posterior a la fusión tanto más difícil es medir el valor añadido por la fusión. Además, a medida que transcurre el tiempo, otras inversiones y sucesos estratégicos es probable que se superpongan y enmascaren los efectos de la fusión. Así, el resultado del rendimiento para el accionista de la empresa adquirente después de la adquisición no puede atribuirse fiablemente a las adquisiciones anteriores. En consecuencia, la mayoría de los estudios empíricos llevados a cabo por economistas financieros se centran en la respuesta del mercado bursátil unos pocos días antes y después de la fecha de anuncio de la fusión. Las fusiones y las adquisiciones son sucesos de gran notoriedad, de carácter estratégico y multimillonarios en dólares. El precio de las acciones de la empresa compradora se establece por inversores que arriesgan una considerable cantidad de dinero y tienen sobrados motivos para hacer unas estimaciones precisas de las consecuencias a largo plazo de la adquisición. De esta manera, aunque el margen de la investigación es corto, la respuesta medida del precio, como el propio mercado, se basa en las expectativas a largo plazo.

Aunque la respuesta a corto plazo del mercado al anuncio de la fusión proporciona un barómetro razonablemente fiable de las consecuencias posibles de la transacción, hay, naturalmente, la posibilidad de que, después de todo, las valoraciones del mercado resulten erróneas. Esto significa que, como media, el mercado ni infravalora ni supervalora la transacción. Hay una probabilidad aproximada del cincuenta por ciento de que la valoración del mercado sea demasiado baja o demasiado alta al estimar el valor creado por la fusión. Así, el juicio colectivo de inversores competitivos puede contemplarse como una evaluación objetiva del valor de la fusión para los accionistas compradores y para los vendedores. En resumen, la reacción inmediata del precio es la mejor estimación del mercado sobre las consecuencias a largo plazo de la transacción. Si el mercado se equivocara en su evaluación de las consecuencias probables de la fusión, el error en la estimación del precio resultante ofrecería a los partícipes del mercado oportunidades comerciales que moverían los precios del mercado situándolos a un nivel más razonable.

¿Qué revelan los denominados «estudios de los sucesos»?[3] Como media, los anuncios de adquisiciones de los años ochenta disminuían el valor de la empresa adquirente. En cerca de dos tercios de los casos la respuesta del mercado fue negativa. Sirower[4] descubrió después que cuanto mayor era la prima pagada, tanto mayor era el valor perdido. Aunque no hay un cuerpo comparable de estudios de casos para los años noventa hasta el momento actual, no hay escasez de ejemplos de adquisiciones que han destruido valor. Quaker Oats compró Snapple Beverage en el pasado 1994 por 1,7 millardos de dólares y en marzo de 1997 anunció un acuerdo definitivo para vender Snapple por 300 millones de dólares. AT&T pagó 7,5 millardos de dólares por NCR en 1991 y en 1996 traspasó la unidad a sus accionistas a un valor de mercado de 3,5 millardos de dólares. Novell adquirió los programas WordPerfect (procesador de textos) y QuattroPro (hoja de cálculo) por un millardo de dólares en 1994 y en menos de dos años los vendió por menos de 200 millones de dólares.

¿Por qué los resultados decepcionantes persisten en las empresas adquirentes? El precio de una adquisición se establece en un mercado muy competitivo para las empresas, que tiende a limitar extraordinariamente las oportunidades de creación de valor. Las empresas candidatas a la adquisición disponibles a un precio que permita a la empresa adquirente lograr una aceptable tasa de rendimiento ajustada al riesgo son difíciles de encontrar. Esto es así, porque invariablemente el precio de adquisición incorpora una prima sobre el valor de mercado de la empresa vendedora. Según *Mergers & Acquisitions,* las primas, basadas en el precio de las acciones del vendedor un mes antes del anuncio de la operación, se han situado, como media, entre el 40 y el 50 por ciento durante la primera mitad de la década de 1990.

Si la empresa compradora va a crear valor para sus accionistas, el precio de adquisición no tiene que ser mayor que el valor aislado de la empresa vendedora más el valor generado por las sinergias de la adquisición. Estas sinergias aumentan los cash-flows de la empresa combinada por encima del nivel de los cash-flows esperados de las dos empresas si operasen por separado.

En un punto de equilibrio económico, es decir, cuando los accionistas de la empresa adquirente obtienen justo su tasa de rendimiento ajustada al riesgo, se cumple lo siguiente:

$$\text{Precio de adquisición} = \text{Valor aislado de la empresa vendedora} + \text{Valor de las sinergias}$$

Obsérvese que el precio de adquisición menos el valor aislado de la empresa vendedora es la prima pagada. Así, la fórmula del punto de equilibrio expuesta arriba se puede expresar de modo más sencillo como sigue:

$$\text{Prima pagada} = \text{Valor de las sinergias}$$

Esta fórmula capta la dificultad que tienen las empresas compradoras para crear valor a partir de las fusiones y las adquisiciones. Para crear valor, el valor actual de las sinergias tiene que ser superior al de la prima pagada. Recuérdese que el comprador paga inicialmente la prima y compra con ella una opción sobre futuras sinergias inciertas. En otras palabras, la prima es un pago anticipado por una apuesta sinérgica especulativa. Aquellos que hayan participado en los retos que surgen después de una adquisición indudablemente estarán de acuerdo en que la sinergia es un concepto que exige desesperadamente el éxito en su ejecución. Cuando el precio de las acciones del comprador decrece a raíz del anuncio de una adquisición, es indicio de que los inversores creen que el valor actual esperado de las sinergias es inferior a la prima pagada. Con primas cuya media se mueve entre el 40 y el 50 por ciento y a veces llega hasta el 100 por cien no tendría que sorprender que la cotización de las acciones de la empresa compradora caiga tan a menudo después del anuncio de la fusión.

Cuanto más elevado sea el porcentaje de la prima, y mayor el valor aislado de la empresa vendedora con relación al de la empresa compradora, tanto más vulnerable será la posición de los accionistas compradores.

Por ejemplo, supongamos que los valores aislados de la empresa adquirente y el de la empresa-objetivo sean respectivamente 800 y 400 millones de dólares. El precio de adquisición de 640 millones de dólares representa una prima del 60 por ciento, es decir, 240 millones de dólares, del valor aislado de la empresa-objetivo.

La apuesta por la sinergia de 240 millones de dólares pone en riesgo el 30 por ciento de los 800 millones de dólares del valor de la empresa adquirente. La tabla que sigue muestra cómo el porcentaje en riesgo del valor de mercado del comprador antes de la fusión varía con los porcentajes de las primas y el valor aislado de la empresa-objetivo con relación a la empresa adquirente. Nosotros recomendamos que esta tabla se presente al director ejecutivo general y al consejo de administración antes de comprometerse a una adquisición importante.

En resumen, aunque una fusión cree valor puede no ser una creación de valor para la empresa adquirente si la prima pagada sobrepasa al valor añadido. En esta circunstancia, todo el valor creado lo captan los accionistas de la empresa vendedora.

TABLA 8-1

Porcentaje en riesgo del valor de mercado del comprador

		Valor aislado del vendedor con relación al valor aislado del comprador (%)			
		25%	50%	75%	100%
Prima (%)	30	7,5	15	22,5	30
	40	10,0	20	30,0	40
	50	12,5	25	37,5	50
	60	15,0	30	45,0	60

Aunque nos hemos centrado en la carga de las primas elevadas, a menudo las empresas adquirentes están condenadas mucho antes de que se establezca el precio. Compran sin tener una estrategia clara. Compran con un conocimiento inadecuado de la empresa-objetivo y a veces sin la debida diligencia «cultural»[5]. Compran sin ningún plan de integración posterior a la fusión capaz de convertir rápidamente las sinergias establecidas en las esperanzadas previsiones en realidades prácticas de explotación. Compran porque se les retribuye sobre la base de unas medidas tan nocivas para el valor para el accionista como el rendimiento de los activos netos tangibles. En consecuencia, los directores de explotación tienen un incentivo para hacer adquisiciones, incluso aquellas gravadas con grandes primas, dado que aumentan los beneficios de explotación y el fondo de comercio queda excluido del denominador. Estos errores de juicio inducen a pagar primas excesivas y a la destrucción del valor. En estos planteamientos, el éxito de las fusiones es probable que sea más raro que los avistamientos del Cometa Halley.

Para minimizar el riesgo de comprar una empresa sin atractivo económico o de pagar excesivamente por una que sí lo tenga, la dirección tiene que ir más allá del análisis de adquisiciones estándar. Dada la dificultad de prever el valor de las sinergias, a veces la dirección justifica el pago de unas primas sustanciales recurriendo a etiquetas cualitativas tan cómodas como «acoplamiento estratégico», «oportunidad de participación en el mercado» o «imperativo tecnológico». Esta renuencia a afrontar plenamente la incertidumbre puede salir cara.

Para establecer un precio máximo, la dirección puede apoyarse en el análisis de las señales del mercado junto con el análisis estándar del proceso de adquisiciones detallado en este capítulo[6]. En lugar de empezar con las previsiones de los factores creadores de valor para calcular el precio máximo aceptable, hay que empezar con una cantidad que es mucho más fácil de determinar: el precio que supondrá hacer una oferta aceptable. La oferta requerida puede utilizarse a continuación para establecer las expectativas mínimas del mercado para la actuación de la empresa-objetivo después de la fusión. En este nivel de resultados el adquirente ganará su coste del capital o su tasa de rendimiento mínima aceptable.

Como ejemplo, observemos la adquisición en 1988 de Sterling Drug por Eastman Kodak. Aunque esta transacción tuvo lugar hace una década, no hay ningún ejemplo que explique más convincentemente la cuestión del análisis de las señales de mercado. Kodak compró Sterling por 5,1 millardos de dólares, lo que representaba una prima del 70 por ciento sobre su valor de mercado capitalizado treinta días antes del anuncio de la operación, que era de 3 millardos de dólares. A los pocos días del anuncio el valor de mercado de Kodak descendió en 2,2 millardos de dólares, lo cual representaba cerca del 15 por ciento de su valor total de mercado. Conviene resaltar que la reducción de 2,2 millardos de dólares era aún mayor que la prima de 2,1 millardos de dólares de Kodak en la compra de Sterling Drug. La señal del mercado era clara. Sencillamente, creía que Kodak era incapaz de generar cualesquiera sinergias con que recuperar la prima pagada sobre el valor aislado de Sterling antes de la fusión.

Un análisis de las señales de mercado realizado de antemano hubiera hecho de Kodak una ofertante más retraída. Las proyecciones a largo plazo de *Value Line* relativas a Sterling realizadas poco antes de la adquisición requerirían un 13 por ciento de crecimiento de las ventas y unos márgenes de explotación antes de impuestos del 15 por ciento. Estas proyecciones, unidas a las estimaciones de necesidades de inversión, tipos impositivos, y el coste del capital, sugerirían que para justificar el precio previo a la fusión de 53 dólares por acción de Sterling, la empresa tendría que seguir logrando estos niveles durante los seis años siguientes. A partir de esa fecha, la empresa invertiría a su coste del capital.

La figura 8.1 muestra las diversas combinaciones del crecimiento de las ventas y de los márgenes de beneficios de explotación necesarios para justificar el precio de compra de 89,50 dólares por acción. Asimismo, la figura pone de relieve los más y los menos entre los márgenes de beneficios y el crecimiento de las ventas. También demuestra la drástica diferencia entre las expectativas del mercado sobre el crecimiento y la rentabilidad antes de la adquisición y la actuación muy superior necesaria para justificar el precio de compra por acción de 89,50 dólares. Por ejemplo, supongamos que las expectativas del crecimiento de las ventas previas a la fusión del 13 por ciento son también razona-

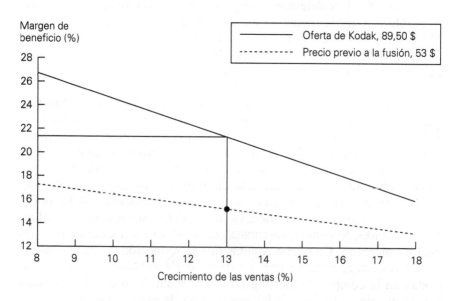

FIGURA 8.1

Análisis de las señales del mercado de Sterling Drug

bles después de la adquisición. Para justificar el precio de compra de Kodak, el margen de beneficios de explotación antes de impuestos tendría que aumentar del 15 al 21 por ciento. Éste es un nivel de margen de beneficio no alcanzado históricamente, no alcanzado por los competidores, y no previsto incluso por los más eufóricos analistas bursátiles. Realmente, cualquier combinación de rentabilidad y crecimiento situada en la curva de precios de adquisición o por encima de ella no es digna de recomendación, en el mejor de los casos. Este análisis podría haber previsto fácilmente la respuesta negativa del mercado a la adquisición. Aún mejor, el análisis ayuda en primer lugar a que la dirección evite este tipo de inversiones desastrosas.

¿Qué cabe decir del directivo que tenga la responsabilidad de la explotación después de la fusión para la empresa-objetivo y que insiste en que esta adquisición es un «imperativo estratégico»? Ofrecer a esta persona un paquete de remuneración con un elevado apalancamiento que dé derecho a percepciones por una actuación del valor añadido por encima de la curva del precio de adquisición. En demasiadas organizaciones las metas de la actuación listón se establecen en los niveles de la empresa aislada previos a la fusión. Cuando esto ocurre, la empresa está recompensando a los directivos por un nivel de resultados que destruye valor, porque no se tiene en cuenta la prima de adquisición.

Antes de acabar esta sección relacionada con el análisis de si las adquisiciones crean valor para los compradores, hay una cuestión adicional que vale la pena explorar: ¿Hay alguna diferencia entre pagar en dinero y pagar con acciones? Sirower[7] encontró que los rendimientos ajustados al mercado de las compras pagadas en dinero eran habitualmente mejores que las pagadas con acciones. Esto es coherente con un amplio cuerpo de investigación empírica que pone de relieve una respuesta negativa del mercado bursátil ante la emisión de acciones nuevas. Presumiblemente, si las personas que están «al tanto» de la operación, pretenden emitir nuevas acciones destinadas al mercado, esas acciones tienen que estar sobrevaloradas. Si éste no fuera el caso, la dirección no estaría actuando en pro de los mejores intereses de los accionistas actuales de la empresa.

Es creciente la utilización de acciones en vez de efectivo por parte de los compradores. En 1996, cerca del 60 por ciento de las transacciones de valor superior a 100 millones de dólares se hicieron mediante acciones o con una combinación de pago en dinero y acciones[8]. Como se analizó anteriormente, los directores ejecutivos generales tradicionalmente afirman que las acciones de sus empresas están infravaloradas. A pesar de eso, estos mismos directores no dudarán en pagar una adquisición con acciones. Pagar una adquisición con acciones verdaderamente infravaloradas hace que la adquisición sea más cara. Esto se pone claramente de manifiesto cuando el precio de compra se calcula utilizando el valor por acción estimado por la dirección multiplicado por el número de acciones intercambiadas. Si la dirección valora incorrectamente el precio de compra al precio de mercado infravalorado, es probable que la empresa pague de más por la adquisición o, lo que es aún peor, que obtenga un rendimiento inferior a la tasa mínima aceptable.

Incluso actualmente hay quien defiende que el mercado de valores tiene poca tolerancia para las adquisiciones que reducen los beneficios por acción declarados. Las operaciones en efectivo a menudo fuerzan a la empresa compradora a deducir los cargos por fondo de comercio de los beneficios. Otra técnica contable, la puesta en común de intereses, permite que la empresa suprima la mayor parte de la cantidad que paga por encima del valor contable y por consiguiente que declare mejores resultados de beneficios por acción. Excepto a efectos fiscales, la elección de la contabilidad a precios de compra o la contabilidad basada en la puesta en común de intereses no debería tener ningún efecto en los futuros cash-flows de explotación. Aunque las diferencias son puro maquillaje, a los que creen que el mercado es ciegamente adicto a los beneficios a corto plazo no se les disuade fácilmente[9].

Nosotros hemos podido observar cómo un cierto número de empresas presumiblemente infravaloradas optaba por operaciones a base de acciones con el fin de aplicar la contabilidad de puesta en común de intereses y declarar así mayores beneficios[10]. Esta decisión financiera puede provocar la destrucción de millones de dólares de valor para el accionista y fomentar el creciente «déficit de la adquisición».

La adquisición de Duracell International por parte de Gillette

LA TRANSACCIÓN

El 12 de septiembre de 1996, Gillette Company llegó a un acuerdo para comprar la empresa fabricante de pilas Duracell International, cerrando así un proceso de cinco años de búsqueda de inversión en un nuevo negocio.

Las claúsulas del contrato establecían que Gillette emitiría 0,904 acciones de sus acciones ordinarias por cada acción de Duracell, valorando así las acciones de Duracell en 7,2 millardos de dólares, aproximadamente una prima de mercado del 20 por ciento.

El 30 de diciembre de 1996, los accionistas aprobaron la compra de Duracell por Gillette. El precio de compra fue significativamente más alto que el de compra de Duracell por KKR Associates a Kraft, que fue de 1,9 millardos de dólares en 1988. Duracell se convirtió en una empresa cotizada en bolsa en mayo de 1991, cuando KKR emitió 34,5 millones de acciones a 15 dólares la acción. En la época de la compra de Gillette, KKR era propietaria del 34 por ciento de Duracell.

La reacción del mercado ante la adquisición, que era la mayor que hasta la fecha había realizado Gillette, fue muy positiva, subiendo las acciones de Duracell y de Gillette un 27 por ciento y un 8 por ciento respectivamente, en los dos días que siguieron al 12 de septiembre, fecha de anuncio de la operación. El índice S&P 500 subió un 2 por ciento en estos dos mismos días. La reacción del mercado siguió siendo positiva durante el período de cierre de la operación, logrando unas rentabilidades de mercado superiores al 30 por ciento y al 7 por ciento para Duracell y Gillette, respectivamente.

VISIÓN PANORÁMICA DEL SECTOR, DE LAS EMPRESAS Y DE SUS ESTRATEGIAS

Visión panorámica del mercado de las pilas alcalinas

Las pilas alcalinas, el mayor componente del mercado de pilas, representaban aproximadamente un mercado de 4,7 millardos de dólares de ventas en 1996, con un 10 por ciento de crecimiento anual histórico. Sin embargo, se prevé que para el año 2000 el mercado mundial de pilas alcalinas casi habrá doblado su tamaño, impulsado por la demanda por los consumidores de pilas de más larga duración necesarias para los aparatos portátiles. Entre 1977 y 1995, el mercado estadounidense de pilas alcalinas creció desde el 25 por ciento a más del 80 por ciento de todas las pilas vendidas. No obstante, las pilas alcalinas están aún por alcanzar esta penetración internacionalmente. Estas pilas representan solamente el 40 por ciento del mercado europeo, el 30 por ciento del mercado iberoamericano y el 14 por ciento del asiático. Duracell y Energizer, de Ralston Purina, controlan el 50 por ciento y el 35 por ciento de las participaciones en el mercado de los Estados Unidos, respectivamente.

Un nuevo mercado de pilas con gran potencial de crecimiento es el mercado de pilas recargables. Se prevé que las ventas de pilas recargables de iones de litio y de níquel e hidruro metálico crecerán desde los 2 millardos de dólares en 1995 a los 5 millardos en el año 2000, impulsadas por el crecimiento de los teléfonos móviles y los ordenadores portátiles. Actualmente, los fabricantes japoneses, entre ellos, Sony, Sanyo, Matsushita y Toshiba, dominan la producción de las recargables de alta calidad.

Las economías y las capacidades de publicidad, la fuerza para conseguir espacio en las estanterías y el desarrollo de nuevos productos son factores críticos para el éxito, para los fabricantes de productos de consumo con marca como Gillette y Duracell. Respecto al tema de conseguir mayores espacios en las estanterías, los fabricantes necesitarán toda su fuerza para tratar con los grandes grupos de venta minorista de productos de consumo. Las empresas de venta minorista, como Wal-Mart, necesitan fabricantes capaces de trabajar con adelantos tales como la gestión de existencias justo a tiempo y de dar un servicio y apoyo de gran nivel a los clientes.

ESTRATEGIAS DE GILLETTE

Antes de la incorporación de las pilas, Gillette, la empresa domiciliada en Boston, fundada a principios del siglo xx, se especializaba principalmente en la fabricación y comercialización de artículos de aseo, hojas y maquinillas de afeitar (v.g., Sensor Excel, Trac II, Atra y Good News), artículos de tocador (v.g., Gillette Series, Adorn, Right Guard, Soft and Dri, Foamy y Dry Idea), artículos de escritorio (v.g., Paper Mate, Parker y Waterman), aparatos y afeitadoras eléctricas Braun, y productos de higiene bucal, Oral-B. Los ingresos totales en 1996, excluidos los de Duracell, fueron de 7,4 millardos de dólares, en los que las hojas y máquinas de afeitar representan el 38 por ciento; los artículos de aseo y cosméticos, el 19 por ciento; los artículos de escritorio, el 12 por ciento; los de la marca Braun, el 24 por ciento; y Oral-B, el 7 por ciento.

Como se reflejaba en *The Wall Street Journal's Shareholder Scoreboard* (27 de febrero de 1997), los accionistas de Gillette obtuvieron buenos resultados comparados con otros que tenían acciones del sector de cosméticos y del cuidado personal. En el período de cinco años que finalizó el 31 de diciembre de 1996, los rendimientos medios anuales de un accionista de Gillette fueron superiores al 24 por ciento, un 12 por ciento superiores a la media del sector. Gillette atribuye el comportamiento histórico tan sólido de su precio a una concentración intensa en el cumplimiento de su misión: «lograr o mejorar un claro liderazgo, de ámbito mundial, en las categorías esenciales de productos de consumo en los que elijamos competir». Bajo el liderazgo del presidente del consejo de administración y director ejecutivo general, Alfred M. Zeien y del presidente, Michael Hawley, se ha hecho un continuo esfuerzo en investigación y desarrollo, gastos de capital, y publicidad. Estas fuerzas han impulsado un aumento de capacidad en todas las líneas de producto, una expansión geográfica, y el desarrollo de métodos de producción más eficientes para el lanzamiento de nuevos productos. La adquisición de Duracell se vio como una nueva «pata», largo tiempo buscada, para la cartera de negocios de Gillette. Por otra parte, Gillette se siente muy orgullosa por desarrollar únicamente nuevos productos que representen mejoras significativas y tangibles para el consumidor.

La estrategia de Gillette ha causado el efecto deseado en la composición de sus ventas. Aproximadamente el 70 por ciento de sus ventas se generan fuera de Norteamérica. En 1996, el 81 por ciento del total de sus ventas procedió de trece categorías de productos en los que ocupa una posición de liderazgo mundial. Por contraste, hace cinco años, estas categorías sólo representaban el 56 por ciento del total de sus ventas. Como muestra del éxito del desarrollo de productos de Gillette, cabe decir que el 41 por ciento de las ventas totales procedió de productos introducidos en los últimos cinco años.

Los analistas apoyan esta perspectiva positiva de Gillette, considerándola una de las principales multinacionales con un porcentaje significativo de beneficios generados en mercados emergentes de elevado crecimiento. En general se reconoce que Gillette es una empresa excepcional y una sociedad inversora esencial en el sector de cosméticos y en el de productos domésticos. El alcance global de su márketing y las capacidades técnicas internas propias son objeto del atento seguimiento de sus competidores y de los analistas de los sectores en los que opera.

Por otra parte, el considerable cash-flow de Gillette facilita la aceptación por el mercado de su agresivo enfoque de crecimiento, sus expansiones de productos y, en particular, su anuncio de compra de Duracell.

Estrategias de Duracell

Duracell International, con sede en Bethel, Connecticut, es un fabricante de pilas alcalinas (83 por ciento de sus ventas) que opera con las marcas Copper Top, Activair y Durabeam. Entre sus productos figuran también las pilas de litio, las de tipo zinc-carbono, y las recargables de níquel e hidruro metálico, así como una línea de productos de alumbrado. En el ejercicio fiscal de 1996, el total de ingresos fue de 2,3 millardos de dólares, Duracell es el mayor fabricante del mundo de pilas alcalinas. La venta de estos productos de Duracell se realiza tanto en los Estados Unidos como internacionalmente a los canales de consumo, a usuarios industriales, y a fabricantes de equipos para consumo, industria, usos médicos y militares. Aproximadamente, el 45 por ciento de las ventas de Duracell se hacen fuera de los Estados Unidos.

En el mercado en rápido crecimiento de las pilas recargables, los analistas afirman que el canal de «recargables» puede crecer hasta una cifra de 500 millones de dólares, es decir, aproximadamente al 10 por ciento del negocio estimado de Duracell para el año 2000. En 1992, había empezado por establecer una sociedad compartida con Toshiba y Varta con objeto de fabricar y comercializar pilas de níquel e hidruro metálico. Asimismo, encabezó el pelotón de los fabricantes estableciendo en los Estados Unidos la primera fábrica de pilas iónicas de litio en agosto de 1996.

Duracell comparte con Gillette muchas características de explotación, entre ellas, sólidos programas de nuevos productos, una tecnología de alto nivel, una capacitación y una solidez óptimas en la fabricación, y una lealtad a la marca por parte de los clientes muy consolidada en todo el mundo.

Análisis cualitativo de las sinergias potenciales

Cuatro son las principales sinergias de explotación potenciales:

—En primer lugar hay unas significativas sinergias de distribución mundial. Duracell, como fabricante líder de pilas alcalinas, tiene el potencial de aumentar la penetración de las pilas alcalinas en los mercados internacionales. Gillette genera el 70 por ciento de sus ventas en el extranjero, mientras que Duracell sólo el 45 por ciento. Ésta es una consecuencia de la distribución internacional, sustancialmente más desarrollada, de Gillette. Es posible mejorar las tasas de crecimiento introduciendo, los productos de Duracell en nuevos mercados internacionales a través de las redes de distribución establecidas de Gillette. A su vez, Duracell es una marca mundialmente reconocida, con capacidad de expansión internacional que sería apoyada por la potencia de márketing internacional de Gillette.

—En segundo lugar, hay oportunidades interesantes desde una perspectiva de desarrollo de nuevos productos. El carácter único de la combinación entre Gillette y Duracell da lugar a una empresa que fabrica aparatos accionados por pilas así como las pilas para accionarlos. La prestigiosa actividad de investigación y desarrollo de Gillette podría ponerse al servicio de la creación de nuevos productos accionados por pilas, contribuyendo así a que Duracell fortaleciera más su liderazgo tecnológico. Asimismo, su I+D podría posiblemente centrarse en el campo nuevo y creciente de las pilas recargables y en el de los correspondientes productos que las utilicen, que tienen unas oportunidades de crecimiento de mercado considerables en los países en vías de desarrollo.

—En tercer lugar, la entidad combinada tendría una influencia impresionante en los canales minoristas, donde podría aumentar el espacio de exposición y venta destinado a todos sus productos. La dimensión y amplitud de las líneas de producto combinadas de Duracell y Gillette les posiciona para participar en la creciente actividad conocida como gestión de categorías. Esta práctica creciente de márketing consiste en la interrelación de fabricantes y detallistas buscando el objetivo común de aumentar la rentabilidad. Cuanto más espacio ocupen los productos de una empresa, tanto más puede ésta aprender sobre el comportamiento del consumidor y más tiene que ofrecer al detallista, el eslabón con el comprador final.

—En cuarto lugar, la integración de algunas de las actividades de Duracell con las de Gillette reduce los costes conjuntos de la actividad combinada. Además, Gillette es una empresa reconocida como líder en la eficiencia de fabricación. En los mercados desarrollados es posible combinar las funciones de merchandising, distribución, finanzas y administración. En los mercados emergentes, se pueden tratar las pilas como un producto complementario de las actividades ya existentes de Gillette, generándose así eficiencias en la distribución, administración, fabricación y empaquetado de los productos.

La traslación de las sinergias a las previsiones financieras

En esta sección se traducen las sinergias potenciales previamente descritas en previsiones financieras de los impulsores del valor: crecimiento de las ventas, márgenes de beneficio, inversiones incrementales en capital fijo y circulante, impuestos, el coste del capital, y el período de previsión o la duración del crecimiento del valor.

Ventas

Las ventas de Duracell en 1996 fueron de 2,3 millardos de dólares. Sin la fusión, podría preverse que las ventas de Duracell podrían crecer anualmente a una tasa del 13,5 por ciento frente al 8,5 por ciento del crecimiento anual experimentado en los cinco años anteriores. Si las empresas se fusionaran, la presencia internacional de Gillette permitiría que Duracell acelerara el crecimiento internacional de las pilas alcalinas. La mayor distribución internacional de las pilas alcalinas y el mejor progreso posterior de las recargables podrían acrecentar la tasa de crecimiento hasta el 20 por ciento.

Márgenes de beneficio de explotación

Sin la fusión, se espera que los márgenes de beneficio de explotación de Duracell permanezcan justo por encima del 20 por ciento. Los márgenes podrían mejorar hasta llegar al 23 por cierto debido a los ahorros en costes generados por la integración de actividades y por el más rápido desarrollo de las pilas recargables de Duracell, llamadas a generar elevados márgenes de beneficio.

Inversión

Tanto las inversiones incrementales en capital fijo como circulante se han mantenido a los niveles históricos del 20 por ciento, es decir, veinte centavos por cada dólar de aumento anual en las ventas. La consolidación de algunas de las instalaciones de fabricación de Gillette y Duracell podría mejorar la inversión en capital fijo incremental situándola en el 15 por ciento, mientras que el capital circulante incremental probablemente seguirá situado en cotas cercanas a su nivel histórico.

Impuestos

Sin la fusión, el tipo impositivo a pagar se estima en el 39 por ciento. La superposición geográfica de las dos empresas podría generar ciertos ahorros fiscales, reduciendo el tipo impositivo a pagar al nivel del 38 por ciento.

Coste del capital

Se estima el coste del capital a un tipo del 10 por ciento, tanto antes como después de la adquisición.

Duración del crecimiento del valor

La duración del crecimiento del valor de Duracell utilizada para establecer el período de previsión se calcula que será de 10 años. El cálculo de la duración del crecimiento del valor de Duracell comprende: 1) el establecimiento de las previsiones de las expectativas del mercado para los impulsores del valor justo antes del anuncio de la fusión; 2) la traducción de los impulsores del valor a cash-flows; y 3) la ampliación del período de previsión hasta que el valor descontado de los cash-flows y el valor residual igualen el precio de la acción de Duracell antes del anuncio. El precio de la acción de Duracell representaba el valor actual de la proyección de los cash-flows en el período de los diez años más el valor actual del valor residual al fin de esos diez años.

VALORACIONES DE DURACELL: CONSIDERADA AISLADAMENTE Y CON SINERGIAS

Las previsiones de impulsores del valor se usan para calcular los cash-flows anuales que aparecen en la columna 2 de la tabla 8-2. La columna 3 muestra cada uno de los cash-flows descontados a la tasa del 10 por ciento representativa del coste del capital. La columna 4 presenta el valor actual acumulado de esos cash-flows. La columna 5 presenta el valor capitalizado de los cash-flows sostenibles al final de cada año descontado al presente. La columna 6 simplemente presenta la suma de las columnas 4 y 5.

Suponiendo que el saldo de caja de Duracell es necesario para la explotación, los 6,4 millardos de dólares correspondientes al valor actual de los cash-flows y del valor residual será el valor societario de la empresa. Finalmente, se resta la parte de la empresa que pertenece a los tenedores de deuda, para calcular la parte correspondiente a los accionistas. Este valor aislado de Duracell para el accionista es de 5,9 millardos de dólares, o sea, casi de 49 dólares por acción.

TABLA 8-2

Cash-flows y valor para el accionista en el caso de Duracell funcionando aisladamente* (millones de dólares)

Año	Cash-flow	Valor actual	Valor actual acumulado	Valor actual del valor residual	Valor actual acumulado + Valor actual del valor residual
1997	214 $	195 $	195 $	3.149 $	3.344 $
1998	243	201	396	3.250	3.645
1999	276	207	603	3.353	3.956
2000	313	214	817	3.460	4.276
2001	355	221	1.037	3.570	4.607
2002	403	228	1.265	3.683	4.948
2003	458	235	1.500	3.801	5.301
2004	520	242	1.742	3.922	5.664
2005	590	250	1.992	4.046	6.039
2006	669	258	2.250	4.175	6.426

Valor societario	6.426 $
–Valor de mercado del endeudamiento	564
Valor para el accionista	5.862 $
Valor por acción para el accionista	48,6 $
Precio corriente de la acción	48,9 $

* Coste del capital = 10%.

A continuación, se calcula el valor que tiene Duracell para Gillette incorporando en las proyecciones los efectos de las sinergias descritas anteriormente. El valor de Duracell con sinergias, aumenta casi hasta llegar a 94 dólares por acción, como se muestra en la tabla 8-3. Esto indica que, basándose en el conjunto de supuestos utilizados para este análisis, Gillette podría pagar un máximo de 94 dólares por acción de Duracell antes de tener en cuenta los costes vinculados con la operación. Como se estableció antes, la realización de un análisis más detallado implicaría el desarrollo de varios escenarios alternativos con el fin de determinar una gama de valores posibles de Duracell.

TABLA 8-3

Cash-flows y valor para el accionista de Duracell, incluyendo sinergias* (millones de dólares)

Año	Cash-flow	Valor actual	Valor actual acumulado	Valor actual del valor residual	Valor actual acumulado + Valor actual del valor residual
1997	250 $	228 $	228 $	3.834 $	4.062 $
1998	300	248	476	4.183	4.658
1999	360	271	746	4.563	5.309
2000	432	295	1.042	4.978	6.020
2001	519	322	1.364	5.430	6.794
2002	623	352	1.716	5.924	7.640
2003	747	383	2.099	6.463	8.562
2004	897	418	2.517	7.050	9.567
2005	1.076	456	2.974	7.691	10.665
2006	1.291	498	3.472	8.390	11.862

Valor societario	11.862 $
–Valor de mercado del endeudamiento	564
Valor para el accionista	11.298 $
Valor por acción para el accionista	93,7 $
Precio corriente de la acción	48,9 $

* Coste del capital = 10%.

AUTOVALORACIÓN DE GILLETTE

Si el valor estimado para el accionista de Gillette es mayor que el precio corriente de la acción, a la empresa le podría convenir más utilizar su capacidad de endeudamiento y ofrecer dinero para comprar las acciones del vendedor en lugar de emitir nuevas acciones. Recuérdese que la comparación del valor por acción para el accionista con el precio corriente de la acción únicamente aporta un criterio para determinar la estructura de la operación. Hay otros factores para llegar a la determinación definitiva, como la incidencia fiscal de la estructura propuesta, los fondos disponibles procedentes de inversiones y de préstamos, la estructura del capital, y de si el comprador quiere que el vendedor participe en la propiedad de la nueva empresa. En este caso, se supone que el mercado está valorando equitativamente las acciones de Gillette en la época de análisis. La operación Gillette-Duracell consistió en una transacción de intercambio de acciones y se interpretó según las reglas de la combinación de intereses.

VALOR CREADO PARA GILLETTE

¿Cuánto valor se creó para Gillette? ¿Está adquiriendo más valor que el que entrega? La cantidad de valor adquirido consiste en el valor para el accionista de Duracell más el de las sinergias previstas como fruto de la fusión propuesta. El valor entregado consiste en el precio de compra y en los costes totales de completar la operación.

Todo esto se presenta en la tabla 8-4. El valor de 5,9 millardos de dólares para el accionista de Duracell procede de la tabla 8-2. Después de añadir a esta cantidad las sinergias previstas por valor de 5,4 millardos de dólares y de restar el precio y los gastos de la compra, el valor añadido para el accionista (VAA) de Gillette estimado era de 4 millardos de dólares en septiembre de 1996.

TABLA 8-4

Valor añadido para el accionista en la adquisición Gillette-Duracell*
(en millardos de dólares)

	Cantidad
Valor actual acumulado de los cash-flows: Duracell	2,3 $
Valor actual del valor residual: Duracell	4,2
Valor societario: Duracell	6,4
–Valor de mercado del endeudamiento: Duracell	0,6
Valor para los accionistas: Duracell	5,9
Sinergias adquiridas	5,4
–Precio de compra de las acciones y gastos de la operación	7,3
Valor añadido para el accionista para Gillette	4,0 $

* 0,904, ratio de intercambio de acciones.

Aun cuando la operación parece que crea un valor significativo para Gillette, tan sólo unos cambios relativamente pequeños en el valor de las previsiones podrían afectar al análisis sustancialmente. Así pues, es importante determinar cómo pueden variar los impulsores del valor y cuáles de ellos son los que tienen más incidencia en el valor. Para hacer esto, se pueden llevar a cabo varios análisis de impactos relativos y sensibilidad sobre los impulsores del valor tal como se describió en el capítulo 5. Por ejemplo, la matriz de sensibilidad de la tabla 8-5 muestra lo que puede suceder al valor añadido de Gillette procedente de la adquisición si las sinergias y, por tanto, las mejoras en los márgenes y en las previsiones de crecimiento de las ventas, no se materializan completamente. Si los márgenes de beneficio de explotación esperados de Duracell disminuyen en 1 por ciento (del 23 al 22 por ciento), la creación de valor de Gillette procedente de la transacción disminuye de 4 a 3,4 millardos de dólares. Sin embargo, el margen de beneficio de explotación más bajo unido a la reducción de un 3 por ciento en la tasa de crecimiento de las ventas (del 20 al 17 por ciento) disminuiría el valor añadido para el accionista a 1,4 millardos de dólares.

TABLA 8-5

Sensibilidad del valor añadido para el accionista ante cambios en márgenes de beneficio de explotación y en la tasa de crecimiento de las ventas de Duracell en el caso de considerar las sinergias

		Crecimiento de las ventas		
		−3%	0%	+3%
Márgenes	−1%	1,4	3,4	5,8
de beneficio	0%	1,9	4,0	6,6
de explotación	+1%	2,4	4,6	7,4

El análisis de sensibilidad demuestra que la transacción puede añadir valor para los accionistas de Gillette aunque las sinergias no se realicen completamente. No obstante, a la dirección también le interesa saber hasta qué punto el crecimiento de las ventas y los márgenes de beneficio de explotación puede reducirse antes de que la transacción comience a destruir valor. La figura 8.2 muestra las diversas combinaciones de crecimiento de las ventas y de márgenes de beneficios de explotación necesarias para justificar el ratio de intercambio en la época del análisis, septiembre 1996.

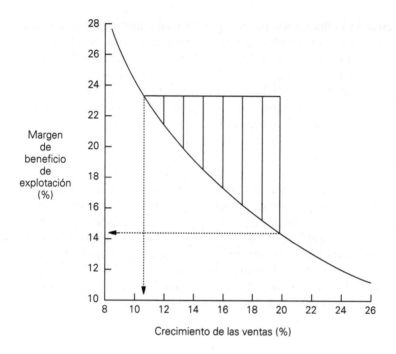

FIGURA 8.2

Umbral de rentabilidad para las ventas y los márgenes de beneficio de explotación en la adquisición de Duracell

El «triángulo» rayado de la figura 8.2 está limitado por márgenes de beneficio de explotación con sinergias (23 por ciento) en la parte superior, crecimiento de las ventas con sinergias (20 por ciento) en la parte lateral, y la línea de umbral de rentabilidad del valor en el fondo. Cabe considerarla como la zona de seguridad para el punto hasta el que pueden deteriorarse los impulsores del valor antes de que la transacción destruya valor. Si el margen de beneficio de explotación sigue siendo del 23 por ciento, la tasa de crecimiento de las ventas puede reducirse justo hasta algo menos del 11 por ciento; si los supuestos de crecimiento de las ventas siguen siendo del 20 por ciento, el margen de beneficio de explotación puede descender hasta algo menos del 15 por ciento.

Basándose en el análisis precedente, la adquisición de Duracell parecía resultar atractiva al ratio de intercambio previsto. Dada la reacción posterior inmediata al anuncio y durante todo el transcurso de la operación hasta su cierre el 30 de diciembre de 1996, el mercado estuvo evidentemente de acuerdo.

La experiencia de empresas que han puesto en práctica el enfoque precedente para el análisis de una adquisición indica que no sólo es una manera efectiva de valorar un candidato potencial a la adquisición, sino que sirve como catalizador para volver a valorar los planes estratégicos generales de una empresa. Asimismo, los resultados permiten que la dirección pueda justificar las recomendaciones de una adquisición ante el consejo de administración de un modo económicamente justo, y de una manera convincente. Tanto si las empresas están buscando hacer adquisiciones como si son potenciales objetivos de ellas, está cada vez más claro que tienen que proporcionar más información para capacitar a la alta dirección y los consejos de administración para tomar decisiones bien concebidas y a tiempo. La utilización del enfoque descrito aquí mejorará las perspectivas de creación de valor para los accionistas en el caso de adquisiciones.

Consejo sobre primas para empresas-objetivo

Mientras que para las empresas compradoras la creación de valor constituye un reto, ése no es ciertamente el caso de los accionistas que venden. La prima de mercado pagada por el adquirente representa una ganancia inmediata para el vendedor. Las primas asociadas a las adquisiciones son una moneda de dos caras. A menudo, el pago de una prima importante produce una reducción del valor para el comprador. Por otro lado, cuando la empresa-objetivo rechaza una prima considerable, puede impedir que los accionistas vendedores obtengan unas ganancias sustanciales. Por consiguiente, las primas de adquisición son un asunto crítico tanto para el consejo de administración del adquirente como para el del vendedor.

Para aclarar esto, consideremos el caso de una empresa-objetivo cuyas acciones se están cotizando a 125 dólares por acción antes de recibir una oferta exclusivamente en dinero de 200 dólares por acción. La oferta representa una prima del 60 por ciento sobre los 125 dólares del precio de cotización. Suponiendo que el coste del capital sea del 12 por ciento, ¿cuál es el valor previsto para los próximos cinco años en caso de reinvertir los 200 dólares recibidos en el mercado?

Haciendo los cálculos a interés compuesto de los 200 dólares al 12 por ciento, se tiene:

Año	Valor por acción (dólares)
1	224
2	251
3	281
4	315
5	352

Para rechazar la oferta de 200 dólares por acción, la empresa-objetivo tiene que creer que el valor de la empresa puede crecer más si sigue como empresa independiente. El consejo puede considerar la probabilidad de que, dados los planes actuales, el precio de la acción supere los valores calculados arriba. También puede tener en cuenta que 200 dólares es un pájaro en mano.

Hay otra pregunta útil que el consejo de administración de la empresa-objetivo podría hacerse. Si se rechaza la oferta, ¿cuál es la tasa de apreciación anual mínima requerida sobre la base del precio «aislado» de 125 dólares por acción para igualar al valor creado si se acepta la oferta? Las tasas de apreciación de la cotización de la acción son las siguientes: 79 por ciento el primer año, 42 por ciento para dos años, 31 por ciento para tres años, 26 por ciento para cuatro años, y 23 por ciento para cinco años. Estas impresionantes rentabilidades mínimas harían muy improbable que algún consejo de administración rechazara la oferta de 200 dólares dinero en mano.

Sin embargo, imaginándose accionista de la empresa-objetivo, usted se sorprendería al leer los siguientes comentarios respectivos del presidente del consejo de administración y del presidente de la empresa.

> Ni queremos, ni hemos querido vender, y no tenemos planes para vender.
> No es nuestra misión liquidar la América empresarial, empezando por nuestra propia empresa... Esta empresa no está en venta.

Desgraciadamente, el ejemplo de arriba es real y, sí, la empresa-objetivo fue capaz de rechazar la oferta de la presunta adquirente. Usted podría haber adivinado correctamente que este caso es, de hecho, el de la infame oferta de Paramount Communications a Time. Este caso ha sido analizado ampliamente en muchas obras jurídicas y de administración de empresas[11]. Para lo que ahora nos interesa sólo es pertinente hacer algunas observaciones.

El 3 de marzo de 1989, Time anunció una oferta de compra de acciones de Warner Communications por valor de 14 millardos de dólares, una operación que necesitaba la aprobación de los accionistas de Time. El 6 de junio de 1989, la Paramount anunciaba una oferta con pago en efectivo de 175 dólares por acción de Time y presentó una querella en la Sala de la Cancillería de Delaware para detener la fusión de Time-Warner. El 23 de junio, Paramount subió su oferta de pago en efectivo hasta 200 dólares por acción. En julio, el tribunal de Delaware falló a favor de Time. Entonces, Paramount retiró su oferta.

¿Por qué rechazó el consejo de Time la oferta de Paramount? El consejo de administración creyó que Paramount representaba una amenaza al mantenimiento de «la cultura de Time», y que una combinación con Warner ofrecía a largo plazo unos rendimientos mejores para los accionistas. Los asesores financieros de Time proyectaron que en 1993 las acciones de Time-Warner se valorarían en una banda de precios comprendida entre 208-402 dólares.

En palabras del canciller de Delaware, William Allen, este es «un espacio en el que un tejano se podría sentir como en casa».

Pero ciertamente, el mercado no estaba convencido. En la época del anuncio de la fusión de Time-Warner, las acciones de Time se cotizaban a 109 dólares. Durante 1993, las acciones de Time-Warner se cotizaron en la banda de 109 a 187 dólares (ajustada por la división de acciones de cuatro por una de 1992), bastante por debajo de las proyecciones realizadas por los asesores financieros de Time. Finalmente, si los accionistas hubieran podido vender sus acciones en junio de 1989 y reinvertido los 200 dólares producto de la operación a rendimiento de mercado, es decir, al del Standard & Poor's 500, su valor total al final de 1996 sería de 579 dólares. Si los accionistas hubieran decidido reequilibrar su cartera e invertir los 200 dólares en Walt Disney, otra acción del mercado del entretenimiento, su valor al final de 1996 hubiera sido de 617 dólares. Por otro lado, los accionistas que hubieran continuado manteniendo sus acciones de Time-Warner tendrían un valor total (habiendo reinvertido los dividendos) de sólo 161 dólares, al final de 1996, una cantidad menor que los 200 dólares que les ofrecían siete años y medio antes. Si los accionistas hubieran podido aceptar la oferta de Paramount y reinvertir los fondos obtenidos en el mercado, el valor de su inversión sería 3,6 veces mayor que el valor de continuar reteniendo las acciones de Time-Warner. Puesto de otra manera, una cartera de quinientas acciones en junio de 1989 habría valido 80.400 dólares a finales de 1996, mientras que habiéndola reinvertido en el mercado o en acciones de Walt Disney habría valido 290.000 y 308.000 dólares, respectivamente.

Las empresas-objetivo que inicialmente se resisten a las absorciones como medio de incitar a que se les hagan ofertas mejores están actuando, evidentemente, en aras del mejor interés para sus accionistas. Las empresas que pueden utilizar una defensa a base de «píldoras envenenadas» u otras medidas antiabsorción tienen en ellas unos excelentes instrumentos de negociación para lograr obtener un precio mejor. Hoy en día, los consejos de administración son mucho menos proclives a seguir el camino de Time y negar a los accionistas la oportunidad de embolsarse generosas primas. No obstante, el afán de permanecer independientes incluso con un coste sustancial para los accionistas aún sigue existiendo. Un ejemplo más reciente es el rechazo con éxito por parte de Wallace Computer Services de una oferta de 1,38 millardos de dólares, que incorporaba una prima del 60 por ciento, que le hizo su archirrival en formularios de empresas y en el negocio de imprenta, Moore Corp. Puede que no haya una forma mejor de dar fin a este análisis de las fusiones y de las absorciones que citar las sabias palabras de Warren E. Buffett sobre el particular:

> En el pasado, he observado que muchos directivos ávidos por hacer absorciones estaban al parecer hipnotizados por su lectura infantil del cuento de la princesa que besó a la rana. Recordando el éxito de la princesa, pagan un alto precio por el derecho de besar sapos empresariales, esperando maravillosas transfiguraciones. Inicialmente, los decepcionantes resultados solamente exacerban su deseo de cortejar a nuevos sapos. («El fanatismo», dijo Santyana, «consiste en redoblar los esfuerzos cuando has olvidado el objetivo».) En última instancia, incluso el directivo más optimista tiene que afrontar la realidad. Metido hasta el bigote entre sapos impasibles, anuncia entonces una enorme iniciativa de «reestructuración». En esta analogía de un programa como «Vídeos de primera», el director general recibe la paliza, pero los accionistas pagan la cuenta del hospital.

Capítulo 9

La implantación del valor para el accionista[1]

Los primeros ocho capítulos de este libro se han centrado en las ventajas de gestionar el valor para el accionista y en una instrucción práctica de cómo aplicar este enfoque a la planificación, a la evaluación de la actuación, y a una amplia variedad de decisiones. La idea de que la orientación al valor para el accionista hace que una empresa sea más atractiva no sólo para los inversores, sino para los empleados, clientes y otras partes interesadas también está ganando aceptación, como lo demuestra el reciente número de empresas, tanto de ámbito nacional como mundial que están implantando este enfoque.

Este capítulo se centra en el proceso de transformación societaria. A medida que las organizaciones procuran alinear sus políticas y procedimientos con el objetivo de valor a largo plazo para el accionista, hay retos que surgen invariablemente y que reclaman una nueva evaluación de las prácticas de gestión que fueron aceptadas y apreciadas durante largo tiempo.

La puesta en práctica de la política del valor para el accionista varía de unas a otras empresas, dependiendo del alcance que tenga el apoyo ofrecido por la alta dirección, de la naturaleza y diversidad de la cartera de negocios de la empresa, del grado de descentralización y de su tamaño, cobertura mundial, composición de su plantilla, cultura, estilo de dirección y sentido de la urgencia que exista en ella. Este capítulo describe un proceso general y las etapas más críticas necesarias para introducir y sostener con éxito en la organización una cultura basada en el valor para el accionista.

Objetivos de la implantación

El compromiso a dedicar recursos sustanciales de la organización tendría que ir precedido por una comprensión indudable de los objetivos de la implantación del valor para el accionista y de los resultados que de ello se espera obtener. La comprensión de cómo es probable que centrarse en el valor para el accionista provoque la transformación de una organización no sólo sirve como mapa de carreteras inicial, sino también como motivación positiva para recoger las recompensas de una implantación exitosa del cambio. Una implantación con éxito significa que la dirección y el resto de la organización han asumido los siguientes principios del valor para el accionista:

— El valor es impulsado por la actuación del cash-flow a largo plazo y ajustado al riesgo, no por los beneficios a corto plazo.
— No todo el crecimiento es creador de valor.
— «Los proyectos creadores de valor» incluidos en estrategias destructoras del valor son malas inversiones.

Una implantación con éxito también significa que la organización ha asumido estos principios y los ha traducido aplicando las siguientes prácticas empresariales:

— Valorar las estrategias alternativas y seleccionar la estrategia con el máximo valor añadido para el accionista (VAA).
— Identificar cuál es la utilización de todos y cada uno de los activos que genera más valor.
— Basar la evaluación de la actuación y la remuneración por incentivos en el valor añadido para el accionista (VAA) y en otros indicadores del valor a largo plazo.
— Devolver dinero a los accionistas cuando no existan inversiones creadoras de valor.

La figura 9.1 representa el ciclo de gestión del valor para el accionista cuando los anteriores principios están establecidos en la organización.

Normalmente, el valor para el accionista se implanta a lo largo de tres fases generales. En la primera, la alta dirección tiene que estar convencida de la auténtica necesidad del cambio. En la segunda, tienen que definirse los detalles convenientes para el cambio e introducirse adecuadamente. Finalmente, en la tercera, hay que reforzar el cambio para asegurar su mantenimiento. La figura 9.2 presenta estas tres fases junto con las actividades esenciales de implantación y los resultados esperados para cada fase. Todo esto es el tema del resto de este capítulo.

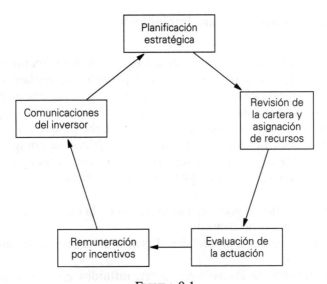

FIGURA 9.1
Ciclo de gestión del valor para el accionista

El logro de compromiso para implantarlo	Introducción del valor para el accionista	Proceso de refuerzo del valor para el accionista	Cambio en el comportamiento de la dirección lleva al logro de mayor valor para el accionista
—Lograr el compromiso de los altos directivos. —Generar una aceptación más amplia de la organización.	—Auditoría del valor. —Evaluación de los impulsores del valor. —Valoración estratégica. —Formación relativa al valor para el accionista.	—Medición de la actuación e incentivos. —Infraestructura del valor para el accionista. —Formación continuada.	
Lograr el consenso sobre la necesidad de cambiar.	Comprender cómo debe producirse el cambio.	Asegurar que el cambio se mantiene.	

FIGURA 9.2
Proceso de implantación del valor para el accionista

El logro de compromiso para implantarlo

En la mayoría de los casos, el compromiso del director ejecutivo general es el factor más importante del proceso de implantación con éxito del valor para el accionista en todo el ámbito de una empresa. El hecho de que sean muchas las empresas que aún no han adoptado la gestión del valor para el accionista es una prueba de que algunos DEG creen que existen razones convincentes para diferir su compromiso en este sentido. He aquí algunos de los motivos que a menudo se citan para diferir una iniciativa del valor para el accionista:

—Lo único que le preocupa al mercado es la cuantía de los beneficios del próximo trimestre.
—Mientras sigamos creciendo, el precio de la acción se cuidará por sí mismo.
—Los precios de las acciones están influidos en gran manera por factores incontrolables, tales como los tipos de interés y las normativas que se establecen.
—Ya estamos utilizando el análisis del cash-flow descontado para evaluar los gastos de capital, así como las fusiones y adquisiciones.
—El valor para el accionista es demasiado complejo para introducirlo en toda la empresa.
—Ya son demasiadas las pautas que están en marcha actualmente.

Además de los argumentos de esta lista, hay otros obstáculos, generalmente implícitos, que se oponen al logro de un compromiso por parte del DEG y de otros altos directivos. Los DEG cuya remuneración por incentivos está basada en los beneficios de la empresa consideran arriesgado desde el punto de vista de sus intereses personales el cambio hacia la política del valor para el accionista.

E, igualmente, un DEG que persiga metas relacionadas con la calidad del producto, el servicio al cliente, u otras iniciativas de cambio en la organización no relacionadas directamente con el valor para el accionista, puede sentir la preocupación de que una iniciativa orientada al valor para el accionista vaya a distraer a los directivos del logro de los anteriores objetivos.

Hay diversos enfoques susceptibles de aumentar la probabilidad de conseguir el compromiso de la alta dirección para la política del VAA:

Oportunidad en la fecha

Como ocurre tantas veces en la vida, la época o la fecha es un factor crítico para lograr la atención y el compromiso del DEG. Cuando los resultados deseados de la empresa tardan en llegar y existe una presión de los grandes accionistas sobre el director ejecutivo general para que aumente el valor, la receptividad al cambio aumentará consecuentemente. La amenaza de un comprador hostil, capaz de explotar las oportunidades desaprovechadas para aumentar el valor puede ser un acicate definitivo para el director general. Una alternativa mejor es prever las presiones externas y comprometerse con el cambio que las elimine. Evidentemente, puede que no haya un mejor momento para la implantación que poco después de que el consejo nombre al DEG con instrucciones inequívocas de maximizar el valor para los accionistas.

Resaltar las ventajas

Los DEG se comprometerán con el valor para el accionista únicamente después de que estén plenamente convencidos de sus ventajas. En primer lugar, tienen que convencerse de que, en realidad, los precios de las acciones se basan en los cash-flows a largo plazo y no en los beneficios a corto plazo. La demostración presentada en el capítulo 2 y la de la sección «Ventaja competitiva y valor para el accionista» del capítulo 4 está probado que son de gran ayuda para demostrar a los DEG que el mercado de las acciones está orientado al largo plazo y que lo impulsan los cash-flows. Sin embargo, hemos descubierto que no hay nada que impulse más a los directores generales que los resultados de un análisis de las señales del mercado para su propia empresa. Como se demostró en el capítulo 6, este análisis se centra en explicar lo que el precio de las acciones de una empresa dice respecto a las expectativas del mercado relativas al futuro de la empresa. Cuando un DEG ve el nivel de actuación a largo plazo necesario para justificar el precio corriente de la acción, cabe concluir que se ha alcanzado un importante hito intelectual. En ciertos casos, la actuación a largo plazo implícita en el precio de la acción es más agresiva que los planes quinquenales de la unidad de negocio, frecuentemente muy optimistas. Al menos, este análisis arrojará algunas dudas sobre la creencia continuada del DEG en que el mercado infravalora a la empresa. Aunque el DEG esté convencido de que los precios de las acciones dependen de los cash-flows a largo plazo, también tiene que estar convencido de que un cambio hacia la gestión del valor para el accionista mejorará el proceso de toma de decisiones. La forma más persuasiva de lograr este objetivo es analizar un asunto estratégico que a la sazón se está considerando, utilizando la prueba clásica de los beneficios y el criterio del valor añadido para el accionista (VAA). El hecho de demostrar que cada uno de los dos sistemas genera decisiones diferentes y que la decisión basada en los beneficios compromete seriamente el valor a largo plazo para el accionista acelera invariablemente el viaje del DEG hacia el compromiso.

TOMAR COMO OBJETIVO UNA PREOCUPACIÓN CLAVE DEL DEG

A veces un cambio en la organización orientado al valor para el accionista puede abordar alguna preocupación importante del DEG. Los bajos rendimientos obtenidos para los accionistas preocupaban a Vern Loucks, DEG de Baxter International. La preparación de su empresa ante una liberalización del mercado de la energía preocupaba a Bob Griggs, DEG de Duke Power. Doug Miller, DEG de Norrell, una empresa especializada en la gestión estratégica del personal, quería asegurar el establecimiento de prioridades de gestión para maximizar el valor de Norrell para sus nuevos accionistas, después de que la empresa salió a cotización pública.

APROVECHAR LA FRUSTRACIÓN CON LOS PROCESOS EXISTENTES

A veces, el compromiso se deriva de la frustración con los procesos existentes y del consenso a favor del cambio dentro de la organización. Para ilustrar esto está, por ejemplo, en 1995, el caso de la alta dirección de una importante empresa de prospección y explotación de yacimientos petrolíferos y de gas que estaba de acuerdo en que los procesos existentes en la empresa necesitaban una revisión.

Las previsiones de plan de negocio siempre eran demasiado optimistas y provocaban una asignación errónea de los recursos. Por añadidura, se admitía que la remuneración por incentivos no estaba vinculada adecuadamente a la creación de valor. Asimismo, la dirección tenía dificultades para establecer los objetivos financieros adecuados. Reiteradamente, pedía a los directores de las unidades de negocio que mejoraran los cash-flows de explotación (antes de la inversión de capital), y sólo veía que se gastaban cantidades significativas de capital en inversiones con rentabilidades meramente marginales. En vista de esta situación, la dirección cambió su orientación centrándose en la mejora de los rendimientos sobre el patrimonio neto (RPN). Este cambio dio lugar a que se pusiera un énfasis desmesurado en los rendimientos a corto plazo, a la reluctancia a invertir en algunos proyectos a largo plazo creadores de valor, y a una reducción del crecimiento rentable. Después de todos estos sucesos, la dirección no tuvo dificultad en decidir que había llegado la hora de hacer un cambio. Poco tiempo después, la empresa emprendió una implantación a todos los niveles del criterio del valor para el accionista, encabezada por un equipo de dirección entusiasta.

Comenzar con un DEG comprometido

Un alto directivo influyente estrechamente vinculado al DEG, en la mayoría de los casos el director financiero general, puede ser el principal valedor inicial del valor para el accionista en una organización. Normalmente, esta clase de directivos considera que maximizar el valor para el accionista es lo que se debe hacer y además sabe cómo llevar este empeño a la práctica. En resumen, ésta es la persona mejor situada para lograr el compromiso del DEG.

Harry Kraemer, en su día director financiero general (DFG) y actual presidente de Baxter International, fue un protagonista clave en la introducción del valor para el accionista en la organización.

> Me senté junto a Vern (Loucks, DEG) y le dije que si yo iba a ser el DEG, entonces iba a conseguir que, de una vez por todas, esta organización se centrara en el cash-flow. Añadí que tenía que apoyarme al mil por cien, porque en cuanto los otros directores ejecutivos vieran la mínima debilidad en su compromiso, el asunto dejaría de funcionar.

Bob Dettmer, que fue DFG de PepsiCo, describe una conversación parecida:

> Cuando Wayne Calloway tomó posesión como presidente y me pidió que fuera el DFG, le dije: «De acuerdo, Wayne, tú comprendes que si acepto voy a establecer de verdad este concepto del valor para el accionista, porque creo que es la mejor manera de determinar la orientación estratégica de la empresa». Entonces me respondió: «¿Por qué crees que te estoy pidiendo que seas el DFG?».

Adecuarlo a los directores de explotación

Un DEG comprometido tiene que estar convencido de que el valor para el accionista es algo más que una «nueva» práctica de gestión financiera. El DEG tiene que estar convencido de que es un instrumento para el que vale la pena recabar el tiempo, la energía y el auténtico compromiso de los directores de explotación. Por consiguiente es crucial que las ventajas de la gestión del valor para el accionista se demuestren en forma práctica y fácilmente comprensible para los responsables de la explotación. En otras palabras, es más probable que se logre el compromiso del DEG cuando éste confía en tener éxito al «vender la idea» del cambio en la organización. Los DEG saben que incluso las mejores ideas son estériles si no se logra que una organización quiera y sea capaz de ponerlas en práctica.

Las etapas precedentes mejorarán sustancialmente las posibilidades de lograr el compromiso de la alta dirección. Si el compromiso no se materializa, entonces es mejor posponer la iniciativa hasta que las condiciones sean más favorables. Desgraciadamente, ésta es una alternativa muy poco atractiva. Sin embargo, si se prosigue sin el adecuado apoyo de los niveles superiores de la empresa, los resultados decepcionantes estarán garantizados. En última instancia, los DEG que no logran abrirse camino para implantar el valor para el accionista tendrán que responder ante accionistas descontentos que urgirán al consejo de administración a que sustituya a la dirección de la empresa o ante un pretendiente no invitado preparado para llenar «el vacío» de valor.

La introducción del valor para el accionista

La segunda fase de la implantación comprende la introducción del valor para el accionista como norma de la organización en los procesos de planificación, toma de decisiones, evaluación de la actuación y remuneración con incentivos. El DEG comprometido tendrá que motivar a la organización para que trate esta introducción con la resolución y el entusiasmo normalmente reservados a la introducción de un producto nuevo de la mayor importancia. Lograr que los directivos y los empleados asuman sinceramente la idea de transformar la empresa en una organización orientada al valor para el accionista normalmente es un proceso de venta más complicado que el dirigido a los clientes de la empresa. Los análisis demostrativos de la importancia y la utilidad del valor para el accionista acompañados de una formación «a medida» son los factores clave de la fase de introducción.

Los tres análisis principales y los asuntos tratados en cada uno de ellos son:

Análisis	Asunto tratado
Auditoría del valor	¿Qué meta de valor para el accionista está marcando la dirección y qué comparación admite con las expectativas de los accionistas?
Evaluación de los impulsores del valor	¿A qué factores de explotación tendrían que dar prioridad los directivos?
Valoración de estrategias	¿Qué estrategia tiene más probabilidades de maximizar el valor?

AUDITORÍA DEL VALOR

Las empresas orientadas al valor para el accionista calculan regularmente el valor total de sus negocios y comparan estas expectativas de la dirección con las de los inversores, que se reflejan en el precio de las acciones de la empresa. Esta auditoría del valor comprende tres etapas.

La primera etapa consiste en valorar cada unidad de negocio. El valor agregado de las unidades de negocio menos su endeudamiento se compara a continuación con el valor de mercado de la empresa. Si el valor interno es menor que el valor de mercado, los directivos tendrán que estudiar la forma de cubrir ese desfase sin comprometer la credibilidad de las previsiones internas. Sin embargo, si el valor interno según la dirección es superior al valor de mercado, se le pueden presentar a la empresa diversas oportunidades de mercado creadoras de valor. Por ejemplo, suponiendo que la empresa tenga un exceso de tesorería o que le sobre capacidad de endeudamiento, puede que le interese considerar la posibilidad de acometer una recompra de sus propias acciones, indicando así que la dirección cree que están infravaloradas en el mercado.

La segunda etapa consiste en calcular el valor añadido esperado para el accionista (VAA) para cada unidad de negocio. El cálculo del VAA se presentó en los capítulos 3 y 7. La determinación del VAA proporciona a la alta dirección de la empresa una tabla de puntuación de la creación de valor y le permite supervisar el progreso de generación de valor de cada unidad de negocio. Además, la dirección puede observar continuamente qué negocios cabe esperar que contribuyan de modo más significativo al valor conjunto de la empresa y ponderar los riesgos de una actuación inferior a la prevista. Asimismo, una comprensión del potencial del VAA crea la base para examinar las oportunidades de reestructurar la cartera societaria por medio de desinversiones o transferencias de activo a los accionistas.

La tercera etapa completa el análisis de las señales del mercado al comparar las expectativas de la dirección tal como aparecen reflejadas en los planes internos de negocio con las expectativas de los inversores reflejadas en el precio de las acciones de la empresa. Recuérdese que los accionistas obtendrán rendimientos superiores si la actuación supera las expectativas del mercado incorporadas en el precio de las acciones. Siempre es prudente llevar a cabo este análisis de las señales del mercado antes de anunciar públicamente los objetivos de rendimiento para los accionistas.

Duke Power lanzó su programa de implantación del valor para el accionista con una auditoría del valor y un análisis de las señales del mercado. Richard Osborne, director financiero general de Duke Power mantiene que la auditoría del valor permitió que Duke valorara correctamente su posición y desarrollara una estrategia para convertirse en una empresa productora de energía sobresaliente en la creación de valor:

> Después de valorar nuestro negocio esencial de empresa productora de energía al servicio del público y nuestros otros negocios no sujetos a reglamentación sobre la base de nuestras previsiones financieras, descubrimos que el valor agregado de Duke Power no era suficiente para mantenernos en el decil superior de rentabilidades de las empresas productoras de energía. Dado que este nivel de rendimiento para el accionista es un impulsor de la remuneración de los directivos, esta constatación despertó un gran interés. Todo el mundo empezó a hablar del «vacío de actuación» y de cómo llenarlo.

EVALUACIÓN DE LOS IMPULSORES DEL VALOR

Una auditoría del valor capacita a los directivos para supervisar la creación general de valor. Sin embargo, éste no es el nivel al que se toman las decisiones día a día en las unidades de explotación. Son cientos los factores que influyen en el valor de cualquier negocio y, al afrontar la tarea de gestionarlos, son muchos los directivos a los que les resulta difícil establecer prioridades. Una de las más importantes contribuciones del análisis del valor para el accionista es que capacita a los directivos de explotación para definir qué actividades de sus negocios tienen que ser objeto de una gestión más activa.

El valor de un negocio depende de los siete impulsores de valor financieros que se han resaltado en todo el ámbito de este libro: crecimiento de las ventas, margen de beneficio de explotación, inversión incremental en capital fijo, inversión incremental en capital circulante, tipo impositivo a pagar, coste del capital, y duración del crecimiento del valor. Aunque estos impulsores del valor son críticos en la determinación del valor de cualquier negocio, son demasiado genéricos para ser útiles en numerosas decisiones de explotación. Para que sean útiles, los directivos de explotación tienen que definir para cada negocio los microimpulsores del valor que influyen en los siete macroimpulsores —o, también, impulsores financieros— del valor. La figura 9.3 ofrece un ejemplo de la vinculación entre micro y macroimpulsores del valor.

Una evaluación de estos microimpulsores del valor realizada a nivel de las unidades de negocio permite que la dirección se centre en aquellas actividades que maximizan el valor y que elimine las inversiones costosas de recursos en actividades que sólo hacen una aportación marginal, o incluso nula, al potencial de creación de valor. El análisis de los impulsores del valor es una etapa crítica en la búsqueda de iniciativas estratégicas con el máximo potencial de creación de valor. El hecho de aislar estos microimpulsores del valor permite que la dirección identifique las actividades de las unidades de negocio que tengan el impacto más significativo en el valor y aquellas que son más fáciles de controlar por la dirección. Asimismo, este análisis produce los «indicadores líderes del valor», analizados en el capítulo 7. El análisis de los impulsores del valor de una unidad de negocio se lleva a cabo en tres etapas.

La primera etapa consiste en levantar un «mapa» de impulsores de valor del negocio. Esto requiere la identificación de los microimpulsores del valor que impactan en el crecimiento de las ventas, en los márgenes de beneficio de explotación y en las necesidades de inversión. La figura 9.4 presenta un mapa de impulsores del valor para los costes de explotación de las actividades de venta minorista de una empresa de comercialización de derivados del petróleo. La empresa comenzó por clasificar los costes de explotación en siete categorías. Estas categorías se desglosaron posteriormente según sus respectivos impulsores clave del valor.

Provistos con una comprensión mejor de las relaciones de los microimpulsores del valor, la siguiente etapa consiste en identificar los impulsores que tengan un mayor impacto en el valor. Para establecer la sensibilidad del valor a un impulsor del valor en concreto, hay que determinar primero la banda relevante para ese impulsor. La banda relevante se puede determinar considerando la actuación histórica, la actuación marcada como objetivo y la actuación evaluada comparativamente

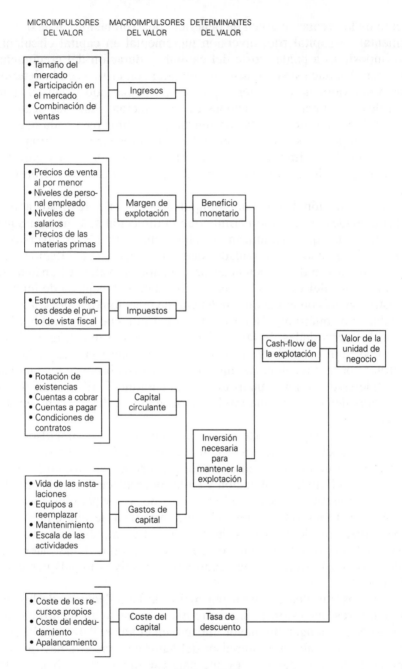

FIGURA 9.3

Micro y macroimpulsores de valor

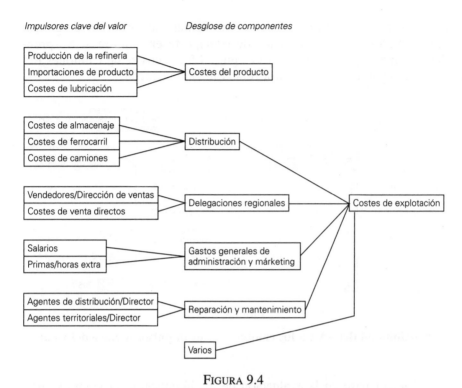

FIGURA 9.4
Mapa de impulsores del valor para los costes de explotación del negocio al por menor

con la de los competidores más destacados. La figura 9.5 presenta la sensibilidad del valor para el accionista a los cambios en los impulsores seleccionados para la comercialización tanto al por menor como industrial. A efectos de simplificación, cada impulsor varía en un 10 por ciento, excepto en el caso de los descuentos para los clientes industriales, que están comprobados en variaciones del 1 por ciento.

La mayor parte de los directivos cree que puede identificar los impulsores clave de sus empresas. Sin embargo, estos impulsores puede que en muchos casos sean apropiados para una empresa impulsada por los beneficios a corto plazo más que para una organización que busca el valor a largo plazo.

La experiencia demuestra que las sensibilidades de los impulsores del valor no siempre son evidentes. Por consiguiente, la cuantificación de las sensibilidades es un ejercicio valioso tanto para los directores de explotación como del nivel superior. Por ejemplo, la empresa comercializadora de derivados del petróleo se ha centrado históricamente en el aumento del volumen de ventas a los clientes industriales y en gestionar cuidadosamente los costes de transporte en camiones. Sorprendentemente, tal como muestra la figura 9.5 los costes de camiones tienen una repercusión en el valor relativamente pequeña.

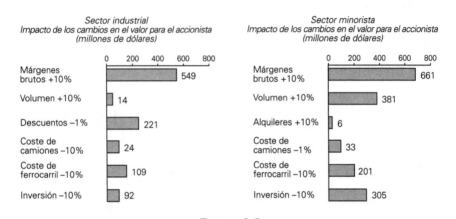

FIGURA 9.5

Sensibilidad del VAA a los cambios en los impulsores clave del valor

El tercer paso en la evaluación de los impulsores del valor es aislar aquellos impulsores sobre los que la dirección de la empresa puede influir. Algunos impulsores, tales como los precios de las materias primas y los tipos de interés pueden causar un impacto significativo, pero no son directamente controlables por la dirección. Evidentemente, los buenos directivos sabrán bien cuáles son los impulsores críticos, pero incontrolables, y emprenderán acciones para cubrir los riesgos que generen para la empresa.

El objetivo es identificar aquellos impulsores que tengan un impacto de elevado valor y que, a la vez, sean controlables. La figura 9.6 ilustra este aspecto en el caso de la empresa dedicada a comercializar derivados del petróleo. Se han identificado tres impulsores con un impacto de elevado valor y un nivel elevado de influencia por parte de la dirección, que se presentan en el cuadrante superior de la derecha: inversión minorista en las estaciones de servicio, volumen de ventas al por menor, y descuentos a los clientes. Una vez que se hayan identificado los impulsores clave del valor, los directivos se pueden centrar en aplicar estrategias diseñadas para mejorar la actuación de estos impulsores. Entonces, se les puede desglosar más de modo que las tareas específicas creadoras de valor puedan ser impulsadas de arriba abajo por toda la organización.

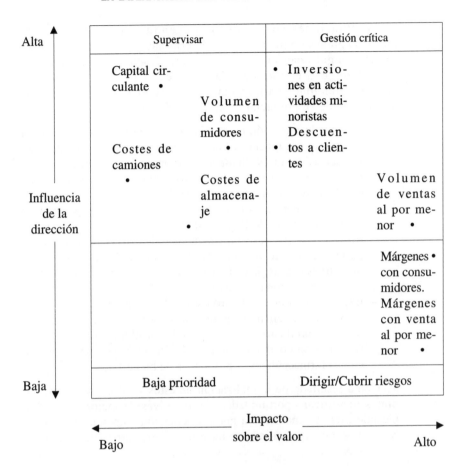

FIGURA 9.6

Influencia de la dirección e impacto sobre el valor

PacifiCare, una organización líder en la asistencia sanitaria, llevó a cabo una auditoría del valor y un análisis de los impulsores del valor. Wayne Lowell, director financiero general, describe la experiencia como sigue:

> Al tiempo que desarrollábamos nuestros planes estratégicos, caímos en la cuenta de que teníamos ante nosotros varios retos estratégicos. El debate sobre la reforma de la asistencia sanitaria había empezado a subir de temperatura. Asimismo, grandes clientes comerciales y estatales acogidos a los servicios nos estaban presionando para que fuéramos más competitivos. Éstas y

otras situaciones nos forzaron a examinar muy críticamente nuestros planes de negocio para determinar cuáles eran los factores que impulsaban nuestro valor, para después diseñar iniciativas estratégicas en torno a estos factores. A lo largo de este proceso, emprendimos varias iniciativas concretas, medida cada una en función de su potencial de creación de valor:

- Mejorar la retención de asociados. Dándonos cuenta de hasta qué punto era mucho más caro conseguir nuevos clientes que retener a los que ya teníamos, desarrollamos estrategias para mejorar la retención de asociados y potenciar nuestra tasa de crecimiento que ya era de alto nivel.
- Expansión del servicio de Seguro Médico. La expansión de nuestro producto de Seguro Médico era un impulsor de nuestro valor así que buscamos la manera de capitalizar nuestra experiencia en este servicio. Esto nos llevó a establecer varias iniciativas estratégicas dirigidas a ampliar este producto abarcando nuevas zonas del país.
- Expansión enfocada de productos. Dada la amplitud de nuestro parque de clientes, empezamos a examinar cómo ampliar líneas de producto de atención sanitaria administrada subsidiarias tales como el servicio de salud mental, gestión de prestaciones farmacéuticas, y programas de bienestar.

Como resultado de la realización de éstos y otros proyectos, pudimos identificar oportunidades significativas de mejora del valor. Cuando éstas se añadieran a nuestra actuación comercial básica garantizarían una actuación superior a los niveles esperados por nuestros accionistas.

VALORACIÓN DE ESTRATEGIAS

El análisis del valor para el accionista es especialmente valioso cuando se aplica a la valoración de estrategias alternativas. Como se analizó en el capítulo 4, el proceso de formulación de estrategias genera hipótesis sobre las estrategias óptimas para las empresas. El valor para el accionista permite que la dirección de la empresa compare estas hipótesis y determine qué estrategias tienen más probabilidades de generar el máximo valor. En el capítulo 5 se presentaron ejemplos de valoración de estrategias alternativas.

Una vez que el análisis estratégico se transforma en planes formalizados, es importante que estos planes sean creíbles. Los planes sin credibilidad socavan tanto el proceso de planificación como la motivación de los directores de explotación y la de sus empleados para poner los planes en práctica. Los planes que continuamente se ven perturbados por acontecimientos imprevistos, tales como cambios en la tecnología y maniobras estratégicas de la competencia, perjudican los esfuerzos de creación de valor de la empresa y la credibilidad de sus directivos. Por consiguiente, los planes más eficaces no sólo se basan en un análisis competitivo bien fundamentado, sino que también tienen previstas las correspondientes respuestas para el caso de que surjan contingencias que trastornen la estrategia existente.

Recuérdese en este sentido que el análisis para demostrar su utilidad y la formación específica para entender todo su planteamiento son los ingredientes clave de la fase de introducción del concepto del valor para el accionista. Ahora pasamos de la fase de análisis a la de formación.

FORMACIÓN EN EL TEMA DEL VALOR PARA EL ACCIONISTA

Empresas que durante décadas han actuado con un enfoque centrado en los beneficios a corto plazo descubren que un provechoso cambio al cash-flow y la creación de valor a largo plazo requiere un programa de formación cuidadosamente planificado y realizado.

Este programa tiene varios objetivos:

— Proporcionar una comprensión práctica y conceptual y por consiguiente ganar aceptación a todos los niveles y en todos los ámbitos de la empresa.
— Aumentar la capacitación técnica de aquellos que serán responsables de realizar el análisis del valor para el accionista.
— Dar a conocer a los directivos cómo es probable que el valor para el accionista afecte a las decisiones que ellos toman.
— Alertar a los directivos respecto a los cambios futuros en cuanto a planificación, medición de la actuación y remuneración con incentivos.

Es esencial que los participantes vean el programa de formación en el valor para el accionista como una oportunidad única para adquirir los conocimientos necesarios para triunfar en una organización transformada. Para lograrlo, es preciso que en las sesiones de formación se demuestren las ventajas del valor para el accionista y que se seleccionen aplicaciones prácticas que los participantes puedan utilizar inmediatamente después del cursillo. Es preciso que las sesiones se adecúen a los cometidos, necesidades y responsabilidades de los asistentes. Por ejemplo, habrá grupos que necesiten adquirir un conocimiento práctico y general del valor para el accionista, mientras que otros pueden necesitar una capacitación técnica en profundidad.

Una de las mejores maneras de aprender es enseñar. En este sentido, hágase participar a personas procedentes de diversas áreas de la empresa para que disipen la idea de que el valor para el accionista no es más que una «iniciativa financiera». Este enfoque de «formación de formadores» no sólo potencia los recursos limitados de la enseñanza, sino que también genera una mayor sensación de «propiedad» del concepto por toda de la empresa.

Existe una diversidad de mecanismos que sirven para reforzar las iniciativas tradicionales de formación. Los boletines y hojas informativas que reseñan los conceptos clave e informan de los resultados de aplicaciones concretas son demostrativos de que la empresa mantiene su compromiso con el valor para el accionista. Se pueden organizar clases avanzadas y sesiones de prácticas que vayan más allá del «Valor para el accionista 101» con el fin de aclarar temas especialmente complejos, tales como el tratamiento más adecuado de los cash-flows y del coste del capital para las unidades que hacen negocios en el extranjero. En el análisis final, las solicitudes de asignación de capital, la medición de la actuación y la remuneración con incentivos que incorporan cash-flow y valor para el accionista son la mejor garantía de que las personas aplicarán los conceptos presentados en el programa de formación.

Un único programa jamás será suficiente para cubrir las necesidades de todas las organizaciones. Sin embargo, hay algunos temas que es preciso desarrollar en casi todos los programas. Éstos se detallan en la figura 9.7.

Antes de concluir esta sección sobre la introducción del valor para el accionista, hay un tema adicional que reclama una breve discusión. ¿Es mejor lanzarse a un esfuerzo de implantación a escala completa o es mejor empezar con una iniciativa limitada? Como ocurre en la mayoría de las buenas preguntas, la respuesta también es, una vez más: «depende». Una empresa con actividades en un solo sector y una dirección centralizada y que ofrece un gran apoyo, invariablemente escogerá la implantación a escala completa. Por otra parte, una empresa diversificada, muy descentralizada, que no cuente con el compromiso total de su alta dirección, es probable que elija una pauta de actuación más evolutiva.

La razón de la adopción del valor para el accionista
— Ejemplos de decisiones tomadas de modo diferente.
— Necesidad de mayor eficiencia del capital.
— Ventajas de medir y supervisar el valor y la creación de valor.
— Ventajas de aumentar el enfoque sobre los impulsores del valor.

Los fundamentos de la creación de valor
— Medir el valor.
— Medir la creación de valor.
— Papel desempeñado por el análisis del valor.

Análisis/ejercicio de caso de valoración

Aplicación de una perspectiva del valor
— Aplicaciones a las decisiones cotidianas de explotación/el papel de los impulsores del valor.
— Aplicaciones para la planificación estratégica.
— Medición de la actuación e incentivos para la dirección.

Estudios del caso en aplicaciones del valor para el accionista

La medición del riesgo en las decisiones de inversión
— La distinción entre diferentes tipos de riesgo.
— Determinación de las necesidades de rendimiento (coste del capital).
— Aplicaciones del análisis de sensibilidad, de situaciones hipotéticas y de simulación.
— Comunicación del análisis de riesgos.

Ejercicio para evaluación del riesgo

Identificación de estrategias creadoras de valor
— Visión panorámica de la planificación estratégica.
— Identificación de las fuentes de ventaja competitiva.
— Vinculación de la ventaja competitiva con la creación de valor.

FIGURA 9.7

Plan de formación en el valor para el accionista

Por ejemplo, en Norrell, un gran proveedor de personal y de servicios de aprovisionamiento externo, la alta dirección era reacia a emprender inmediatamente una implantación a escala completa del valor para el accionista. Sin embargo, los altos directivos estaban de acuerdo en que la empresa necesitaba volver a examinar y establecer claramente las prioridades de gestión. Empezaron con un análisis enfocado sobre los impulsores de valor dentro de su negocio de prestación de personal al por menor. Los resultados fueron suficientemente ilustrativos para generar entusiasmo por un conjunto más amplio de técnicas de gestión basadas en el valor para el accionista. Nuestra experiencia indica que, en algunas empresas, la plena implantación de este sistema es culturalmente inviable sin una iniciativa previa de «probar antes de comprar».

El reforzamiento del valor para el accionista

Una vez que el valor para el accionista se haya introducido en una organización, es fundamental reforzarlo mediante procesos de gestión que le sirvan de apoyo en áreas tales como la planificación estratégica, el proceso presupuestario anual, las medidas de evaluación de la actuación, la remuneración con incentivos, y las comunicaciones externas e internas con los inversores y otras partes interesadas. Es preciso armonizar cada una de estas actividades con el enfoque de la empresa sobre los impulsores del valor, el cash-flow y la creación de valor y, a la vez, hacer que les sirvan de apoyo.

En este sentido, se debe insistir en que el papel de la medición de la actuación y la remuneración con incentivos al reforzar el enfoque sobre el valor para el accionista es absolutamente crítico. Y es que las buenas intenciones y los esfuerzos sustanciales puestos en juego para transformar una organización serán papel mojado si no van acompañados de medidas de la actuación e incentivos que refuercen el proceso del cambio deseado. Es perfectamente normal que los directivos reaccionen positivamente a unas medidas que les brindan el aplauso de la organización y recompensas financieras. Actualmente son muchas las empresas que se consideran «empresas enfocadas al valor para el accionista», pero que, sin embargo, tienen establecidas medidas de la actuación e incentivos que están más en contra que a favor de la misión del valor para el accionista. Como se detalló en el capítulo 7, habría que desarrollar unas normas específicas para el DEG y otros ejecutivos generales, así como para los directores de explotación y los empleados. En cada nivel, hay que abordar estos tres asuntos:

—¿Cuál es la medida más apropiada de la actuación?
—¿Cuál es el nivel de actuación más apropiado para marcarlo como objetivo?
—¿Cómo habría que vincular las recompensas a la actuación?

Como se recomendaba en el capítulo 7, esta jerarquía de mediciones de la actuación incluye el rendimiento total para los accionistas a nivel de la dirección general de la empresa, el valor añadido para el accionista (VAA), y los indicadores líderes del valor para los directores de las unidades de explotación, y la actuación más específica de los impulsores clave del valor en los niveles inferiores de la organización.

Asimismo, la dirección tiene que decidir en qué etapa del proceso general de implantación del valor para el accionista va a introducir nuevas medidas de la actuación y planes de remuneración con incentivos. Sobre este particular hay dos escuelas de pensamiento respecto a cuál es el mejor momento. Una defiende que las medidas de la actuación respecto al valor para el accionista, así como los incentivos, habría que establecerlos en las fases tempranas del proceso de implantación con el fin de captar la atención de la organización y asegurar la seriedad de las intenciones y de la dedicación. La otra argumenta que habría que introducir los cambios cuando el proceso estuviera más avanzado, de forma que así no se hiciera responsable a la dirección de medidas que en esa fase aún no ha aceptado o comprendido plenamente. La introducción excesivamente temprana de nuevas medidas de la actuación aumenta la resistencia al cambio y, por consiguiente, reduce las probabilidades de alcanzar el éxito.

No hay una respuesta fácil, ni tampoco universal, a este dilema. Nosotros tendemos a favorecer un enfoque más pausado. En numerosas ocasiones, la introducción prematura de medidas de la actuación puede poner en serio compromiso todo el programa del valor para el accionista. Y sencillamente éste es un precio demasiado caro para aceptarlo.

En resumen, el valor para el accionista es algo que «decididamente hay que establecer», y las presiones de la competencia, así como de los accionistas institucionales que buscan la máxima rentabilidad, obligarán a que su concepto y práctica se consoliden. Además las pruebas procedentes de empresas que han establecido ya el valor para el accionista demuestran que el concepto es útil. El enfoque brinda a las organizaciones rigor y coherencia de análisis en sus unidades de negocio, sus funciones y sus niveles de organización, así como una gran diversidad de decisiones empresariales. De esa manera, los directivos que compiten por obtener recursos comparten un marco común de análisis, una meta común y un lenguaje común. Todo esto puede mejorar sustancialmente la comunicación en la organización, lo cual, a su vez, mejora la productividad de la dirección al facilitar una toma de decisiones más eficiente y efectiva.

Capítulo 10

Tabla de valoración para los accionistas

A lo largo de este libro el enfoque se ha centrado en las razones que justifican la búsqueda del valor para el accionista y en las formas prácticas de implantarlo. Ahora dirigimos nuestra atención hacia la manera más conveniente de controlar la puntuación conseguida al respecto. No hay escasez de clasificaciones relativas a las empresas con cotización pública. Las principales publicaciones económicas clasifican a las empresas por sus volúmenes de ventas, sus beneficios, sus activos, o por su valor total en el mercado bursátil. Estas publicaciones también destacan invariablemente determinadas medidas e indicadores financieros como, por ejemplo, beneficios por acción y rendimiento sobre los recursos propios con el fin de evaluar la actuación empresarial. Sin embargo, el resultado final que buscan los inversores no es ni la dimensión ni la actuación financiera histórica de una empresa, sino la tasa total de rendimiento, es decir, los dividendos más los aumentos del precio de las acciones. Para llenar este vacío, el *Wall Street Journal* en cooperación con The LEK/Alcar Consulting Group, publica anualmente *The Shareholder Scoreboard,* que se centra exclusivamente en la actuación para el inversor con clasificaciones ordenadas de las tasas de rendimiento para las mil empresas mayores, que representan cerca del 90 por ciento del valor de mercado de todas las acciones de los Estados Unidos[1].

La *Scoreboard* no sólo sirve para recordar a los directores generales y a los consejos de administración su responsabilidad fundamental ante los accionistas, sino que también proporciona una base de datos sobre la actuación utilizable por más personas que nunca. El rendimiento total para los accionistas es la medida de la actuación para los ahorros individuales confiados a los fondos de inversiones y de pensiones, los cuales, en unión de otros inversores institucionales son propietarios de más de la mitad de las principales sociedades estadounidenses. El explosivo crecimiento de los planes 401(k) y el desplazamiento de la responsabilidad de las decisiones de inversión de los patronos a los empleados ha aumentado aún más el número de personas interesadas en las clasificaciones del rendimiento para los accionistas. El rendimiento para el accionista ya no es exclusivamente un campo propio del inversor acaudalado. Se ha convertido en el motor que genera un nivel de vida mejor y una jubilación económicamente segura para millones de personas.

Cuando sube la marea, no suben todas las acciones

Las pruebas estadísticas demuestran que existe una amplia gama de actuaciones del rendimiento para el accionista. Esto sugiere que tiene que haber algo más que las condiciones generales del mercado para impulsar los rendimientos. Un mercado en alza no arrastra hacia arriba a todas las acciones. Los rendimientos relativos excepcionales a largo plazo cabe asociarlos con una gestión de alta calidad. The LEK/Alcar Consulting Group ha llevado a cabo estudios sobre el rendimiento para los accionistas en el mercado de valores de los Estados Unidos, en el mercado de acciones australiano, y en diversos mercados de Europa y Asia. En cada mercado, así como dentro de sectores específicos el diferencial entre las empresas de mejor y peor comportamiento es sustancial. En los Estados Unidos, por ejemplo, basta comparar el extraordinario rendimiento medio anual para el quinquenio 1992-1996 del 52,5 por ciento logrado por las acciones de empresas de semiconductores y el del 46,4 por ciento de las del sector de la tecnología de las comunicaciones, que se muestran en la tabla 10-1, con la exigua rentabilidad del 2,3 por ciento asociada con el sector de control de la contaminación y con el rendimiento negativo de las acciones de transporte por carretera.

La tabla 10-2, que es la *Shareholder Scoreboard* con la clasificación de las treinta acciones del Dow Jones Industrial Average, muestra claramente una amplia gama de rendimientos.

Tabla 10-1

Qué sectores actuaron mejor
(clasificados por el rendimiento medio quinquenal)

	Rendimiento en 1 año	Clasificación en 1 año	Rendimiento medio 3 años	Clasificación en 3 años	Rendimiento medio 5 años
Semiconductores y conexos	69,0%	2	50,6%	1	52,5%
Tecnología de las comunicaciones	25,1	38	29,8	11	46,4
Alquileres de inmuebles	27,0	34	25,3	21	31,1
Maquinaria pesada	24,9	39	23,9	24	28,6
Banca, zona oeste	27,7	32	29,5	12	28,1
Perforaciones petrolíferas	70,1	1	35,5	6	27,5
Software	37,7	13	39,7	3	27,2
Banca, centros monetarios	48,8	5	30,4	10	26,9
Banca, zona este	37,9	12	29,1	13	25,9
Aeroespacio y defensa	30,2	27	34,8	7	25,7
Conglomerados	32,4	21	26,3	18	24,8
Oleoductos	40,0	9	22,8	27	23,3
Banca, zona sur	38,6	11	27,6	15	23,2
Servicios financieros diversificados	36,3	15	28,8	14	23,2
Fabricantes de automóviles	13,7	62	4,7	75	22,7
Bienes raíces	36,2	16	18,5	44	21,5
Servicios de asistencia sanitaria	4,3	74	18,4	46	21,1
Equipamientos de oficina	23,3	44	22,6	28	20,6
Seguros de vida	34,8	19	18,8	43	20,2
Servicios al consumidor	6,6	71	17,3	48	20,1
Agentes intermediarios bursátiles	50,6	4	21,3	33	19,9
Artículos para el hogar, no duraderos	31,2	25	25,3	20	19,7
Banca, zona centro	35,4	18	23,7	25	19,3
Casinos	8,3	68	–0,9	83	19,3
Cosméticos/Aseo personal	40,6	7	32,0	8	19,2
Ordenadores	44,8	6	36,5	5	19,2
Tecnología diversificada	28,9	29	22,3	29	19,1
Productos químicos básicos	29,8	28	24,7	23	18,9
Empresas de mensajería y fletes aéreos	31,3	24	11,8	61	18,9
Servicios comerciales e industriales varios	22,6	45	20,2	35	18,4
Bebidas	31,0	26	27,6	16	18,3
Productos y servicios recreativos varios	24,0	43	19,0	41	18,0
Equipos y componentes eléctricos	36,0	17	24,7	22	18,0
Restaurantes	0,5	80	13,0	55	17,8
Ropa y calzado	64,2	3	46,0	2	17,6
Productos industriales diversificados	31,5	23	16,7	50	17,6
Publicidad	17,5	55	18,9	42	17,5
Seguros de inmuebles y vida	20,1	50	20,4	34	17,0

TABLA DE VALORACIÓN PARA LOS ACCIONISTAS

	Rendimiento en 1 año	Clasificación en 1 año	Rendimiento medio 3 años	Clasificación en 3 años	Rendimiento medio 5 años
Seguros, línea completa	19,3	52	19,9	37	16,8
Fabricantes de juguetes	12,2	63	10,9	64	16,6
Otros metales no férricos	6,9	70	13,8	53	16,3
Asociaciones de préstamos y ahorros	31,9	22	21,8	31	15,8
Minoristas con medicamentos como línea básica	36,7	14	25,7	19	15,5
Ferrocarriles	20,8	49	12,3	57	15,3
Materiales de construcción	19,4	51	9,1	67	15,3
Petróleo, integradas las principales	24,0	42	19,2	39	14,9
Químicas, productos especializados	21,2	47	19,0	40	14,8
Tecnología industrial	2,6	76	23,2	26	14,4
Otros equipos y servicios del sector del petróleo	39,2	10	21,8	32	14,3
Componentes y equipos del automóvil	11,8	64	6,6	73	14,2
Construcción de casas	−2,3	83	1,1	81	14,1
Diversión y espectáculos	1,9	78	5,4	74	13,9
Servicios telefónicos	3,9	75	8,5	70	13,8
Instalaciones de gas	26,8	35	15,3	51	13,6
Mayoristas y minoristas de alimentación	24,4	41	18,5	45	13,5
Equipos de transporte	33,0	20	4,1	77	12,8
Productos forestales	11,0	65	2,4	80	12,8
Muebles y aparatos domésticos	9,8	66	0,9	82	12,7
Medios publicitarios	16,9	56	12,2	58	12,7
Sistemas telefónicos	0,1	81	11,8	62	12,5
Aluminio	16,9	57	19,9	36	12,4
Petróleo, sector secundario	28,8	30	14,1	52	12,4
Servicios de agua	20,9	48	13,5	54	12,3
Productos farmacéuticos	24,7	40	31,2	9	11,8
Tecnología médica avanzada	17,8	54	38,0	4	11,5
Otros minoristas especializados	16,6	60	7,2	72	11,3
Medios-radiotelevisión	−4,5	85	−3,3	85	11,1
Biotecnología	0,8	79	19,8	38	10,1
Minería diversificada	5,3	72	10,3	65	10,0
Transporte marítimo	21,9	46	8,2	71	9,8
Alimentación	16,8	58	17,6	47	9,3
Tabaco	26,5	36	27,2	17	9,0
Líneas aéreas	7,7	69	9,1	68	8,9
Contenedores y embalajes	27,7	33	12,4	56	8,7
Suministros médicos	19,2	53	22,2	30	8,1
Acero	−10,9	87	−5,8	87	7,7
Ropa-vestidos y tejidos	40,5	8	16,9	49	7,4
Productos de papel	8,5	67	8,7	69	7,3

244   LA CREACIÓN DE VALOR PARA EL ACCIONISTA

	Rendimiento en 1 año	Clasificación en 1 año	Rendimiento medio 3 años	Clasificación en 3 años	Rendimiento medio 5 años
Productos duraderos para el hogar	25,9	37	9,6	66	6,7
Construcción pesada	−5,0	86	11,7	63	6,6
Instalaciones eléctricas	2,5	77	4,6	76	6,5
Carbón	4,6	73	3,3	78	5,6
Minoristas, ropa	28,4	31	12,1	59	4,9
Equipos para fábricas	−3,0	84	−1,7	84	4,8
Minoristas, línea amplia	15,8	61	3,1	79	3,4
Metales preciosos	0,1	82	−5,0	86	2,6
Control contaminación/Gestión de residuos	16,8	59	12,1	60	2,3
Transporte por carretera	−13,2	88	−10,2	88	−1,8

Fuentes: The LEK/Alcar Consulting Group, LLC, IDD/Tradeline, Media General Financial Services Inc.

TABLA 10-2

DOW-30: acciones en el Dow Jones Industrial Average (Promedio Industrial de Dow Jones), clasificadas según rendimiento quinquenal medio hasta el 31 de diciembre de 1996

Empresa	Rendimiento en 1 año	Rendimiento medio 3 años	Rendimiento medio 5 años	Rendimiento medio 10 años
Union Carbide Corp.	10,9%	25,0%	42,5%	21,1%
Sears, Roebuck & Co.	20,2	24,0	31,3	17,0
Caterpillar, Inc.	31,1	21,2	29,8	16,0
American Express Co.	39,8	31,3	29,5	11,9
Allied Signal Inc.	43,1	21,3	27,2	16,7
General Electric Co.	40,3	26,8	24,2	19,9
United Technologies Corp.	42,4	32,1	23,1	14,8
Coca-Cola Co.	43,3	35,0	23,0	29,9
Procter & Gamble Co.	32,2	26,3	20,6	22,0
Disney, Walt Hldg. Co.	19,1	18,6	20,3	21,2
Eastman Kodak Co.	22,3	25,2	19,9	12,5
McDonald's Corp.	1,2	17,6	19,9	17,3
Boeing Co.	37,6	37,4	19,9	19,4
Dupont (E.I.) Nemours & Co.	38,3	28,8	18,9	17,0

TABLA DE VALORACIÓN PARA LOS ACCIONISTAS

Empresa	Rendimiento en 1 año	Rendimiento medio 3 años	Rendimiento medio 5 años	Rendimiento medio 10 años
Chevron Corp.	28,5	18,8	18,3	16,1
Aluminum Co. of Amer.	23,3	25,1	17,2	17,4
General Motors Corp.	8,7	2,9	17,0	10,2
Minnesota Mining & Mfg.	33,5	20,3	16,2	15,2
Goodyear Tire & Rubber Co.	15,7	6,2	16,0	12,4
Texaco Inc.	29,8	20,2	15,2	17,6
Exxon Corp.	26,4	20,8	14,9	15,9
Intl. Business Mach.	67,7	40,7	14,1	5,8
Philip Morris Companies	30,7	33,0	12,0	25,1
AT & T Corp.	–4,0	7,5	11,9	12,8
Morgan, J.P. & Co. Inc.	26,3	16,8	11,6	13,5
Merck & Co.	23,9	36,0	10,3	22,1
Intl. Paper Co.	9,6	8,7	5,3	10,9
Westinghouse Electric Cp.	22,7	13,6	4,3	–0,2
Woolworth Corp.	62,9	–2,8	–0,9	4,4
Bethlehem Steel Corp.	–36,0	–24,2	–8,7	4,2
Dow Jones Industrials	28,2	22,6	18,3	16,6

Fuente: The LEK/Alcar Group, LLC, IDD/Tradeline, Media General Financial Services Inc.

Estas amplias diferencias de actuación no acaban aquí. Incluso dentro de un mismo sector, los rendimientos de cada acción en particular varían mucho entre sí. Como se puede observar en la tabla 10-3, entre las acciones de semiconductores y productos conexos, los accionistas de Intel disfrutaron de un rendimiento medio quinquenal del 61,1 por ciento, mientras que los de Advanced Micro Devices no obtuvieron más que un modesto rendimiento del 8 por ciento en el mismo período.

Estos resultados tendrían que recordar a los inversores lo sabio que es diversificar. Precisamente porque las acciones no se mueven en tándem, la diversificación en sectores, en economías, y en tamaños (capitalización de mercado) posibilita que los inversores reduzcan el riesgo. Asimismo, los resultados tendrían que recordar a los inversores que la gestión de calidad con una orientación al accionista puede marcar una diferencia sustancial.

TABLA 10-3
Semiconductores y valores conexos*

	Rendimiento quinquenal medio(%)	Superávit/Déficit (%)**
Atmel	71,7	29,5
Intel	61,1	18,8
Micron Technology	59,9	17,7
Applied Materials	52,2	9,9
Analog Devices	51,7	9,4
LSI Logic	45,8	3,6
KLA Instruments	44,9	2,6
Linear Technology	40,6	−1,7
Altera	38,8	−3,5
Xilinx	33,5	−8,7
National Semiconductor	30,4	−11,8
LAM Research	27,5	−14,7
Teradyne	25,2	−17,1
Advanced Micro Devices	8,0	−34,2
Media del resto del grupo***	42,2	—

* Clasificados según rendimientos quinquenales medios hasta el 31 de diciembre de 1996.
** Rendimiento de la empresa menos la media de sus competidores.
*** Esta es la media simple de los rendimientos quinquenales para las 14 empresas. Los rendimientos del sector presentados en la tabla 10-1 se presentan con el valor ponderado. Por tanto, las empresas que tienen mayor capitalización de mercado tienen mayor ponderación que las más pequeñas.

La inversión como un juego de expectativas

¿Cuáles son las características distintivas de las empresas mejor clasificadas en la *Scoreboard*? ¿Y cómo puede un inversor empezar a prever cuáles pueden ser las futuras ganadoras? La respuesta estriba en determinar el nivel de la futura actuación implícita en el precio corriente de las acciones de la empresa y después en evaluar la probabilidad de que la actuación de la empresa justificará un aumento de las expectativas de mercado. La inversión en acciones es fundamentalmente un juego de expectativas. Sólo los inversores capaces de prever la mejora de las perspectivas de una empresa antes de que éstas se incorporen al precio de sus acciones son los que lograrán rendimientos superiores.

¿Cómo pueden los inversores identificar qué expectativas están incorporadas en el precio corriente de las acciones? Fuentes como el Value Line Investment Survey y los informes de los analistas de Wall Street se pueden utilizar para establecer un consenso o previsión de mercado para los impulsores clave del valor que producen el cash-flow de una empresa: crecimiento de las ventas, márgenes de beneficio de explotación, inversiones en capital fijo y circulante, e impuestos. Después de cuantificar las expectativas de mercado, los inversores pueden compararlas con sus propias expectativas para identificar las acciones potencialmente infravaloradas. Quienes se desentienden de las expectativas implícitas incorporadas en los precios de las acciones lo hacen a riesgo de lograr una tasa de rendimiento inferior a la competitiva con sus inversiones.

Nuestro análisis de la *Scoreboard*[2] sugiere ciertos temas recurrentes. Las empresas que superan las expectativas del mercado se encuadran al menos en una de las seis categorías siguientes:

VENTAJAS DE LA MARCA

Las marcas, especialmente las marcas internacionales, pueden crear un valor sustancial mediante primas en sus precios, menores costes gracias a las economías de escala, y la extensión del nombre de la marca a nuevos productos o a nuevos mercados. Coca-Cola, una actuante destacada de la *Scoreboard*, se ha servido de su poderosa marca para introducir productos tales como la Diet Coke y lograr una expansión agresiva en los mercados internacionales. Otra ganadora de la *Scoreboard*, Nike, es una explotadora de la marca a nivel mundial. Nike subcontrata su producción y se centra en construir su imagen de marca mediante la investigación, el diseño de productos y una inversión muy sustancial en contratos de imagen con grandes figuras del deporte.

EL CAMBIO DE LAS REGLAS

Unas cuantas empresas han cambiado las reglas de la competencia en sus sectores. Home Depot, que se clasificó la decimoquinta en los rendimientos a diez años entre las mil empresas que figuraban en la *Scoreboard* a final de 1996, es un ejemplo excelente. Esta empresa revolucionó la venta minorista en el subsector de reforma de viviendas prestando un eficaz servicio al cliente y trabajando con precios bajos en enormes almacenes habilitados como hipermercados. Con sus grandes volúmenes de compra ha obligado a los proveedores a entrar en una batalla muy competitiva por servir a Home Depot. La conocida historia de Southwest Air es otro ejemplo de cómo lograr ventajas al competir de modo diferente.

Reacción rápida ante el cambio

Si algunas empresas cambian las reglas de sus sectores, otras alcanzan el éxito reaccionando rápida y juiciosamente cuando el cambio hace acto de presencia ante ellas. El sector de la asistencia sanitaria, por ejemplo, ha pasado por una etapa de gran conmoción, atendiendo a un creciente número de clientes pero presionado para contener unos costes que crecían de manera imparable. Pero organizaciones de mantenimiento de la salud tales como United Healthcare y PacifiCare Health Systems convirtieron la conmoción en oportunidad y brindaron unos rendimientos excepcionales a los accionistas.

Líderes en alta tecnología

Las empresas que han alcanzado una ventaja tecnológica competitiva y que la protegen, bien mediante patentes o mejorando continuamente el producto, prosperarán. 3Com, Cisco Systems, y Oracle son tres ejemplos pertinentes. Cada una se clasificó entre las veinte primeras en la *Shareholder Scoreboard* por sus rendimientos quinquenales hasta el 31 de diciembre de 1996.

Reducción efectiva de dimensiones

Esta política es más significativa en sectores en los que la demanda está en declive. Un ejemplo digno de libro de texto en los años recientes ha sido el caso de General Dynamics, que superó a las competidoras de su sector en una media del 10 por cien por año en el quinquenio que acabó el 31 de diciembre de 1996. La dirección de la empresa se deshizo de los negocios no esenciales, pagó dividendos especiales y recompró acciones con fondos que no podía reinvertir rentablemente en un negocio de defensa que se empequeñecía.

HABILIDAD EN LAS ADQUISICIONES

Los adquisidores excepcionales que compran a empresas adecuadas por razones estratégicas adecuadas y al precio adecuado son una rareza. Más raras aún son las empresas que pueden fusionar las organizaciones adquiridas con la original para crear valor. Dos empresas de alta cualificación en la *Scoreboard* durante los últimos diez años, Conseco y Computer Associates han activado su crecimiento mediante adquisiciones dentro del ámbito de sus propios sectores: Conseco, en la rama de seguros de vida y Computer Associates, en productos de software.

Tanto los inversores interesados en el crecimiento como los que lo están en el valor tratan de prever correctamente los cambios en las perspectivas de las empresas que no están reflejadas en el precio corriente de las acciones. Los inversores orientados al valor lo hacen buscando acciones con precios bajos que reflejan el predominio de unas bajas expectativas. Si ven alguna razón por la que el pesimismo de los inversores puede resultar excesivo, tal vez compren baratas esas acciones, con las que podrían conseguir buenos beneficios. El instrumento tamizador estándar para los inversores interesados en el valor es el ratio precio/beneficio (PER). Desgraciadamente, un bajo ratio PER no es señal de un buen negocio si las bajas expectativas de los inversores están fundamentadas.

Nosotros hemos desarrollado otra medida que va más allá que el ratio PER a la hora de juzgar si las acciones están infravaloradas[3]. Nosotros lo denominamos el índice de riesgo de las expectativas, IRE. El IRE contesta a dos preguntas esenciales: Primera, ¿qué parte del precio de una acción depende del futuro crecimiento creador de valor? Segunda, ¿qué dificultad habrá para lograr ese crecimiento?

Consideremos un valor que se cotiza a 100 dólares por acción. Supongamos que el cash-flow de explotación de la empresa antes de la inversión de crecimiento es 4 dólares por acción. Con un coste estimado del capital o tasa de descuento de 12,5 por ciento, el valor actual de su nivel corriente de cash-flow de explotación, o su valor inicial es 32 dólares por acción. Eso significa que 68 dólares, o 68 por ciento del precio de la acción, proceden de las expectativas de los inversores en relación con el crecimiento futuro.

Ahora examinemos más detenidamente ese futuro crecimiento. Comparemos los beneficios de explotación después de impuestos para los tres últimos años con las estimaciones de Wall Street también para los próximos 3 años.

Supongamos que los beneficios efectivos son de 100 millones de dólares, en 1993, y de 120 millones, en 1996, mientras que Wall Street prevé 180 para 1999. El crecimiento histórico era de 1,20, el crecimiento futuro previsto es de 1,50. Siempre que el ratio sea mayor que 1,0, Wall Street espera que el crecimiento sea más acelerado que el de los niveles históricos. Llamemos a éste, el ratio de aceleración.

Para calcular el IRE, multipliquemos la porción del precio de la acción que se debe a las expectativas de crecimiento (en este caso, 0,68) por el ratio de aceleración (en este caso, 1,25). La respuesta, 0,85, es el IRE. Cuanto más bajo sea el IRE mayor es la probabilidad de lograr las expectativas y más elevado el rendimiento esperado por el inversor.

The LEK/Alcar Consulting Group llevó a cabo un test inicial del IRE con acciones del sector de la tecnología de comunicaciones y Michael Mauboussin de Credit Suisse First Boston, lo probó con acciones del sector de alimentación. Se utilizó el trienio 1991-1993 como período histórico y el período 1994-1996 como período de previsión. Las acciones situadas en el cuartil inferior de los IRE al final de 1993 obtuvieron un rendimiento medio anual del 71 por ciento, dentro del sector de la tecnología de comunicaciones, en comparación con el 24,1 por ciento del resto de las acciones de ese grupo. En cuanto a las acciones del sector de la alimentación, el cuartil inferior de los IRE produjo un rendimiento del 27 por ciento, en comparación con el 17,5 por ciento del resto de los valores de ese sector. Si los inversores hubieran utilizado los ratios PER en lugar de los IRE, hubieran obtenido resultados comparables en el caso de las acciones de alimentación, pero no tan buenos con las de tecnología de comunicaciones. El IRE necesitará unas comprobaciones sustancialmente más profundas antes de que se le pueda calificar como un instrumento estándar de selección e investigación. Nosotros tenemos la confianza de que los inversores de más éxito seguirán siendo aquellos que puedan inferir las expectativas del mercado a partir del precio de las acciones. Estos inversores no sólo buscan buenas empresas, sino que buscan buenas acciones.

Notas

Capítulo 1. Valor para el accionista y finalidad de la empresa

1. Informe anual de LENS para el ejercicio fiscal que finaliza el 31 de julio de 1996, pág. 4.
2. Para un examen del tema de seguridad de los trabajadores así como para otros asuntos relativos a la responsabilidad social de la empresa, ver *The Heroic Enterprise,* John M. Hood (Nueva York: The Free Press, 1996).
3. Fuente de esta cita -«The Battle for Corporate Control», *Business Week,* 18 de mayo de 1987, pág. 103.
4. Las preocupaciones de los empleados bien pueden volverse en preocupaciones de los patronos al perder empleados capacitados en una economía con pleno empleo.
5. Para una lúcida exposición de este argumento, ver *Ownership and Control,* de Margaret M. Blair (Washington, D.C.: The Brookings Institution, 1995).
6. Incluso cuando los empleados poseen un paquete de acciones que les confiere el control de una empresa, puede persistir el conflicto empleados-accionistas. United Airlines, con un 55 por ciento de posesión por parte de los empleados, sigue embrollada en disputas salariales con sus pilotos y sus mecánicos. La dirección se centra en las ganancias de los empleados gracias a la subida excepcional de las acciones de la empresa. Los empleados, por su parte, consideran esto beneficios de la propiedad y buscan que se les compense competitivamente por sus aportaciones como empleados. Asimismo, los trabajadores controlan las acciones de Weirton Steel, una empresa con una historia de actividades sin beneficios y de conflictos laborales. En este caso, tanto los empleados como los accionistas han aceptado recortes en los pagos y han tenido que aceptar despidos. La propiedad de las acciones es improbable que resuelva los problemas competitivos fundamentales de una empresa.

7. *Patterns of Institutional Investment and Control in the USA. The Brancato Report on Institutional Investment* (The Victoria Group, Fairfax, VA, enero 1996), págs. 43 y 47.

Capítulo 2. Deficiencias de los números contables

1. Un conjunto de investigadores examinó los informes trimestrales de beneficios de 4.720 empresas durante el período 1974-1996. Compararon los informes de beneficios con relación a tres umbrales de referencia: las expectativas de los analistas, los beneficios del último año, y beneficios cero. Las conclusiones demostraron que un número desproporcionado de empresas declaraba beneficios justo por encima de los niveles umbral.

«Earnings Manipulation to Exceed Thresholds», documento de trabajo, 13 de febrero de 1997, por Francois Degeorge, Jayendu Patel y Richard Zeckhauser.

2. El valor actual (VA) de una renta perpetua de cash flow pospagable es igual a la renta perpetua de cash flow (CF) dividida por la tasa de descuento (K), es decir VA=CF/K. Este resultado se puede deducir de la siguiente manera:

$$VA = CF/(1+K) + CF/(1+K)^2 + ... CF/(1+K)^t$$
$$VA(1+K) = CF + CF/(1+K) + CF/(1+K)^2 ... CF/(1+K)^t$$
$$VA(1+K) = CF + VA$$
$$VA = CF/K$$

3. «Return of Investment: The Relation of Book-yield to True Yield», por Ezra Solomon, en *Research in Accounting Measurement*, reimpreso en *Information for Decision Making*, por Alfred Rappaport (Englewood Cliffs, N.J.: Prentice Hall, 1982).

4. Solomon demuestra que cuando la tasa de crecimiento de la inversión es idéntica a la tasa de rendimiento del CFD (cash-flow descontado), el rendimiento sobre la inversión, RSI, también será igual a la tasa de rendimiento del CFD. Cuando la inversión crece a una tasa menor que la tasa del CFD, el RSI será mayor que la tasa de rendimiento del CFD. Lo contrario también se cumple.

Capítulo 3. Enfoque del valor para el accionista

1. El valor de mercado más que el valor contable del endeudamiento es el que hay que utilizar. Durante los períodos de inflación los tipos corrientes

de interés pueden estar perfectamente por encima de los tipos de interés de los instrumentos de deuda de años anteriores. Normalmente la subida de los tipos de interés hace que los valores del mercado caigan por debajo de los valores contables. En este caso, la utilización de los valores contables inflará el valor económico del pasivo y por consiguiente infravalorará el valor para el accionista.

2. A efectos de valoración, la forma apropiada de calcular las inversiones futuras en capital circulante para existencias de una empresa es multiplicar las unidades adicionales de existencias necesarias para cubrir el aumento de las ventas por el coste incremental por unidad. Este enfoque se centra en las salidas reales de efectivo necesarias para las existencias adicionales y, por tanto, no le afectan ni el método de valoración de las existencias de una empresa (por ejemplo, LIFO, FIFO, etc.) ni las políticas de asignación de los gastos generales (por ejemplo, el componente de depreciación de las existencias).

3. Una alternativa al enfoque del coste medio ponderado del capital (CMPC), el valor actual regularizado (VAR), ha sido desarrollada por Stewart C. Myers del MIT. El método VAR empieza por valorar una inversión como si estuviera totalmente financiada por el patrimonio propio y después procede a valorar separadamente los efectos secundarios de la financiación tales como la desgravación fiscal sobre los intereses, los costes de emisión, y la financiación subvencionada. Las empresas que invierten en activos con una amplia gama de capacidad de endeudamiento y, por consiguiente, suscriben una diversidad de acuerdos financieros pueden preferir el VAR al CMPC teniendo en cuenta los efectos secundarios.

Para más información sobre el VAR, véase la obra de Richard A. Brealy y Stewart C. Myers, *Principles of Corporate Finance, Sixth Edition* (Nueva York: McGraw Hill, 1996), págs. 525-46, y el artículo de Timothy A. Luehrman, «Using APV: A Better Tool for Valuing Operations», *Harvard Business Review* (mayo-junio 1997), págs. 145-154.

4. Algunos ejecutivos financieros se manifiestan en contra de la utilización de ponderaciones del valor de mercado basándose en que la volatilidad del precio de las acciones provocaría un coste del capital también volátil. Este argumento no es especialmente convincente, puesto que el coste del capital tendría que basarse en ponderaciones objetivo, que no en la estructura del capital resultante del cambio de los precios de mercado. No hay razón para creer que una estructura objetivo de valor de mercado designada por la dirección tuviera que ser más volátil que una estructura objetivo de valor contable.

5. Al invertir en una cartera ampliamente representativa del conjunto del mercado de renta variable, es posible diversificar de modo sustancial todos los riesgos no sistemáticos: es decir, los riesgos específicos de cada empresa en particular, por ejemplo, el presidente de la empresa muere inesperadamente, se descubre petróleo en un terreno propiedad de la empresa,

etc. Por consiguiente, es probable que el precio de las acciones se sitúe en niveles que únicamente recompensen a los inversores por los riesgos del mercado no diversificables: es decir, los riesgos sistemáticos en los movimientos del mercado en general. El coeficiente beta es una medida del riego sistemático.

6. Decir que los rendimientos de una estrategia concreta descenderán en su caso hasta la tasa mínima de rendimiento requerida no implica que la empresa nunca podrá obtener rendimientos que superen el coste del capital después del período de previsión inicial. Las empresas pueden iniciar e inician sobre la marcha nuevas estrategias creadoras de valor, y las previsiones futuras tendrán en cuenta la creación de valor adicional. Pero las estrategias creadoras de valor asequibles en cualquier momento sencillamente tienen una duración limitada en el tiempo, y el valor de la empresa cuando ya no se espera que la estrategia produzca unos rendimientos superiores se puede calcular mediante el método de la renta perpetua.

No todas las estrategias creadoras de valor tienen el mismo ciclo vital. Factores tales como el ritmo de cambio tecnológico, la amenaza de productos sustitutivos, la duración del ciclo de vida del producto, y las barreras de entrada en el sector son, todos ellos, factores que inciden en la duración del ciclo vital de una estrategia o en el período de vigencia de una ventaja competitiva sostenible.

7. El supuesto de la renta perpetua es un supuesto mucho menos agresivo de lo que inicialmente pudiera parecer. Esto es cierto porque a medida que los cash-flows van siendo más distantes, sus valores actuales resultan consecuentemente más pequeños. Por ejemplo, una renta perpetua de 1 dólar descontada al 15 por ciento tiene un valor de 1,00$/0,15=6,67$. Seguidamente se relacionan los valores actuales de las rentas anuales de 1 dólar correspondientes a períodos que van de 5 a 25 años:

Años	Valor actual de la renta anual	Porcentaje del valor de la renta perpetua
5	3,35$	50,2%
10	5,02	75,3
15	5,85	87,7
20	6,26	93,9
25	6,46	96,9

Obsérvese que al cabo del décimo año se alcanza el 75 por ciento del valor de la renta perpetua y al cabo de otros cinco años se aproxima ligeramente al 90 por ciento. A medida que aumenta la tasa de descuento, un valor cercano al de la renta perpetua se alcanza en un plazo de tiempo más corto.

8. Para una deducción detallada de las diversas fórmulas del valor residual ver la obra de Tom Copeland, Tim Koller y Jack Murrin, *Valuation: Measuring and Managing the Value of Companies, Second Edition* (Nueva York; John Wiley & Sons, 1994), págs. 274-300.

9. Es interesante constatar que, según escribo esto, a principios de 1997, los temores de inflación parece que han remitido en EE.UU. Hay buenas razones para ello. El índice de precios al consumo sólo ha estado creciendo a una tasa cercana al 3 por ciento anual en estos últimos años. Además, un estudio de investigación encargado por el Comité de Finanzas del Senado de los Estados Unidos, y presidido por el economista de la universidad de Standford, Michael J. Boskin, concluyó que el índice de precios al consumo sobrevalora la tasa de inflación en 1,1 puntos porcentuales por año. Tecnologías que reducen los costes de producción, la competencia creciente de las economías en vías de desarrollo con bajos costes de mano de obra, y más «compradores de valor» asistidos por un acceso más fácil y barato a la información mediante la informática y las telecomunicaciones representan unas fuerzas potentes capaces de inhibir la inflación.

10. El concepto de margen umbral fue introducido en mi artículo «Selecting Strategies That Create Shareholder Value», *Harvard Business Review* (mayo-junio 1981), págs. 139-149. Para un análisis de cómo factores tales como la intensidad en capital, la combinación de activos, la vida económica de los activos amortizables, el tipo impositivo sobre los beneficios, el riesgo, y la inflación, influyen en el margen umbral, ver el artículo de Bala V. Balachandran, Nandu J. Nagarajan y Alfred Rappaport, «Threshold Margins for Creating Economic Value», en *Financial Management* (primavera 1986), págs. 68-77.

11. En esta formulación, se supone que el tipo impositivo sobre el valor residual es igual al tipo que se paga sobre los beneficios. Este supuesto se puede relajar fácilmente modificando el plazo.

Capítulo 4. La formulación de estrategias

1. Michael E. Porter, *Competitive Strategy* (Nueva York: Free Press, 1980)

2. Estos puntos fundamentales incorporan consideraciones tales como la variabilidad de la demanda de los productos del sector, la variabilidad del precio de venta, la capacidad de ajustar los precios de venta si hay cambios en los costes, la variabilidad de los costes, y la medida en que los costes son fijos.

3. Jeffrey R. Williams, «How Sustainable Is Your Competitive Advantage?», *California Management Review*, vol. 34, n.º 3 (1992). Esta idea se presenta con mayor detalle en su próximo libro, *Renewable Advantage* (Nueva York: Free Press, se espera su salida en 1998).

4. Gran parte de esta sección procede de un artículo «CFOs and Strategists: Forging a Common Framework», *Harvard Business Review* (mayo-junio 1992), págs. 84-90.

5. Peter L. Bernstein, «Are Financial Markets the Problem or the Solution? A Reply to Michael Porter», *Journal of Applied Corporate Finance* (verano 1992), págs. 17-22.

6. J. Randall Woolridge, «Competitive Decline and Corporate Restructuring: Is a Myopic Stock Market to Blame?» *Continental Bank Journal of Applied Corporate Finance* (primavera 1988), págs. 26-36.

7. Thomas A. Stewart, «Reengineering: The Hot New Managing Tool», *Fortune,* 23 de agosto de 1993, pág. 43.

8. Gary Hamel y C.K. Prahalad, *Competing for the Future* (Boston: Harvard Business School Press, 1994).

9. Joseph B. White, «Reengineering Gurus Take Steps to Remodel Their Stalling Vehicles», *Wall Street Journal,* 26 de noviembre de 1996, pág. 1.

10. Hamel y Prahalad, pág. 23.

11. Michael Treacy y Fred Wiersema, *The Discipline of Market Leaders* (Reading, Mass: Addison Wesley, 1995), pág. 25.

12. Un movimiento en esta dirección ha sido adoptado por Adrian J. Slywotzky *(Value Migration* [Boston: Harvard Business School Press, 1996]), que vincula los diseños empresariales de primera calidad a los cambios en los valores del mercado de acciones entre empresas en un sector. Para una vinculación explícita entre estrategias dirigidas a aumentar el valor para el cliente y sus aportaciones al valor para el accionista, ver Alan S. Cleland y Albert V. Bruno, *The Market Value Process* (San Francisco: Jossey-Bass, 1996).

Capítulo 6. Señales del mercado de valores a la dirección de la empresa

1. Alfred Rappaport, «Stock Market Signals to Managers», *Harvard Business Review* (noviembre-diciembre 1997), págs. 57-62. Este artículo muestra cómo puede utilizarse el análisis de las señales de mercado para mejorar el precio de adquisición.

2. Recuérdese del análisis efectuado en el capítulo 3 que descontar el valor de la renta perpetua del cambio en el BENEDI en cada año de la previsión es equivalente a descontar el BENEDI para cada año de la previsión y añadir el valor de la renta perpetua al final del período de previsión.

3. Recuérdese que el valor inicial es el valor de la empresa cuando se supone que no hay más creación de valor. El BENEDI generalmente es una buena aproximación para los cash-flows iniciales de la empresa, es decir, su cash-flow de explotación antes de nuevas inversiones. El valor inicial se puede calcular con la fórmula estándar de la renta perpetua, que divide los cash-flows iniciales por el coste del capital. Los títulos negociables se añaden y la deuda se resta para obtener el valor inicial para el accionista.

Capítulo 7. Evaluación de la actuación y remuneración de los directivos

1. Un ejemplo reciente es el que ofrece la Walt Disney Company. Desde que, en 1984, Michael Eisner fuera nombrado DEG, las acciones de Walt Disney han aventajado significativamente a las de su sector y a las incluidas en el Standard & Poor's 500. Con su rendimiento medio de 21,2 por ciento en los diez años transcurridos entre 1987-1996, Disney quedó colocada en el puesto 151 entre las 741 empresas cuyas rentabilidades en diez años se reflejaron en la «Tabla de calificación de empresas» del *Wall Street Journal*. Pero puede que los inversores aún tengan sus reservas en relación al último «paquete» de remuneración de Eisner. Entre las cláusulas de un contrato de trabajo de diez años de duración, que expira el 30 de septiembre del 2006, a Eisner se le garantizaban opciones sobre un total de ocho millones de acciones ordinarias. El precio de ejercicio de cinco millones se estableció de acuerdo con el precio de mercado de las acciones de Disney el 30 de septiembre de 1996, fecha de la concesión. Los precios de ejercicio relativos a los tres millones de acciones restantes eran del 25 por ciento, 50 por ciento y 100 por ciento más elevados que el precio base establecido para las primeras. Si las acciones de Disney se aprecian a una tasa decepcionante del 6 por ciento anual, una rentabilidad más o menos en línea con las rentabilidades de la deuda pública, Eisner obtendrá un asombroso beneficio de 302 millones de dólares al final de su contrato de trabajo.

2. Russell L. Ackoff, *Management in Small Doses* (Nueva York: John Wiley & Sons, 1986), pág. 35.

3. Recuérdese que el BENEDI es una cifra «contante y sonante», porque los impuestos a pagar, en lugar de los impuestos devengados, son los que se deducen para calcular el BENEDI. Aunque los costes de amortización, que no suponen desembolso de tesorería, también se deducen, esto se compensa al deducir sólo los costes de capital que exceden al valor de la amortización a fin de calcular el cash-flow neto. Resultaría idéntico cash-flow, si la amortización se volviera a sumar al beneficio de explotación, y si los costes totales de capital, en lugar de la cantidad en exceso de la amortización, se utilizaran para calcular el cash-flow.

4. Un análisis exhaustivo del beneficio residual se puede encontrar en la obra de David Solomons, *Divisional Performance: Measurement and Control* (Nueva York: Financial Executives Research Foundation, 1965).

5. Es irónico que las mismas empresas que adoptan el beneficio residual y su énfasis en la importancia de cargar un coste por el capital invertido están concediendo opciones sobre acciones con precios de ejercicio fijos, es decir, sin cargo por coste del capital.

6. El beneficio residual es positivo si, y sólo si, el rendimiento contable sobre el capital invertido es superior al coste del capital. La idea básica que subyace en este diferencial es la de que cuando el diferencial es positivo, la

empresa probablemente está invirtiendo por encima del coste del capital. Sin embargo, el diferencial se basa en restar, inadecuadamente, el rendimiento previsible por cash-flow demandado por los inversores de un rendimiento contable histórico. Por consiguiente, el beneficio residual es simplemente una norma de rendimiento contable sobre la inversión con el coste del capital como rendimiento mínimo especificado o tasa listón. Ver el capítulo 2 para un análisis completo de las deficiencias del rendimiento contable sobre la inversión.

7. El cash-flow de explotación en el año 1 es el BENEDI de 1,1 millones de dólares menos la inversión incremental de 120.000 dólares, es decir, 980.000 dólares. Al descontar esta cantidad retroactivamente al comienzo del año aplicando una tasa de descuento del 10 por ciento se obtiene una cantidad de 891.000 dólares. El valor inicial al final del año es el BENEDI de 1,1 millones de dólares capitalizado al 10 por ciento, es decir, 11 millones de dólares, que si se descuentan hasta el comienzo del año, se convierten en 10 millones de dólares. Si se restan los 10 millones de dólares de valor inicial de la suma del cash-flow de explotación descontado de 891.000 dólares más el valor inicial descontado al final del año de 10 millones de dólares se obtiene el valor actual del VAA de 891.000 dólares para el año 1, tal como se presenta en la tabla 7-1.

8. Para una exposición detallada de este cálculo, ver la obra de G. Bennett Stewart III, *The Quest for Value* (Nueva York: HarperCollins, 1991), págs. 306-50.

9. Para un análisis detallado de estas modificaciones ver la obra citada de Stewart, págs. 112-17. También se analizan los ajustes convenientes para hacer que el BENEDI sea una medida mejor del rendimiento efectivo.

10. Hay que cuidar que el cambio en el capital invertido refleje realmente la inversión incremental generada cuando los gastos de capital sobrepasan la suma de la amortización y de los aumentos netos en capital circulante. Los ajustes contables en los que no hay movimiento de dinero y que inciden en el capital final invertido pueden alterar la exactitud de la inversión incremental total.

11. Ver el artículo de G. Bennett Stewart III, «EVA: Fact and Fantasy», en *Journal of Applied Corporate Finance* (verano 1994), pág. 78.

Capítulo 8. Fusiones y adquisiciones

1. La participación de las compras apalancadas en el mercado de fusiones y adquisiciones ha descendido de su máximo en 1989 en el que estas operaciones alcanzaron el 24,5 por ciento del valor en dólares de todas las transacciones al 1,3 por ciento de 1995 (*Mergers & Acquisitions* [noviembre-diciembre 1996]), pág. 37. Para tener dos visiones muy distintas sobre el futuro de

las grandes empresas con cotización en bolsa y del papel de las compras apalancadas, ver el artículo de Michael C. Jensen, «Eclipse of the Public Corporation», *Harvard Business Review* (septiembre-octubre de 1989), y el artículo de Alfred Rappaport, «The Staying Power of the Public Corporation», *Harvard Business Review* (enero-febrero de 1990).

   2. Ver el artículo de Michael J. Mandel, «Land of the Giants», *Business Week*, 11 de septiembre de 1995, pág. 34.

   3. Estos estudios se presentan resumidos en la obra de Mark L. Sirower, *The Sinergy Trap* (Nueva York: Free Press, 1997), págs. 145-66.

   4. Ibídem.

   5. Incluso las fusiones que tienen un gran fundamento económico pueden resultar un fracaso a causa del choque de culturas. Sobre el papel, la fusión en 1995 de dos empresas farmacéuticas, Upjohn y Pharmacia AB de Suecia parecía ser una buena operación para dos empresas de segundo orden que trataban de sobrevivir en un sector poblado por gigantes farmacéuticos de talla mundial. Actualmente, las desiguales culturas de europeos y americanos son un obstáculo para materializar las presuntas ventajas esperadas de la combinación de ambas. La lógica en que se basaba la fusión en 1993 de Price Club y Costco Wholesale para competir con Sam's Club, de Wal-Mart, parecía convincente. Sin embargo, en menos de un año la fusión se disolvió. Al parecer, la causa fundamental fue de índole cultural. Los directores de ambas empresas procedían de ambientes diferentes y la integración posterior a la fusión fue difícil. ¿Podría haber descubierto este problema la realización de una evaluación de la situación «cultural»?

   6. El análisis de las señales del mercado en el caso de adquisiciones, así como para otras aplicaciones se estudia en el artículo de Alfred Rappaport, «Stock Market Signals to Managers», *Harvard Business Review* (noviembre-diciembre 1987), págs. 57-62.

   7. Obra citada, págs. 131-32.

   8. *Mergers & Acquisitions* (marzo-abril 1997), pág. 46.

   9. La investigación empírica demuestra constantemente que el mercado no premia a las empresas por utilizar la contabilidad basada en la combinación de intereses o que los cargos del fondo de comercio generados por la contabilización a precios de compra reducen el precio de las acciones. Para un estudio y una visión panorámica de las investigaciones realizadas en este campo hasta la fecha, ver el artículo de Michael L. Davis en *Journal of Applied Corporate Finance* (primavera 1996), págs. 50-59.

   10. Lys y Vincent estiman que AT&T incurrió en unos costes que llegaron a los 500 millones de dólares para lograr el tratamiento contable por combinación de intereses en su fusión con NCR. Ver en este sentido el artículo de Thomas Lys y Linda Vincent «An Analysis of Value Destruction in AT&T'S Acquisition of NCR», *Journal of Financial Economics* (1995), págs. 353-78. Según Securities Data, desde 1992 ha habido 357 operaciones por combinación de intereses frente a 36 adquisiciones contabilizadas a precio de compra en

transacciones que alcanzaron un valor superior a 100 millones de dólares.

11. La obra de Robert A. G. Monks y Nell Minow, *Power and Accountability* (Nueva York: HarperCollins, 1991), y la de Leo Herzel y Richard W. Shepro, *Bidders & Targets* (Cambridge, Mass.: Basil Blackwell, 1990).

12. Carta a los accionistas en el informe anual de Berkshire Hathaway correspondiente a 1992.

Capítulo 9. La implantación del valor para el accionista

1. Este capítulo fue desarrollado por Christopher Kenney, vicepresidente de The LEK/Alcar Consulting Group, LLC, y consejero encargado de sus actividades de gestión basadas en el valor. Los ejemplos que se citan son por cortesía de The LEK/Alcar Consulting Group, LLC, y de sus clientes.

Capítulo 10. Tabla de valoración para los accionistas

1. La primera *Scoreboard* (Tabla de valoración) anual apareció en la revista *Wall Street Journal* el 29 de febrero de 1996, págs. R1-R8.

2. Ver el artículo de Alfred Rappaport, «Stock Market in a Nutshell: It's a Game of Expectations», *Wall Street Journal*, 29 de febrero de 1996, pág. 87.

3. Este análisis del índice de riesgo de las expectativas (IRE) se publicó previamente en mi artículo «Three Lessons for Investors, Including a New Stock-Picking Tool, the ERI», *Wall Street Journal*, 27 de febrero de 1997, pág. R-14.